***ACCESO GRATIS** a la Lectura en la Nube*

Para visualizar el libro electrónico en la nube de lectura envíe junto a su nombre y apellidos una fotografía del código de barras situado en la contraportada del libro y otra del ticket de compra a la dirección:

ebooktirant@tirant.com

En un máximo de 72 horas laborales le enviaremos el código de acceso con sus instrucciones.

BIG DATA Y PROTECCIÓN DE DATOS

BIG DATA Y PROTECCIÓN DE DATOS

MARCOS A. LÓPEZ SUÁREZ
Director
Profesor Titular de Derecho civil de la Universidade da Coruña

tirant lo blanch
Valencia, 2025

En caso de erratas y actualizaciones, la Editorial Tirant lo Blanch publicará la pertinente corrección en la página web www.tirant.com.

Proyecto de investigación «Big Data, competencia y protección de datos» (PID2021-127172NB-100), del Plan Estatal de Investigación Científica, Técnica y de Innovación 2021-2023, cofinanciado por la Unión Europea y el Ministerio de Ciencia e Innovación - Agencia Estatal de Investigación.

© TIRANT LO BLANCH
EDITA: TIRANT LO BLANCH
C/ Artes Gráficas, 14 - 46010 - Valencia
TELFS.: 96/361 00 48 - 50
FAX: 96/369 41 51
Email: tlb@tirant.com
www.tirant.com
Librería virtual: www.tirant.es
DEPÓSITO LEGAL: V-1796-2025
ISBN: 978-84-1095-685-8

Si tiene alguna queja o sugerencia, envíenos un mail a: *atencioncliente@tirant.com*. En caso de no ser atendida su sugerencia, por favor, lea en *www.tirant.net/index.php/empresa/politicas-de-empresa* nuestro procedimiento de quejas.

Responsabilidad Social Corporativa: http://www.tirant.net/Docs/RSCTirant.pdf

Autores

Marcos A. López Suárez

Filipa Urbano Calvão

Carlos Mª Díaz Teijeiro

Daniel Jove Villares

Vitulia Ivone

María Dolores Moreno Marín

Maria Raquel Guimarães

María Elena Castaldo

Ana Cláudia Silva Scalquette

Lara Rocha Garcia

Índice

Prefacio

MARCOS A. LÓPEZ SUÁREZ

El presente libro constituye el resultado de las contribuciones efectuadas por los distintos autores en el marco del Congreso internacional que, sobre «Big Data» y protección de datos, tuvo lugar en la *Universidade da Coruña* los días 4 y 5 de mayo de 2023, al amparo del Proyecto de investigación «*Big Data*, competencia y protección de datos» (PID2021-127172NB-100), del Plan Estatal de Investigación Científica, Técnica y de Innovación 2021-2023, cofinanciado por la Unión Europea y el Ministerio de Ciencia e Innovación – Agencia Estatal de Investigación.

Partiendo de un denominador común, representado por el fenómeno de los macrodatos y la protección de datos de carácter personal, las distintas aportaciones se han sistematizado con arreglo a un criterio que pudiera calificarse de «deductivo». Y ello en el sentido de abordar, en primer término, el estudio del marco general de referencia para, a continuación, centrarse en el análisis de cuestiones de índole más específica.

De acuerdo con las premisas expuestas, en el primero de los capítulos el profesor LÓPEZ SUÁREZ examina el significado y la trascendencia actual de uno de los principios nucleares aplicables al tratamiento de datos y que se halla plasmado en el art. 5.1.b) del Reglamento general de protección de datos (RGPD): la limitación de la finalidad. Y lo hace mediante el estudio detallado de cada una de las dos dimensiones – especificación de la finalidad, por un lado, y tratamiento ulterior con fines no incompatibles, por otro – que integran dicho principio.

En el segundo de los capítulos la profesora CALVÃO aborda el tema del principio de transparencia en conexión con la base de licitud del tratamiento de datos por antonomasia: el consentimiento del interesado. El análisis se extiende a los retos que plantea la falta de transparencia en la adopción de decisiones individuales automatizadas en relación con la autonomía de la voluntad.

También en el contexto de la transparencia y de las bases de licitud del tratamiento de datos, en el capítulo tercero el profesor DÍAZ TEIJEIRO acomete el estudio del incumplimiento de la obligación de informar cuando el tratamiento se basa en el interés legítimo del responsable o de un tercero. En particular, partiendo de las categorías clásicas del incumplimiento de las obligaciones, se examinan diversas hipótesis susceptibles de ser reputadas, en su caso, como una omisión del deber de informar, como un cumplimiento defectuoso, o bien como un cumplimiento extemporáneo.

En el capítulo cuarto, el profesor JOVE VILLARES, después de establecer el concreto marco de actuación – con fundamento en el RGPD y en la Ley Orgánica de Protección de Datos Personales y garantía de los derechos digitales – e identificar los problemas que la utilización de información sensible conlleva, acomete el estudio específico de las particularidades que entraña el tratamiento de datos especiales a gran escala.

El quinto de los capítulos, cuya autoría corresponde a la profesora IVONE, se centra en el análisis del artículo 22 RGPD, atinente al empleo de tratamientos automatizados de toma de decisiones individuales, incluida la elaboración automática de perfiles. El examen se efectúa principalmente desde los parámetros ofrecidos por el propio RGPD, mas teniendo presente también la experiencia italiana.

El capítulo sexto, elaborado por la profesora MORENO MARÍN, tiene por objeto el estudio de la responsabilidad civil que surge en aquellos casos en que una persona haya sufrido daños como consecuencia de una infracción en materia de protección de datos. De manera singular, la autora analiza las cuestiones sustantivas y procesales que suscita la acción indemnizatoria regulada en el art. 82 RGPD.

La profesora GUIMARÃES, en el capítulo séptimo, afronta el estudio de la protección de los datos personales del usuario-consumidor en los contratos celebrados a través de plataformas digitales. En este sentido, una vez enmarcado el tema, se profundiza, en esencia, sobre dos cuestiones: la consideración del incumplimiento del RGPD como «disconformidad» en el marco de los contenidos o servicios digitales suministrados y el perfilado de los datos por parte de las plataformas digitales en conexión con el «Big Data» y las decisiones automatizadas.

La «Data retention», esto es, la adquisición y almacenamiento de los llamados datos externos de tráfico telefónico y telemático con el fin de investigar delitos es objeto de estudio, en el capítulo octavo, desde la perspectiva del Derecho italiano por la profesora CASTALDO.

El libro colectivo concluye con un capítulo noveno, de carácter transversal, en el que las autoras, las profesoras SCALQUETTE y ROCHA GARCIA, exponen la evolución de la protección de datos desde la perspectiva jurídico-normativa brasileña al tiempo que analizan los avances experimentados en el último lustro y los desafíos aún existentes.

Salerno / Noviembre, 2024

Capítulo 1
El principio de la limitación de la finalidad

MARCOS A. LÓPEZ SUÁREZ
Universidade da Coruña

I. INTRODUCCIÓN

El presente trabajo tiene por objeto analizar el significado y la relevancia actual del denominado principio de limitación de la finalidad en el marco del Reglamento General de Protección de Datos (en adelante RGPD)[1].

---

1 Reglamento (UE) 2016/679 del Parlamento Europeo y del Consejo, de 27 de abril de 2016, relativo a la protección de las personas físicas en lo

La limitación de la finalidad constituye uno de los principios a los que debe ajustarse el tratamiento de datos de carácter personal[2]. Es objeto de regulación específica en el artículo 5.1.b) RGPD, de acuerdo con el cual, en lo que aquí importa, «[L]*os datos personales serán:* [...] *b) recogidos con fines determinados, explícitos y legítimos, y no serán tratados ulteriormente de manera incompatible con dichos fines* [...]».

A la vista del precepto transcrito es posible afirmar, con la generalidad de la doctrina, que el principio de limitación de la finalidad encierra una doble dimensión[3]. Por un lado, los datos susceptibles de tratamiento deben haberse obtenido para una finalidad específica, que tiene, asimismo, que explicitarse y ser de carácter legítimo. Por otra parte, conforme al referido principio también será posible llevar a cabo un tratamiento ulterior de los datos previamente obtenidos para una finalidad que no sea incompatible con la inicial.

Pero, además, el principio de la limitación de la finalidad desempeña un rol fundamental en lo que atañe a la aplicación de

---

que respecta al tratamiento de datos personales y a la libre circulación de estos datos y por el que se deroga la Directiva 95/46/CE (Reglamento general de protección de datos), *DOUE* L 119, de 4 de mayo de 2016.

2 Para una visión de conjunto acerca de los orígenes y ulterior evolución del concepto de limitación de la finalidad, *vid.* Forgó, N., Hänold, S. y Schütze, B., «The principle of purpose limitation and Big Data», en AA.VV., *New Technology, Big Data and the Law* – Corrales, M., Fenwick, M. y Forgó, N., eds. – Springer, 2017, pp. 22-25.

3 Cfr. Article 29 Data Protection Working Party – WP29, en adelante –, *Opinion 03/2013 on Purpose Limitation* (Adopted on 2 April 2023), p. 17. En este sentido, debe advertirse que, aunque las consideraciones del WP29 en la referida *Opinion* se hubiesen formulado en relación con la Directiva 95/46/CE del Parlamento Europeo y del Consejo, de 24 de octubre de 1995, son perfectamente extrapolables a la normativa vigente; de ahí la pertinencia de las referencias ulteriores a dicho documento en el presente trabajo.

los restantes principios relativos al tratamiento[4]. En este sentido, la especificación de la finalidad, *ex* art. 5.1.d) RGPD, condiciona los datos que pueden ser objeto de tratamiento, ya que han de circunscribirse estrictamente a los que sean *«adecuados, pertinentes y* [no excesivos] *en relación con los fines»* («minimización de datos»). Asimismo, el periodo de conservación de los datos también se halla supeditado a dicha especificación, en la medida en que, de acuerdo con el art. 5.1.e) RGPD, los datos personales serán mantenidos, con carácter general, *«durante no más tiempo del necesario para los fines del tratamiento»* («limitación del plazo de conservación»).

En este orden de ideas, la especificación de la finalidad también contribuye a la transparencia y, por extensión, a la seguridad jurídica y a la previsibilidad. En efecto, conforme al RGPD los interesados – salvo que dispongan ya de la información – han de ser informados de *«los fines del tratamiento a que se destinan los datos personales»* (arts. 13.1.c y 14.1.c RGPD). De este modo, el tratamiento deviene predecible para las personas afectadas toda vez que permite identificar los límites del tratamiento de los datos personales por parte del responsable y posibilita, al mismo tiempo, un entendimiento común acerca de cómo los datos pueden ser usados[5].

Y, ya, por último, la especificación de la finalidad se revela igualmente un instrumento fundamental para el diseño por parte del responsable del tratamiento de las correspondientes salvaguardas[6].

Así las cosas, a continuación, se acometerá el examen de los dos componentes centrales del principio: «especificación de la finalidad», por un lado, y «uso compatible», por otro.

---

4 Así lo ha puesto de relieve la doctrina de manera uniforme. *Vid., inter alia,* Koning, M., *The purpose and limitations of purpose limitation,* 2020, pp. 102 y ss., disponible en https://merelkoning.nl/wp-content/uploads/2020/10/M.Koning_The-purpose-and-limitations-of-purpose-limitation_thesis.pdf).

5 Cfr. WP29, *Opinion 03/2013 on Purpose Limitation,* cit., pp. 12 y 17.

6 Cfr. WP29, *Opinion 03/2013 on Purpose Limitation,* cit., p. 15.

II. ESPECIFICACIÓN DE LA FINALIDAD

1. Preliminar

En relación con el primero de los pilares que integran el principio de la limitación de la finalidad, el art. 5.1.b) RGPD, como se ha tenido ocasión de señalar, se limita a establecer que los datos personales deben ser recogidos con fines determinados, explícitos y legítimos. De lo que se trata ahora es de analizar en qué se traduce cada uno de estos tres requisitos.

2. Especificidad

La especificidad de la finalidad del tratamiento constituye una de las piedras angulares del marco jurídico establecido para la protección de los datos de carácter personal. Y ello en la medida en que permite delimitar el alcance de las operaciones de tratamiento sobre dichos datos y, en consecuencia, contribuye a que el responsable del tratamiento pueda adoptar las correlativas salvaguardas[7].

Con carácter general, del propio tenor literal del art. 5.1.b) RGPD (*«Los datos personales serán* [...] *recogidos con fines determinados...»*) cabe sostener que los fines han de especificarse con carácter previo al tratamiento y, a lo sumo, en el momento en que se produzca la recogida de los datos[8]. Con todo, el legisla-

---

7 Cfr. WP29 (*Opinion 03/2013 on Purpose Limitation*, cit., p. 15), para quien la especificación de la finalidad – que requiere una evaluación interna por parte del responsable del tratamiento de datos – es una condición necesaria para la rendición de cuentas.

8 De manera inequívoca, así se indica en el considerando 39 RGPD: «En particular, los fines específicos del tratamiento [...] deben determinarse en el momento de su recogida». En el mismo sentido se pronuncia el TJUE (Sala Quinta), en la sentencia de 24 de febrero de 2022, SS SIA, C-175/20, ECLI:EU:C:2022:124, apartado 64. Precisamente el hecho de tener que especificar la finalidad con carácter

dor europeo admite que en determinados supuestos – cuando se trata de investigación científica – resulta de ordinario inviable determinar totalmente *ex ante* la finalidad del tratamiento. De ahí que, como excepción a la regla general expuesta, debe admitirse la posibilidad de que los interesados puedan «dar su consentimiento a determinados ámbitos de la investigación científica o a partes de proyectos de investigación en la medida en que lo permita la finalidad prevista, siempre que se ajusten a las normas éticas reconocidas para la investigación científica»[9].

Por lo que respecta al grado de detalle con que debe determinarse la finalidad, la cuestión dependerá del contexto particular y de cuáles sean los datos personales objeto del tratamiento. Con todo, lo relevante es que los fines se identifiquen de manera clara

---

previo al tratamiento determina que un amplio sector de la doctrina considere que el principio de limitación de la finalidad resulta difícilmente conciliable cuando no incompatible con el fenómeno del *Big Data*, ya que, a menudo, como subraya Zarsky, T. Z. («Incompatible: The GDPR in the Age of Big Data», en *Seton Hall Law Review*, Vol. 47, núm. 4 (2), 2017, pp. 1006 y ss. – disponible en SSRN: https://ssrn.com/abstract=3022646 –) el análisis de los macrodatos implica métodos y patrones de uso que ni la entidad que recoge los datos ni el interesado tuvieron en cuenta o siquiera imaginaron en el momento de la recopilación. En este sentido, se han pronunciado también Hildebrant, M., «Slaves to Big Data. Or Are We?», en *IPD. Revista de internet, derecho y política*, núm. 17, 2013; y Moerel, L. y Prins, C., «Privacy for the Homo Digitalis: Proposal for a New Regulatory Framework for Data Protection in the Light of Big Data and the Internet of Things» (May 25, 2016) – disponible en SSRN: https://ssrn.com/abstract=2784123. Con todo, tampoco faltan autores para quienes, con las debidas cautelas o compensaciones, sería factible cohonestar macrodatos y limitación de la finalidad; así lo han considerado, *v.gr.*, en relación con los denominados «Data-Driven Systems», Finck, M. y Biega, A., «Reviving Purpose Limitation and Data Minimisation in Data-Driven Systems», en *Technology and Regulation*, 2021 – disponible en https://doi.org/10.26116/techreg.2021.004.

9 Considerando 33 RGPD.

y específica[10]. Por este motivo, una finalidad vaga o general no satisfará, en principio, el requisito de la especificidad[11].

---

10 Como subraya el WP29 (*Opinion 03/2013 on Purpose Limitation*, cit., p. 16), ello no implica necesariamente que las especificaciones deban ser largas y pormenorizadas; de hecho, una descripción extensa y excesivamente legalista pudiera resultar contraproducente. Por otra parte, en un intento de conciliar las disposiciones del RGPD con las necesidades derivadas de la reutilización de datos con fines de innovación, algunos autores, partiendo de lo que denominan un «enfoque dinámico» de la normativa de protección de datos – que implicaría la interdependencia entre los distintos requisitos clave para dicha protección – han considerado que el principio de limitación de la finalidad *ex* art. 5.1.b) RGPD requiere una finalidad «especificada», esto es una finalidad descrita con claridad y precisión, mas no «específica», en el sentido de precisar positivamente el resultado del tratamiento. Así lo han entendido, en concreto, Stalla-Bourdillon, S. y Knight, A., «Data Analytics and the GDPR: Friends or Foes? A Call for a Dynamic Approach to Data Protection Law», en Leenes, R., Van Brakel, R, Gutwirth, S. & De Hert, P. (Eds.), *Data Protection and Privacy: The Internet of Bodies*, Hart, 2018, p. 17 de la copia electrónica. (Disponible en SSRN: https://ssrn.com/abstract=3248976).

11 A título de ejemplo, el WP29 (*Opinion 03/2013 on Purpose Limitation*, cit., p. 16) concluye que fines tales como «mejorar la experiencia de los usuarios», «fines de marketing», «fines de seguridad informática» o «investigación futura» – sin más detalles – por lo general no cumplirán los criterios de ser específicos. También serían inadecuadas finalidades «elásticas» como la «innovación de productos» (WP29, *Opinion 02/2013 on apps on smart devices* – Adopted on 27 February 2013 –, p. 22) o la «aplicación de la ley» (WP29, *Opinion 03/2015 on the draft directive on the protection of individuals with regard to the processing of personal data by competent authorities for the purposes of prevention, investigation, detection or prosecution of criminal offences or the execution of criminal penalties, and the free movement of such data* – Adopted on 01 December 2015 –, p. 6). Haciendo aplicación de lo expuesto al caso concreto, la Agencia Española de Protección de Datos (AEPD), en el marco del procedimiento sancionador PS/00070/2019, consideró – en lo que aquí resulta de interés – que la entidad financiera BBVA no informaba de manera clara y sistemática sobre las finalidades para las

En este orden de ideas, existe la posibilidad de que los datos personales sean objeto de tratamiento para diversos fines – que pueden estar o no relacionados entre sí –, en cuyo caso cabría preguntarse hasta qué punto el responsable del tratamiento debe especificar cada uno de estos fines distintos por separado, y cuántos detalles adicionales deben proporcionarse[12]. Pues bien, en relación con el interrogante planteado, a falta de cualquier criterio al respecto en el RGPD, podría tomarse en consideración el método propuesto por el Grupo de Trabajo del Artículo 29, en virtud del cual, cuando los fines estuviesen relacionados entre sí, podría resultar útil la descripción de una finalidad general que, a modo de paraguas, amparase las operaciones de tratamiento en cuestión[13].

3. Explicitud

En segundo lugar, es preciso que los fines del tratamiento se expliciten, esto es, que se expresen de manera clara e inequívoca, en una forma inteligible[14]. Y ello con el objetivo de que todas las partes implicadas en el tratamiento – responsables, interesados,

---

que iban a ser utilizados los datos recabados de sus clientes, al emplear expresiones imprecisas o vagas tales como «Podremos utilizar sus datos personales para desarrollar nuevos servicios», «Podremos utilizar sus datos personales para fines de investigación» o, en fin, «Podremos utilizar sus datos personales para ofrecerle servicios personalizados», ya que no queda claro, respectivamente, de qué «servicios» se trata ni cómo ayudarán los datos a desarrollarlos, ni a qué tipo de «investigación» se refiere, ni qué implica la referida «personalización».

12 Cfr. WP29, *Opinion 03/2013 on Purpose Limitation*, cit., p. 16.

13 Cfr. WP29, *Opinion 03/2013 on Purpose Limitation*, cit., p. 16.

14 El TJUE (Sala Quinta), en la ya mencionada sentencia de 24 de febrero de 2022 (SS SIA, C-175/20, ECLI:EU:C:2022:124, apartado 65) concreta el significado del requisito de la explicitud indicando que «los fines del tratamiento [...] deben indicarse claramente».

autoridades de control y eventuales terceros – puedan comprender tales fines en términos similares y sin ambigüedades[15].

En cuanto al modo en que debe ser explicitada la finalidad del tratamiento, el RGPD no contiene ninguna previsión específica al respecto[16]. Con todo, la especificación de los fines por escrito puede resultar necesaria en aquellos casos en que las actividades del tratamiento de datos se realicen en contextos complejos, opacos y ambiguos[17]. Otras veces, en cambio, cuando el contexto y la costumbre pueden dejar suficientemente claro a todos los implicados la finalidad del tratamiento – sin correr

---

15 Cfr. WP29, *Opinion 03/2013 on Purpose Limitation*, cit., p. 17. En este orden de ideas, se subraya por parte del WP29 (*op. et loc. cit.*) cómo el requisito atinente a la expresión o manifestación externa de los fines del tratamiento contribuye, de manera específica, a la transparencia y a la predictibilidad.

16 Cfr. WP29, *Opinion 03/2013 on Purpose Limitation*, cit., p. 18. Sin ánimo de exhaustividad, el propio WP29 (*op. et loc. cit.*), concreta alguno de los modos a través de los cuales podría explicitarse la finalidad del tratamiento; así sucedería, por ejemplo, describiendo las finalidades en un aviso proporcionado a los interesados, a través de una notificación facilitada a la autoridad supervisora o bien, internamente, en la información suministrada al delegado de protección de datos. Con carácter específico, en relación con el tratamiento de datos en el contexto de las «smart cities», Faisal, K. («Applying the Purpose Limitation Principle in Smart-City Data-Processing Practices: A European Data Protection Law Perspective», en *Communication Law and Policy*, Vol. 28:1, 2023, p. 78) se refiere expresamente a la posibilidad de comunicar las finalidades de la recogida de datos a través de declaraciones públicas, traducidas a idiomas diferentes que los interesados pudieran comprender.

17 Cfr. WP29, *Opinion 03/2013 on Purpose Limitation*, cit., p. 18. Por otra parte, como subraya el WP29 (*op. et loc. cit.*) el hecho de explicitar la finalidad del tratamiento en forma escrita – o por medio de documentación apropiada – contribuirá, en términos de rendición de cuentas, a que los responsables del tratamiento de datos puedan acreditar el cumplimiento del referido requisito y ayudará, también, a los interesados a ejercer sus derechos de manera más eficaz en la medida en que les proporciona una prueba de la finalidad originaria.

el riesgo de incertidumbre e imprecisión – puede resultar suficiente la expresión de los elementos esenciales[18].

4. Legitimidad

En tercer lugar, es preciso que los fines del tratamiento sean legítimos. Mas, cabe advertir, de entrada, que el citado requisito no se identifica estrictamente con la obligación de que el tratamiento de los datos personales se ajuste a una de las bases de licitud enumeradas en el art. 6.1 RGPD[19]; ello por cuanto la especificación de la finalidad con arreglo al artículo 5.1.b) RGPD y la exigencia de disponer de un fundamento jurídico para llevar a cabo el tratamiento *ex* art. 6.1 RGPD se conciben como dos requisitos distintos y – con las salvedades que se indicarán *infra* – cumulativos[20].

---

18 Cfr. WP29, *Opinion 03/2013 on Purpose Limitation*, cit., p. 18. Como ejemplo, pudiera señalarse el tratamiento que de los datos correspondientes al nombre, dirección y teléfono de contacto del interesado pudiera realizar – en el ámbito de una relación contractual– una empresa encargada del suministro periódico de los víveres previamente adquiridos por aquel.

19 Conforme al citado art. 6.1 RGPD: «*El tratamiento solo será lícito si se cumple al menos una de las siguientes condiciones: a) el interesado dio su consentimiento para el tratamiento de sus datos personales para uno o varios fines específicos; b) el tratamiento es necesario para la ejecución de un contrato en el que el interesado es parte o para la aplicación a petición de este de medidas precontractuales; c) el tratamiento es necesario para el cumplimiento de una obligación legal aplicable al responsable del tratamiento; d) el tratamiento es necesario para proteger intereses vitales del interesado o de otra persona física; e) el tratamiento es necesario para el cumplimiento de una misión realizada en interés público o en el ejercicio de poderes públicos conferidos al responsable del tratamiento; f) el tratamiento es necesario para la satisfacción de intereses legítimos perseguidos por el responsable del tratamiento o por un tercero, siempre que sobre dichos intereses no prevalezcan los intereses o los derechos y libertades fundamentales del interesado que requieran la protección de datos personales, en particular cuando el interesado sea un niño*».

20 Cfr. WP29, *Opinion 03/2013 on Purpose Limitation*, cit., pp. 12, 19 y 20.

Por el contrario, la legitimidad de los fines del tratamiento consustancial al principio de la limitación de la finalidad ha de concebirse de manera amplia, en el sentido de que tales fines han de ser acordes tanto con las disposiciones específicas en materia de protección de datos, como con las restantes normas que integran el Ordenamiento jurídico en su conjunto[21].

En consonancia con lo expuesto, para dilucidar el carácter legítimo de los fines del tratamiento, pudieran ser, asimismo, relevantes, dentro del marco determinado por la ley, otros elementos como los códigos de conducta, los códigos éticos, los acuerdos contractuales, o, en fin, el contexto general y las circunstancias del caso en la medida en que permitan determinar las «expectativas razonables» del interesado[22].

---

21 Cfr. WP29, *Opinion 03/2013 on Purpose Limitation*, cit., pp. 12 y 20. De conformidad con la generalidad de la doctrina, así lo han subrayado también, recientemente, Rainer Mühlhoff, R. y Ruschemeier, H., «Regulating AI with Purpose Limitation for Models», en *AIRe* 1/2024, p. 30. Con todo, el TJUE (Sala Quinta), en la sentencia de 24 de febrero de 2022 (SS SIA, C-175/20, ECLI:EU:C:2022:124, apartado 66), en relación con la legitimidad de los fines del tratamiento llevado a cabo por la Administración tributaria de Letonia simplemente menciona que tales fines «deben garantizar un tratamiento lícito, en el sentido del artículo 6, apartado 1, de dicho Reglamento».

22 Cfr. WP29, *Opinion 03/2013 on Purpose Limitation*, cit., pp. 12 y 20. En el mismo sentido se manifiestan Forgó, N., Hänold, S. y Schütze, B., («The principle of purpose limitation and Big Data», cit., pp. 28 y 29), quienes, a título ilustrativo, mencionan la necesidad de tomar en consideración, en el caso de los datos usados en proyectos de investigación médica, normas éticas reconocidas como la «Declaración de Helsinki» de la Asociación Médica Mundial o las «Pautas éticas internacionales para la investigación relacionada con la salud con seres humanos», elaboradas por el Consejo de Organizaciones Internacionales de las Ciencias Médicas (CIOMS) en colaboración con la Organización Mundial de la Salud (OMS).

III. TRATAMIENTO ULTERIOR CON FINALIDADES NO INCOMPATIBLES

1. Preliminar

Examinada la primera de las dimensiones que integran el principio de limitación de la finalidad en los términos que anteceden, procede ahora el análisis de aquella otra que posibilita el uso o tratamiento posterior de los datos con fines compatibles. A tal fin, se concretará, en primer lugar, el supuesto que conforma el núcleo de la citada dimensión; en segundo lugar, se expondrá el modo en que el Tribunal de Justicia de la Unión Europea ha interpretado el requisito de la «no compatibilidad»; y, finalmente, se analizarán las excepciones que el propio RGPD contempla a la prohibición del tratamiento ulterior con finalidades incompatibles.

2. Delimitación normativa

El artículo 5.1.b) RGPD, tras haberse referido a la especificación de la finalidad, introduce las nociones de «tratamiento ulterior» y «uso incompatible». Por «tratamiento ulterior» debe entenderse cualquier operación – o conjunto de operaciones – realizada sobre los datos personales con posterioridad a su recogida, ya sea para los fines inicialmente especificados o para cualquier otro fin adicional[23]. Así se colige del propio tenor literal de los considerandos 39 y 50 RGPD en la medida en que, por un lado, se precisa que los fines específicos del tratamiento de los datos personales – además de ser explícitos y legítimos – deben haber sido determinados en el momento de su recogida y, por otro lado, que «el tratamiento de datos personales con fines distintos de aquellos para los que hayan sido recogidos inicialmente solo debe permitirse cuando sea compatible con los fines de su recogida inicial».

---

[23] Cfr. WP29, *Opinion 03/2013 on Purpose Limitation*, cit., p. 21.

En cuanto al «uso incompatible», el referido artículo 5.1.b) RGPD exige que los datos personales no sean «tratados ulteriormente de manera *incompatible*» con dichos fines. Como pone de relieve el GRUPO DE TRABAJO DEL ARTÍCULO 29, el legislador opta por emplear una doble negación al prohibir la incompatibilidad y pretende, con ello, otorgar cierta flexibilidad en relación con usos posteriores[24].

Así las cosas, en lo que ahora resulta de interés, cabe plantearse cuándo un uso posterior de datos personales es incompatible con la finalidad para la que han sido recabados. En este sentido, dejando al margen las posibles excepciones contenidas en el propio art. 5.1.b) y en el art. 6.4 RGPD[25], cabe ya adelantar que la respuesta al interrogante expuesto dependerá de las circunstancias del caso concreto. Con todo, en línea de principio, sería factible agrupar las distintas hipótesis que pudieran suscitarse en la práctica en

---

24 *Opinion 03/2013 on Purpose Limitation*, cit., p. 21. A este respecto, Koning, M. E. (*The purpose and limitations of purpose limitation*, cit., p. 70) subraya cómo este tipo de estructura lingüística es muy apreciada por los juristas y odiada, en cambio, por el resto del mundo; especialmente, por aquellos que aspiran a convertirse en informáticos. En este orden de ideas, cabe señalar que el considerando 50 RGPD prescinde, en cambio, de la doble negación por cuanto dispone – como se ha tenido ocasión de señalar – que el tratamiento ulterior «solo debe permitirse cuando sea compatible con los fines de su recogida inicial».

25 En efecto, conforme a lo dispuesto en el art. 5.1.b) RGPD cabría presumir la compatibilidad de los tratamientos ulteriores si se llevan a cabo *«con fines de archivo en interés público, fines de investigación científica e histórica o fines estadísticos»*; a su vez, el art. 6.4 RGPD excluye del juicio de compatibilidad aquellos casos en que el tratamiento posterior esté basado en el consentimiento del interesado así como aquellos otros en que el tratamiento se base en el Derecho de la Unión o de los Estados miembros *«que constituya una medida necesaria y proporcional en una sociedad democrática para salvaguardar los objetivos indicados en el artículo 23, apartado 1»*.

torno a tres escenarios genéricos[26]. En primer lugar, aquel en el que la compatibilidad puede considerarse *prima facie* manifiesta, porque los datos se tratan específicamente para lograr los fines claramente especificados en el momento de la recogida, y de la forma habitual para alcanzar tales fines[27]. En segundo lugar, el representado por aquellos casos en los que la compatibilidad, por el contrario, no es tan evidente, bien porque los fines, aunque similares, no coinciden plenamente, bien porque los fines no están directamente relacionados, y resulta necesario llevar a cabo un análisis más detallado[28]. Y, finalmente, aquellas hipótesis en las que la incompatibilidad es notoria, por cuanto los datos han sido tratados con fines adicionales – o de un modo – que una persona razonable consideraría no sólo inesperados, sino también inadecuados o censurables por cualquier otro motivo, de manera que el tratamiento no cumple las expectativas de una persona razonable en la situación del interesado.

---

26 Cfr. WP29, *Opinion 03/2013 on Purpose Limitation*, cit., pp. 22 y 23. En términos similares, cfr. Koning, M. E., *The purpose and limitations of purpose limitation*, cit., p. 132.

27 A modo de ejemplo, así sucedería, como señala Koning, M. E. (*The purpose and limitations of purpose limitation*, cit., p. 132) con el tratamiento ulterior del nombre y número de teléfono de una persona por parte de una empresa X para prestar un determinado servicio A, cuando dichos datos fueron inicialmente tratados para registrar la solicitud de acceso del interesado al referido servicio.

28 Continuando con el supuesto de hecho propuesto por Koning, M. E. (*The purpose and limitations of purpose limitation*, cit., p. 132), ello podría acontecer cuando la referida empresa X utiliza el número de teléfono facilitado por los interesados al solicitar el servicio A para asegurarse de la autenticidad de la identidad de aquellos que, junto con el mencionado servicio, han solicitado un nuevo servicio B. Y es que en tales supuestos los efectos de la aplicación de la política de nombre real para el titular de los datos son muy diferentes de los efectos del registro para el acceso inicial al servicio.

Por lo que respecta a aquellos casos en que resulta necesario valorar la compatibilidad de la finalidad del tratamiento ulterior con aquella para la que se recogieron inicialmente los datos personales, el art. 6.4 RGPD – en conexión con el considerando 50 – ofrece una serie de criterios, que, en esencia, ya habían sido anticipados por el GRUPO DE TRABAJO DEL ARTÍCULO 29[29]. Se trata, en suma, de los siguientes factores:

a) la relación entre los fines para los cuales se han recogido los datos personales y los fines del tratamiento ulterior previsto[30];

b) el contexto en que se han recogido los datos personales, en particular por lo que respecta a la relación entre los interesados y el responsable del tratamiento o – como se precisa en el considerando 50 RGPD – «las expectativas

---

29 Cfr. WP29, *Opinion 03/2013 on Purpose Limitation*, cit., pp. 23-27. Con todo, como ponen de relieve Forgó, N., Hänold, S. y Schütze, B., («The principle of purpose limitation and Big Data», cit., p. 35) el hecho de que la evaluación de la compatibilidad forme parte ahora del texto legal del Reglamento posiblemente represente uno de sus verdaderos logros, por cuanto permite mejorar la atención y la transparencia.

30 Como señala el WP29 (*Opinion 03/2013 on Purpose Limitation*, cit., p. 24) el examen ha de centrarse en la esencia de la relación entre las finalidades del tratamiento inicial y ulterior sin circunscribirse únicamente al modo en que se expresan dichas finalidades. En otros términos, el análisis no tiene por objeto una comparación desde un punto de vista textual o literal de las distintas finalidades. Así, tomando como referencia uno de los ejemplos propuestos por el citado Grupo de trabajo (*op. cit.*, pp. 57-58), la finalidad de conservación por parte de un departamento gubernamental de los certificados de habilitación de un determinado nivel de seguridad otorgados a algunos de sus empleados, a los fines de permitir una auditoría interna y/o externa del cumplimiento de los requisitos de la referida habilitación, no sería, en línea de principio, una finalidad incompatible con la originaria, máxime si los certificados en cuestión no aportan ninguna información adicional más allá del hecho de que el procedimiento de control se ha llevado a cabo con éxito.

razonables del interesado basadas en su relación con el responsable en cuanto a su uso posterior»[31];

c) la naturaleza de los datos personales, en concreto cuando se traten categorías especiales de datos personales, de conformidad con el art. 9 RGPD[32], o datos personales relativos a condenas e infracciones penales, de conformidad con el art. 10 RGPD;

---

31 Se trataría, en suma, de determinar qué uso de los datos cabría esperar – en el contexto de la recogida – de una persona razonable que se hallase en la posición de interesado. En este orden de ideas, son varios los aspectos que se deben ponderar. Por ejemplo, la relación de equilibrio entre el responsable del tratamiento y el interesado, ya que la libertad de elección de este último puede variar – y de hecho así sucede – en función de si los datos han sido facilitados en virtud de una ley o si, por el contrario, el tratamiento se ha basado en una relación contractual o en el libre consentimiento del interesado. En conexión con lo anterior, – como subraya el WP29 (*Opinion 03/2013 on Purpose Limitation*, cit., pp. 24-25) – el estatus del responsable del tratamiento, la naturaleza de la relación contractual o del servicio prestado o, en fin, las obligaciones legales o contractuales aplicables también podrían dar lugar a expectativas razonables de una mayor confidencialidad de los datos y, por tanto, de limitaciones más estrictas en cuanto a su uso posterior. Y de igual modo, debe atenderse a la transparencia del tratamiento, así como al hecho de que el tratamiento ulterior se base en disposiciones legales, ya que, de ser así, la seguridad jurídica y la consiguiente previsibilidad podrían sugerir que el uso posterior es adecuado, incluso en el caso de que los interesados no hayan sido conscientes de todas sus consecuencias (WP29, *op. cit.*, p. 25).

32 En concreto, el art. 9.1 RGPD incluye en el concepto de «categorías especiales de datos personales» aquellos datos *«que revelen el origen étnico o racial, las opiniones políticas, las convicciones religiosas o filosóficas, o la afiliación sindical* [...] *datos genéticos, datos biométricos dirigidos a identificar de manera unívoca a una persona física, datos relativos a la salud o datos relativos a la vida sexual o las orientación sexuales de una persona física»*.

d) las posibles consecuencias para los interesados del tratamiento ulterior previsto[33];

e) la existencia de garantías adecuadas, que podrán incluir el cifrado o la seudonimización[34].

---

33 En este sentido, deberán tenerse en cuenta tanto las implicaciones positivas como las negativas; e igualmente, no sólo aquellas que se presenten como inmediatas sino también las que razonablemente se deriven de decisiones o acciones futuras de terceros. En este contexto, debería ser objeto de valoración el posible daño moral o – como señala el WP29 (*Opinion 03/2013 on Purpose Limitation*, cit., p. 26) – las repercusiones emocionales, «tales como la irritación, el miedo y la angustia que pueden derivarse de que un interesado pierda el control sobre su información personal, o se dé cuenta de que ésta se ha visto comprometida». Por otra parte, en el marco de la evaluación del impacto del tratamiento ulterior, cabe subrayar la incidencia del modo en que los datos son tratados posteriormente, pues parece indudable que los efectos serán significativamente diferentes en función de si los datos se divulgan públicamente, se hacen accesibles de otro modo a un gran número de personas, o, en fin, si grandes cantidades de datos personales se tratan o combinan con otros datos para la elaboración de perfiles comerciales o de otra naturaleza. De ahí que, como indica el WP29 (*op.et loc. cit.*), la disponibilidad de métodos alternativos para alcanzar los objetivos perseguidos por el responsable del tratamiento, con un menor impacto negativo para el interesado, deba considerarse como un elemento relevante para dilucidar la no incompatibilidad.

34 Otro de los factores a ponderar en orden a determinar la no incompatibilidad del tratamiento posterior es la adopción de medidas técnicas y organizativas tendentes a evitar la identificación de los interesados. De manera expresa, el art. 6.4 RGPD contempla el cifrado y la seudonimización, que – *ex* art. 4, apartado 5, RGPD – puede definirse como *«el tratamiento de datos personales de manera tal que ya no puedan atribuirse a un interesado sin utilizar información adicional, siempre que dicha información adicional figure por separado y esté sujeta a medidas técnicas y organizativas destinadas a garantizar que los datos personales no se atribuyan a una persona física identificada o identificable»*. Con todo, como señala el WP29 (*Opinion 03/2013 on Purpose Limitation*, cit., p. 26), también pudiera ser relevante la aplicación, en beneficio de los

Sin embargo, cabe advertir que los criterios expuestos, tal y como se colige del propio tenor literal del art. 6.4 RGPD (*«el responsable del tratamiento* [...] *tendrá en cuenta, entre otras cosas* [...]») no constituyen una enumeración cerrada o exhaustiva. Por lo tanto, nada obsta a que, para dilucidar la compatibilidad entre los fines del tratamiento inicial y los de los eventuales tratamientos ulteriores, se tomen en consideración otros factores, al margen de los expresamente contemplados en el Reglamento.

Para concluir esta delimitación de la no incompatibilidad de finalidades es preciso hacer mención a la previsión contenida en el considerando 50 RGPD, de acuerdo con la cual, en caso de que el tratamiento ulterior sea compatible con los fines de la recogida inicial, «no se requiere una base jurídica aparte, distinta de la que permitió la obtención de los datos personales». Y ello por cuanto la referida previsión parece no cohonestarse, de entrada, con la consideración normativa del principio de limitación de la finalidad y de la licitud del tratamiento *ex* art. 6 RGPD como dos requisitos autónomos de índole cumulativa, que han de ser satisfechos simultáneamente[35].

---

interesados, de medidas adicionales como un aumento de la transparencia – a través de la especificación de las nuevas finalidades – con la posibilidad de oponerse o de dar un consentimiento específico.

35 Así se colige inequívocamente de la supresión, durante el iter legislativo del RGPD, del art. 6.4 de la «Propuesta de Reglamento del Parlamento europeo y del Consejo relativo a la protección de las personas físicas en lo que respecta al tratamiento de datos personales y a la libre circulación de estos datos (Reglamento general de protección de datos)» [COM(2012) 11 final, 25.01.2012], que expresamente contemplaba la posibilidad de subsanar la falta de compatibilidad de la finalidad del tratamiento ulterior mediante la identificación por parte del responsable del tratamiento de una nueva base jurídica, excepción hecha de la atinente al interés legítimo del responsable, que, por sí sola, no se consideraba suficiente. En concreto, el referido art. 6.4 de la Propuesta establecía, en lo que aquí resulta de interés, lo siguiente: «Cuando la finalidad del tratamiento posterior no sea

Así las cosas, el alcance de lo dispuesto en el referido considerando 50 RGPD debe examinarse a la luz de sus orígenes y del contexto en el que se enmarca. En efecto, de entrada, cabe significar que el texto actual trae causa del considerando 40 del documento del Consejo de la Unión Europea N.° doc. prec. 9398/15 acerca de la Preparación de un planteamiento general en relación con la Propuesta de Reglamento del Parlamento Europeo y del Consejo relativo a la protección de las personas físicas en lo que respecta al tratamiento de datos personales y a la libre circulación de estos datos (Reglamento general de protección de datos). En el referido documento, partiendo de la Propuesta inicial del Parlamento y del Consejo de la Unión Europea, se subraya – literalmente – la siguiente redacción alternativa:

> «Solo deberá permitirse el tratamiento de datos personales con fines distintos de aquellos para los que hayan sido recogidos inicialmente cuando el tratamiento sea compatible con esos fines para los que se recogieron inicialmente. En tal caso, no se exigirá una base jurídica aparte, distinta de la que permitió la obtención de los datos. (...)».

Por lo que se refiere al contexto, el tenor del considerando 40 tenía como referente el art. 6.4 del propio documento del Consejo de la Unión Europea que, en consonancia con lo previsto en la Propuesta inicial del Reglamento, admitía un tratamiento ulterior de los datos con una finalidad incompatible respecto de la inicial, siempre que el responsable vinculase el tratamiento posterior a alguna de las bases jurídicas del art. 6.1 RGPD[36]. En

---

compatible con aquella para la que se recogieron los datos personales, el tratamiento deberá tener base jurídica al menos en uno de los fundamentos mencionados en el apartado 1, letras a) a e) [...]».

36 A tenor del art. 6.4 del documento del Consejo de la Unión Europea (n.° doc. 9565/15) sobre la preparación de un planteamiento general en relación con la Propuesta de RGPD: «Cuando la finalidad del tratamiento posterior sea incompatible con aquella para la que se recogieron los datos personales por el mismo responsable, el trata-

consecuencia, el considerando 40 venía a clarificar, simplemente, que, en los supuestos de compatibilidad entre los fines del tratamiento inicial y ulterior, no se requería ninguna otra base jurídica distinta de la que permitía la recogida de datos.

Sin embargo, durante la tramitación del procedimiento legislativo el art. 6.4 RGPD – en su redacción inicial – fue suprimido por completo, pero el tenor del correlativo considerando – con la salvedad del cambio de ordinal – no fue objeto de modificación. De este modo, bien pudiera sostenerse que la aclaración del actual considerando 50 no es aplicable al concepto de compatibilidad para el tratamiento posterior que figura en el art. 6.4 RGPD. O, incluso, en un intento de dotar de sentido específico a la previsión del considerando, cabría entender que, constatada la compatibilidad, el tratamiento ulterior por parte del responsable sólo podría basarse en el fundamento jurídico inicial utilizado para la recogida de los datos.

Con todo, se estima que la conclusión a la que cabe llegar debe ser otra. Y ello porque la previsión del considerando 50 RGPD, en relación con el hecho de que el tratamiento ulterior compatible no precise de una base jurídica aparte, pudiera también interpretarse – como subraya parte de la doctrina[37] – sobre la base de la similitud existente entre la ponderación de los intereses del responsable del tratamiento – en seguir tratando los datos – y del interesado *ex* art. 6.4 RGPD y el examen de los intereses de las

---

miento posterior deberá tener base jurídica al menos en uno de los fundamentos mencionados en el apartado 1, letras a) a e). El tratamiento posterior por el mismo responsable para fines incompatibles por motivos de legítimo interés del responsable o de un tercero será lícito cuando estos intereses superen a los del interesado». El subrayado se corresponde con los cambios introducidos por el Consejo de la Unión Europea respecto de la Propuesta inicial del Reglamento.

[37] Cfr. Forgó, N., Hänold, S. y Schütze, B., «The principle of purpose limitation and Big Data», cit., p. 37.

partes interesadas efectuado por el propio legislador europeo al establecer los distintos fundamentos jurídicos del art. 6.1 RGPD. En consecuencia, sería esta similitud la que conllevaría – en los términos del considerando 50 – la no necesidad de invocar una base jurídica específica del tratamiento, en la medida en que la licitud estaría ya implícita en el juicio – favorable – de la compatibilidad entre las finalidades de los distintos tratamientos.

3. El requisito de la no incompatibilidad en la jurisprudencia del TJUE

El Tribunal de Justicia de la Unión Europea (TJUE) ha tenido ocasión de pronunciarse sobre la compatibilidad del tratamiento ulterior de los datos con los fines de su recogida inicial tan sólo en una ocasión[38]. Se trata, en concreto, de la sentencia del Tribunal de Justicia (Sala Primera) de 20 de octubre de 2022, recaída en el asunto C-77/21[39], que trae causa de la decisión prejudicial presentada en el marco de un litigio entre la mercantil Digi Távközlési és Szolgáltató Kft. (en lo sucesivo, «Digi») – uno de los principales proveedores de servicios de Internet y de televisión en Hungría – y la Nemzeti Adatvédelmi és Információszabadság Hatóság (Autoridad Nacional de Protección de Datos y Libertad de Información de Hungría; en lo sucesivo, «Autoridad Nacional» o «Autoridad de control»).

---

[38] Sin embargo, aunque sea de manera mediata, el uso posterior de datos personales para nuevos fines y los criterios de compatibilidad posteriormente recogidos en el art. 6.4 RGPD han sido objeto de examen por el Tribunal Europeo de Derechos Humanos (TEDH) en diversas resoluciones. Ello en la medida en que la especificación de una finalidad legítima constituye una condición previa para valorar la existencia de una posible injerencia en el ejercicio del derecho a una vida privada, objeto de tutela en el art. 8 del Convenio Europeo de Derechos Humanos. Para una visión de conjunto de la cuestión, *vid.*, Koning, M. E., *The purpose and limitations of purpose limitation*, cit., pp. 145-151.

[39] ECLI:EU:C:2022:805.

En esencia, el litigio tenía por objeto una violación de la seguridad de los datos personales almacenados en una base de datos de Digi. En concreto, en abril de 2018, tras un fallo técnico que afectó al funcionamiento de un servidor, Digi creó una base de datos denominada «test» (en lo sucesivo, «base de datos de prueba»), en la que copió los datos personales de aproximadamente la tercera parte de sus clientes particulares, que se conservaban en otra base de datos, denominada «digihu», que podía vincularse al sitio de Internet www.digi.hu. En dicho sitio figuraban tanto los datos actualizados de los suscriptores al boletín informativo de Digi, con fines de marketing directo, como los datos de administración de sistemas que daban acceso a la interfaz del sitio de Internet.

En septiembre de 2019, Digi tuvo conocimiento de que un «hacker ético» había tenido acceso a los datos personales de unas 322.000 personas, almacenados por dicha sociedad. Digi corrigió el fallo que había permitido el acceso indebido y posteriormente, tras haber suprimido la base de datos de prueba, notificó la violación de seguridad de los datos personales a la Autoridad Nacional.

La Autoridad de control, tras una investigación previa, consideró que Digi había infringido el art. 5.1 RGPD – entre otros motivos, por haber conservado durante casi 18 meses en la base de datos de prueba, en un fichero que permitía la identificación de los interesados, un gran número de datos personales sin ninguna finalidad – y le impuso la sanción correspondiente. Ésta fue objeto de impugnación por Digi ante el Fővárosi Törvényszék (Tribunal General de la Capital, Hungría), quien decidió suspender el procedimiento y plantear al Tribunal de Justicia la siguiente cuestión prejudicial:

> «¿Debe interpretarse el concepto de "limitación de la finalidad" definido en el artículo 5, apartado 1, letra b), del [Reglamento 2016/679] en el sentido de que es conforme con dicho concepto el hecho de que el responsable del tratamiento conserve paralelamente en otra base de datos unos datos personales que, por lo demás, fueron recogidos y conservados con una finalidad legítima limitada o, por el contrario, por lo que respecta a la base de datos paralela, ya no es válida la finalidad legítima limitada de la recogida de datos?».

Así las cosas, partiendo de la doble dimensión que encierra el principio de limitación de la finalidad, el TJUE precisa, en primer término, que los fines del tratamiento deben determinarse, a más tardar, en el momento de la recogida de los datos, deben indicarse claramente y deben, igualmente, garantizar que el tratamiento se realice conforme a una de las bases del art. 6.1 RGPD.

Por lo que respecta al tratamiento ulterior de los datos, el TJUE, tras examinar el concepto de «tratamiento» *ex* art. 4, apartado 2, RGPD, concreta que en dicha noción tendrían cabida operaciones tales como la recogida, registro y conservación de los datos. Al mismo tiempo, conforme al sentido habitual del término «ulterior» en el lenguaje corriente, el TJUE precisa que todo tratamiento de datos personales que sea posterior al tratamiento inicial y consista en la recogida inicial de los datos constituye un tratamiento «ulterior» de estos, con independencia de la finalidad de ese tratamiento ulterior. En consecuencia, el TJUE concluye que el hecho de que el responsable del tratamiento registre y conserve, en una base de datos de nueva creación, datos personales que conservaba en otra base de datos constituye un «tratamiento ulterior» de esos datos.

En este orden de ideas – como señala el TJUE –, el artículo 5.1.b) RGPD no contiene ninguna indicación acerca de las condiciones que determinarían la compatibilidad del tratamiento ulterior con los fines de la recogida inicial. Sin embargo, una interpretación sistemática del referido precepto con lo dispuesto en el artículo 6.1.a) y 6.4 RGPD permite colegir que la cuestión de la compatibilidad se plantea únicamente cuando los fines del tratamiento ulterior no son idénticos a los de la recogida inicial. En este contexto se pone de manifiesto la relevancia de los criterios enunciados en el art. 6.4 RGPD que, de acuerdo con el TJUE – haciendo suyas las conclusiones del Abogado General[40]

---

40 ECLI:EU:C:2022:248; en particular, puntos 27, 28, 59 y 60.

– reflejan «la necesidad de que exista una relación concreta, lógica y suficientemente estrecha entre los fines de la recogida inicial de los datos personales y su tratamiento ulterior»[41] y permiten asegurarse de que el tratamiento ulterior no se aparte de las expectativas legítimas de los interesados.

Proyectando las consideraciones expuestas al caso de autos, – y teniendo presente, en todo caso, la competencia del órgano jurisdiccional nacional en cuanto a la fijación de los hechos – el TJUE considera lógico entender que los fines de la recogida inicial de datos – ejecución de un contrato de abono a Internet y televisión – y los del tratamiento ulterior – protección de esos datos en una base interna adicional y realización de pruebas, con total seguridad, para subsanar un fallo técnico potencialmente perjudicial para la prestación del servicio contractualmente previsto – están lógicamente relacionados. Asimismo, entiende el TJUE – de nuevo asumiendo las tesis del Abogado General – que el tratamiento en cuestión no se aparta de las expectativas legítimas de los abonados sobre la utilización ulterior de sus datos[42].

Junto con lo expuesto acerca de la relación entre las finalidades de los tratamientos y el contexto en el que se han recogido los datos, el TJUE también toma en consideración el hecho de que de la resolución de remisión no se desprende que todos o parte de los datos fueran sensibles («naturaleza de los datos personales»), ni que el tratamiento ulterior haya tenido consecuencias perju-

---

41 Como señala el Abogado General en sus conclusiones (ECLI:EU:C:2022:248, punto 28), «[...] el citado tratamiento no puede estar desligado del fin inicial de la recogida de los datos o estar en contradicción con él, y su objeto debe cohonestarse con la razón de ser de la recogida, al margen de cualquier cuestión temporal».

42 En concreto, el Abogado General, en sus conclusiones (ECLI:EU:C:2022:248, punto 60), sostiene que «[...] no puede considerarse sorprendente o improbable que los datos se almacenen con carácter adicional en un soporte interno debido a la necesidad de resolver un fallo técnico que afecta a la accesibilidad a los datos de la base inicial».

diciales para los abonados («las posibles consecuencias para los interesados»)[43] o no se hayan arbitrado las «garantías adecuadas».

Así pues, sobre la base de los criterios del art. 6.4 RGPD en los términos referidos, el TJUE responde a la cuestión prejudicial planteada declarando que:

> «el artículo 5, apartado 1, letra b), del Reglamento 2016/679 debe interpretarse en el sentido de que el principio de "limitación de la finalidad", definido en esa disposición, no se opone a que el responsable del tratamiento registre y conserve, en una base de datos creada para realizar pruebas y corregir errores, datos personales previamente recogidos y conservados en otra base de datos, siempre y cuando el tratamiento ulterior sea compatible con los fines específicos para los que se recogieron inicialmente los datos personales, extremo que ha de determinarse a la luz de los criterios establecidos en el artículo 6, apartado 4, del mismo Reglamento».

4. Excepciones a la prohibición del tratamiento ulterior con finalidades incompatibles

4.1. Preliminar

Del tenor literal de los arts. 5.1.b) y 6.4 RGPD cabe ya colegir la existencia de tres excepciones, *a priori*, a la regla general en virtud de la cual no es posible el tratamiento ulterior con fines incompatibles en relación con los de la recogida inicial de los datos.

En efecto, por una parte, el art. 5.1.b) RGPD, en su inciso final, parte de la no incompatibilidad con los fines iniciales de aquellos tratamientos ulteriores de datos realizados con fines

---

[43] La inexistencia de un impacto negativo se derivaría *a priori* – según las conclusiones del Abogado General (ECLI:EU:C:2022:248, punto 60) – del hecho de que «los datos en cuestión han seguido siendo tratados por el mismo responsable del tratamiento y no han sido comunicados a terceros».

de archivo en interés público, fines de investigación científica e histórica o fines estadísticos. Por otra parte, el art. 6.4 RGPD, en su inciso primero, contempla la posibilidad de un tratamiento con un fin incompatible respecto de aquel para el que se recogieron los datos personales basado bien en el consentimiento del interesado o bien – con los requisitos que se examinarán *infra* – en el Derecho de la Unión o de los Estados miembros para salvaguardar los objetivos indicados en el art. 23.1 RGPD.

4.2. Tratamientos ulteriores con fines de archivo en interés público, fines de investigación científica e histórica o fines estadísticos

El art. 5.1.b) RGPD, *in fine*, contiene – como se ha dicho – una disposición específica sobre el tratamiento ulterior con *«fines de archivo en interés público, fines de investigación científica e histórica o fines estadísticos»*. Y ello, como también se ha indicado, con el propósito de no considerar tales fines incompatibles con los del tratamiento inicial. Con todo, debe advertirse, por una parte, que no se trata de una presunción de compatibilidad absoluta, pues no cabe descartar supuestos en que exista incompatibilidad entre los fines de los tratamientos originario y ulterior[44], y, por otra parte, que se halla supeditada *ex* art. 89 RGPD a la adopción de *«garantías adecuadas* [...] *para los derechos y las libertades de los interesados»*.

Por lo que respecta al ámbito de aplicación de la excepción, a falta de cualquier definición expresa en el marco del art. 4 RGPD acerca de lo que sea su objeto, resulta de utilidad lo expresado en los considerandos del propio RGPD. Así, en relación con el tratamiento de datos personales realizado con fines de archivo, el considerando 158 RGPD – tras señalar que no resulta de aplicación a las personas fallecidas – especifica que las «autoridades públicas o los organismos públicos o privados

---

[44] Cfr. WP29, *Opinion 03/2013 on Purpose Limitation*, cit., p. 28 y Koning, M. E., *The purpose and limitations of purpose limitation*, cit., p. 190.

que llevan registros de interés público deben ser servicios que están obligados [...] a adquirir, mantener, evaluar, organizar, describir, comunicar, promover y difundir registros de valor perdurable para el interés público general y facilitar acceso a ellos». De igual modo, en el citado considerando se precisa que los propios Estados miembros deben también estar autorizados a establecer – en determinados supuestos[45] – tratamientos ulteriores de datos personales con fines de archivo.

En cuanto a los fines de investigación científica, del considerando 159 RGPD se concluye que han de ser interpretados ampliamente y que en dichos fines podrían entenderse englobados, entre otros, el desarrollo tecnológico y la demostración, la investigación fundamental, la investigación aplicada, la investigación financiada por el sector privado o, en fin, los estudios realizados en interés público en el ámbito de la salud pública[46].

El tratamiento de datos personales con fines de investigación histórica es objeto de mención específica en el considerando 160 RGPD, aunque apenas para puntualizar que en dichos fines cabe incluir tanto la investigación histórica como la realizada para fines genealógicos[47].

---

45 Ello – como se indica en el propio considerando 158 RGPD – a los fines de ofrecer información específica en relación con el comportamiento político bajo antiguos regímenes de Estados totalitarios, el genocidio, los crímenes contra la humanidad o los crímenes de guerra.

46 En este orden de ideas, tratándose de España, para determinar el fin científico de un estudio pudieran resultar orientativas las previsiones de la Ley 14/2011, de 1 de junio, de la Ciencia, la Tecnología y la Innovación, y sus respectivas disposiciones de desarrollo.

47 De todas formas, como pone de manifiesto el WP29 (*Opinion 03/2013 on Purpose Limitation*, cit., p. 29), los historiadores suelen estar más interesados en los hechos que en la identidad exacta de las personas afectadas. Por otra parte, también puede ocurrir que los investigadores deseen utilizar datos históricos que entrañen poco o ningún riesgo para las personas afectadas, ya sea por el lapso de tiempo transcu-

Ya, por último, entre las finalidades que *ex* art. 5.1.b) RGPD cabría entender compatibles con las de un tratamiento previo figuran también los fines estadísticos, que, a tenor del considerando 162 RGPD, se configurarían como «cualquier operación de recogida y tratamiento de datos personales necesarios para encuestas estadísticas o para la producción de resultados estadísticos». En consonancia con la amplitud del concepto expuesto, es posible afirmar que los tratamientos de datos personales con fines estadísticos no se circunscriben únicamente a aquellos realizados por razones de interés público, sino que comprenderían también los realizados por entidades privadas en búsqueda de beneficios o ganancias comerciales[48]. En todo caso, como se advierte en el referido considerando 162 RGPD, el resultado del tratamiento – o los datos personales – no pueden utilizarse para respaldar medidas o decisiones relativas a individuos en particular.

Así las cosas, la regla privilegiada que, respecto del tratamiento ulterior de datos personales, establece el art. 5.1.b) *in fine* RGPD se halla subordinada, en todo caso, a la adopción de las «garantías adecuadas», en forma de medidas técnicas y organizativas, para excluir los riesgos que pudieran derivarse para los derechos y libertades de los interesados (cfr. art. 89 RGPD). En orden a establecer qué salvaguardas pueden considerarse adecuadas y suficientes, deben tenerse en cuenta las circunstancias y factores que concurren en el caso concreto, pues, en ocasiones, es posible un tratamiento con datos agregados o seudonimizados y, en otras situaciones,

---

rrido desde que se recopilaron los datos, ya porque los hipotéticos interesados han fallecido, en cuyo caso el Reglamento no sería de aplicación (cfr. considerando 27 RGPD).

48 Cfr., en idéntico sentido, WP29, *Opinion 03/2013 on Purpose Limitation*, cit., p. 29 y Forgó, N., Hänold, S. y Schütze, B., «The principle of purpose limitation and Big Data», cit., p. 36.

en cambio, el tratamiento requiere utilizar datos indirectamente identificables o, incluso, datos directamente identificables[49].

En este sentido, a modo de criterio orientativo de carácter general, parece razonable entender que cuanto más fácil sea identificar al interesado, más garantías adicionales serán necesarias. A tal fin habrán de ponderarse, entre otros, aspectos tales como si los datos objeto del tratamiento forman parte de las categorías especiales del art. 9 RGPD, las repercusiones negativas para el interesado en caso de ser identificado o, por ejemplo, si los datos en cuestión han sido transferidos para que el tratamiento ulterior lo lleve a cabo un tercero[50].

Entre las garantías adecuadas, el art. 89 RGPD se refiere, de manera explícita, únicamente a la seudonimización, si bien el propio precepto supedita la adopción de esta salvaguarda a que con ella se puedan alcanzar los fines – de archivo en interés público, investigación científica o histórica o estadísticos – del tratamiento[51].

---

49 Como señalan Forgó, N., Hänold, S. y Schütze, B. («The principle of purpose limitation and Big Data», cit., p. 37), el art. 89 RGPD refleja la aproximación sugerida por el 29WP (*Opinion 03/2013 on Purpose Limitation*, cit. pp. 27-33) en el sentido de que diferentes escenarios requieren diferentes salvaguardas.

50 *Vid.*, 29WP, *Opinion 03/2013 on Purpose Limitation*, cit. pp. 29 y 32.

51 Al margen de la seudonimización, entre las garantías adecuadas que podrían proporcionar una protección adicional a los interesados, el WP29 (*Opinion 03/2013 on Purpose Limitation*, cit. p. 32) menciona el cifrado o encriptado, la codificación y almacenamiento por separado de las claves que permitirían vincular la información a un interesado en particular, la celebración de acuerdos con terceros de confianza en aquellos casos en que varias organizaciones deseen anonimizar los datos personales que poseen para utilizarlos en un proyecto de colaboración o, en fin, la restricción del acceso a los datos personales, sopesando cuidadosamente las ventajas de una difusión más amplia frente a los riesgos de la divulgación involuntaria de datos personales a personas no autorizadas.

4.3. Tratamiento incompatible con fundamento en el consentimiento del interesado

Como se ha tenido ocasión de anticipar, a tenor de lo dispuesto en el art. 6.4 RGPD, el interesado puede dar su consentimiento a un tratamiento ulterior con unos fines que no se cohonestan con aquellos explicitados en el momento de la recogida de los datos. En este sentido, la excepción expuesta pudiera resultar, de entrada y en cierta medida, sorprendente, ya que, *prima facie*, parece poner en entredicho la necesaria separación que debe existir entre el principio de limitación de la finalidad y las bases que legitiman el tratamiento. Sin embargo, como señala Koning[52], debe significarse que, en el caso que se analiza, la regla en virtud de la cual los principios del tratamiento y las bases de licitud se configuran como presupuestos autónomos de índole cumulativa se suprime, mas no en cuanto al principio de limitación de la finalidad en su conjunto, sino tan sólo en lo que atañe al requisito de la no incompatibilidad.

Por otra parte, *ex* art. 4, apartado 11, RGPD, es necesario que la manifestación de voluntad que habilita para llevar a cabo un tratamiento ulterior con fines incompatibles respecto de los primigenios sea libre, específica, informada e inequívoca[53]. En un intento de clarificar el sentido de los elementos del consentimiento para poder reputarlo válido, el considerando 43 RGPD precisa que cabe entender que el consentimiento se ha dado libremente cuando no constituye «un fundamento jurídico válido para el tratamiento de datos de carácter personal en un caso concreto en el que exista un desequilibrio claro entre el interesado y el responsable del tratamiento», lo que, de ordinario, sucede

---

52 *The purpose and limitations of purpose limitation*, cit., p. 171.

53 Para un análisis exhaustivo de la noción de consentimiento que figura en el RGPD, véase WP29, *Directrices sobre el consentimiento en el sentido del Reglamento (UE) 2016/679* (Adoptadas el 28 de noviembre de 2017; revisadas por última vez y adoptadas el 10 de abril de 2018).

cuando dicho responsable es una autoridad pública. A su vez, conforme al considerando 42 RGPD, para que el consentimiento sea informado, se requiere que el interesado conozca «como mínimo la identidad del responsable del tratamiento y los fines del tratamiento a los cuales están destinados los datos personales».

Ya, por último, en relación con el ámbito de aplicación de la excepción comentada, han de hacerse dos salvedades[54]. En primer lugar, el tratamiento ulterior de datos con finalidades incompatibles sobre la base del consentimiento del interesado no exime al responsable de la obligación de especificar previamente los fines del tratamiento[55]. En segundo lugar, a diferencia de lo que sucede en el supuesto del art. 6.4 RGPD en conexión con el art. 23.1 RGPD, el responsable del tratamiento no encuentra ninguna limitación en lo que se refiere al tipo de fines del tratamiento ulterior, ya que tales fines no tienen por qué circunscribirse a los objetivos enumerados en el referido art. 23.1 RGPD ni al hecho de que sean necesarios y proporcionales a la luz de los fines iniciales.

4.4. Tratamiento incompatible ex arts. 6.1 y 23.1 RGPD

El art. 6.4 RGPD también consiente un tratamiento ulterior con fines incompatibles en relación con los de la recogida inicial de los datos cuando dicho tratamiento se base en el Derecho de la Unión o de los Estados miembros y constituya una medida necesaria y proporcional para salvaguardar alguno de los objetivos legítimos enumerados – con carácter exhaustivo – en el art. 23.1 RGPD[56].

---

54 Al respecto, *vid.*, Koning, M. E., *The purpose and limitations of purpose limitation*, cit., p. 171.

55 Máxime cuando, como se ha dicho, el interesado ha de conocer los fines del tratamiento para que el consentimiento pueda reputarse informado.

56 En otros términos, como subraya Koning, M. E. (*The purpose and limitations of purpose limitation*, cit., pp. 156-157), del texto del art. 6.4 RGPD se desprende la intención del legislador de la UE de conferir a

En este sentido, conviene advertir que la remisión que el art. 6.4 RGPD hace al art. 23.1 del mismo cuerpo normativo, lo es a los solos efectos de los objetivos mencionados en este último precepto. Y ello porque, si bien conforme al art. 23.1 RGPD el Derecho de la Unión o de los Estados miembros también podría limitar, a través de medidas legislativas, el alcance de las obligaciones y de los derechos establecidos en el art. 5 RGPD, dicha restricción se halla supeditada a que sus disposiciones se correspondan con los derechos y obligaciones contemplados en los artículos 12 a 22 del propio RGPD, entre los que no se encuentra la limitación de la finalidad[57].

En cuanto a los motivos que justifican la excepción objeto de examen, a tenor del referido art. 23.1 RGPD, podrían concretarse en alguno de los siguientes: a) la seguridad del Estado; b) la defensa; c) la seguridad pública; d) la prevención, investigación, detección o enjuiciamiento de infracciones penales o

---

los Estados miembros libertad para decidir si desean adoptar medidas legislativas destinadas a reutilizar datos personales para los objetivos del artículo 23.1 RGPD y, en caso afirmativo, con qué fines.

57 En efecto, el requisito de especificación de la finalidad – al igual que sucede con los principios de licitud, lealtad, integridad y confidencialidad – no se detalla en los artículos 12 a 22 del RGPD. No ocurre lo mismo, en cambio, con el principio de transparencia *ex* art. 5.1.a) RGPD, que se concreta en las obligaciones de información del responsable del tratamiento y los derechos de información y acceso del interesado (arts. 12 a 15 RGPD), ni con los principios de minimización de datos y limitación del plazo conservación *ex* art. 5.1.c) y e) RGPD, que se proyectan en los derechos de supresión y a la limitación del tratamiento (arts. 17 y 18 RGPD), ni, por último, con el principio de exactitud *ex* art. 5.1.d) RGPD, que está presente en la regulación de los derechos de supresión y rectificación (arts. 16 y 17 RGPD). En este orden de ideas, sobre la imposibilidad de restringir implícita o explícitamente el principio de limitación de la finalidad en virtud del art. 23.1 RGPD, *vid.*, por todos, Koning, M. E., *The purpose and limitations of purpose limitation*, cit., pp. 152-155.

la ejecución de sanciones penales, incluida la protección frente a amenazas a la seguridad pública y su prevención[58]; e) otros objetivos importantes de interés público general de la Unión o de un Estado miembro, en particular un interés económico o financiero importante, inclusive en los ámbitos fiscal, presupuestario y monetario, la sanidad pública y la seguridad social; f) la protección de la independencia judicial y de los procedimientos judiciales; g) la prevención, la investigación, la detección y el enjuiciamiento de infracciones de normas deontológicas en las profesiones reguladas; h) la función de supervisión, inspección o reglamentación vinculada, incluso ocasionalmente, con el ejercicio de la autoridad pública en los casos contemplados en las letras a) a e) y g); i) la protección del interesado o de los derechos y libertades de otros; y j) la ejecución de demandas civiles[59].

Con todo, debe tenerse también presente que la excepción que representa el tratamiento ulterior con fines incompatibles basado en una disposición legal conlleva un juicio de necesidad y de proporcionalidad. A falta de mayores especificaciones, pudiera entenderse que la necesidad de la medida debe valorarse en el contexto que proporciona el objetivo a proteger y teniendo en cuenta los riesgos que supone para los derechos y libertades de los interesados. En cuanto al requisito de proporcionalidad, por su parte, se traduciría en que el contenido de la medida legislativa no puede exceder de lo estrictamente necesario para salvaguar-

---

58 A título de ejemplo el considerando 19 RGPD hace mención a la aplicación de la excepción en el marco de la lucha contra el blanqueo de capitales o de las actividades de los laboratorios de policía científica.

59 Para un examen de conjunto de los motivos que justificarían las limitaciones establecidas en el art. 23.1 RGPD, cfr., EDPB, *Directrices 10/2020 sobre las limitaciones adoptadas en virtud del artículo 23 del RGPD* (Versión 2.1, Adoptada el 13 de octubre de 2021), pp. 9-12.

dar los objetivos enumerados en el art. 23.1 RGPD, de modo que solo se debería aplicar en caso de ser estrictamente necesario[60].

IV. REFERENCIAS BIBLIOGRÁFICAS

- ARTICLE 29 DATA PROTECTION WORKING PARTY, *Opinion 03/2013 on Purpose Limitation* (Adopted on 2 April 2023).

  - *Opinion 03/2015 on the draft directive on the protection of individuals with regard to the processing of personal data by competent authorities for the purposes of prevention, investigation, detection or prosecution of criminal offences or the execution of criminal penalties, and the free movement of such data* (Adopted on 01 December 2015).
- EDPB, *Directrices 10/2020 sobre las limitaciones adoptadas en virtud del artículo 23 del RGPD* (Versión 2.1, Adoptada el 13 de octubre de 2021).
- FAISAL, K., «Applying the Purpose Limitation Principle in Smart-City Data-Processing Practices: A European Data Protection Law Perspective», en *Communication Law and Policy*, Vol. 28:1, 2023, pp. 67-97 (https://doi.org/10.1080/10811680.2023.2180266).
- FINCK, M. y BIEGA, A., «Reviving Purpose Limitation and Data Minimisation in Data-Driven Systems», en *Technology and Regulation*, 2021, pp. 44-61 (https://doi.org/10.26116/techreg.2021.004)
- FORGÓ, N., HÄNOLD, S. y SCHÜTZE, B., «The principle of purpose limitation and Big Data», en AA.VV., *New Technology, Big Data and the Law* – Corrales, M., Fenwick, M. y Forgó, N., eds. – Springer, 2017, pp. 17-42.
- HILDEBRANT, M., «Slaves to Big Data. Or Are We?», en *IPD. Revista de internet, derecho y política*, núm. 17, 2013, pp. 27-44.
- KONING, M., *The purpose and limitations of purpose limitation*, 2020, disponible en https://merelkoning.nl/wp-content/uploads/2020/10/M.Koning_The-purpose-and-limitations-of-purpose-limitation_thesis.pdf).
- MOEREL, L. y PRINS, C., «Privacy for the Homo Digitalis: Proposal for a New Regulatory Framework for Data Protection in the Light of Big Data and the Internet of Things» (May 25, 2016), pp. 1-98 de la copia electrónica (Disponible en SSRN: https://ssrn.com/abstract=2784123).

---

[60] Cfr. EDPB, *Directrices 10/2020 sobre las limitaciones adoptadas en virtud del artículo 23 del RGPD*, cit., p. 13.

- RAINER MÜHLHOFF, R. y RUSCHEMEIER, H., «Regulating AI with Purpose Limitation for Models», en *AIRe* 1/2024, pp. 24-39.
- STALLA-BOURDILLON, S. y KNIGHT, A., «Data Analytics and the GDPR: Friends or Foes? A Call for a Dynamic Approach to Data Protection Law», en Leenes, R., Van Brakel, R, Gutwirth, S. & De Hert, P. (Eds.), *Data Protection and Privacy: The Internet of Bodies,* Hart, 2018, pp. 1-22 de la copia electrónica (Disponible en SSRN: https://ssrn.com/abstract=3248976).
- ZARSKY, T. Z., «Incompatible: The GDPR in the Age of Big Data», en *Seton Hall Law Review,* Vol. 47, núm. 4(2), 2017, pp. 995-1020 (Disponible en SSRN: https://ssrn.com/abstract=3022646).

Capítulo 2
Big Data, transparência e a autonomia de vontade

FILIPA URBANO CALVÃO[1]
Universidade Católica Portuguesa

Sumario: I. *BIG DATA*, AUTODETERMINAÇÃO INFORMACIONAL E TRANSPARÊNCIA. II. TRANSPARÊNCIA DO TRATAMENTO DE DADOS PESSOAIS E A RELEVÂNCIA DA VONTADE. 1. TRANSPARÊNCIA DO TRATAMENTO DE DADOS PESSOAIS. 2. A RELEVÂNCIA DA VONTADE DO TITULAR DOS DADOS NO TRATAMENTO DE DADOS PESSOAIS. 2.1. A VONTADE DO TITULAR DOS DADOS COMO FUNDAMENTO DE LICITUDE. 2.2. O EXERCÍCIO DOS DIREITOS DO TITULAR DOS DADOS NA CONFORMAÇÃO DO TRATAMENTO. III. O DESAFIO DA (FALTA DE) TRANSPARÊNCIA NAS DECISÕES INDIVIDUAIS AUTOMATIZADAS E A AUTONOMIA DE VONTADE

I. *BIG DATA*, AUTODETERMINAÇÃO INFORMACIONAL E TRANSPARÊNCIA

O desenvolvimento de tecnologias de computação, que despontaram e se generalizaram na segunda metade do século XX cedo

[1] Professora associada, Universidade Católica Portuguesa, Faculdade de Direito; Investigadora do CEID – Centro de Estudos e Investigação em Direito, Portugal.

gerou a intuição de que a sua utilização para uma maior e mais eficaz recolha, conservação e análise de informação implicaria uma significativa assimetria de domínio de informação, com riscos acrescidos de afetação da privacidade e de promoção de discriminação, bem como de influência sobre cada indivíduo – com evidente impacto, no conjunto, de condicionamento do livre-arbítrio e das liberdades individuais. Progressivamente, a Internet e, depois, a Internet das Coisas potenciaram a divulgação e relacionamento da informação, multiplicando as fontes de informação e promovendo a perpetuação dos dados (sucessivamente agregados e cruzados)[2], tendo os mais recentes modelos de inteligência artificial (doravante, IA) adquirido autonomia na análise da informação em termos que não são claros sequer para quem beneficia diretamente da sua utilização.

Em pouco mais de meio século, o processamento de informação sofreu uma significativa evolução, tanto no plano quantitativo, como no plano qualitativo, com modelos matemáticos que, a partir de grande quantidade de informação (com múltiplas fontes de alimentação, em especial *online*), permitem, com elevado grau de eficiência e eficácia, por via da deteção de padrões e de construção de perfis inferir as probabilidades de ocorrência de eventos ou de comportamentos humanos, servindo assim de base à tomada de decisões automatizadas. O fenómeno denominado *Big Data*, expressão encontrada para retratar o processo de recolha, conservação e utilização de uma quantidade enorme de informação, que compreende dados pessoais, e de criação, a partir da sua análise, de perfis[3], tem vindo a crescer em complexidade, com o correspondente aumento do seu impacto no plano individual.

---

2 Graham Greenleaf, «Abandon All Hope?» Foreword for Issue 37(2) of the UNSW Law Journal, on 'Communications Surveillance, Big Data and the Law', in *UNSW Law Journal* (2014) 37 (2), p. 636-642 consultado em http://papers.ssrn.com/sol3/papers.cfm?abstract_id=2490425, p. 640.

3 Ives Poullet, «About the E-Privacy Directive», in Serge Gutwirth, Yves Poullet e Paul de Hert (org.), *Data Protection in a Profiles World*, Springer, 2010, pp. 3-30 (p. 5); Viktor Mayer-Schönberger e Kenneth

O alargamento crescente das fontes da informação, abrangendo praticamente a totalidade dos seres humanos, e a granularidade da informação pessoal (abarcando hoje informação não apenas fornecida e observada, mas também a inferida a partir dos dados recolhidos) permitem um retrato detalhado de cada indivíduo e a rastreabilidade das suas ações e relações, o que diretamente condiciona o gozo das liberdades fundamentais (com os efeitos de «autocontenção, normalização "espontânea" e a adoção *a priori* do comportamento que corresponde à tendência [*mainstream*]»[4]) e afeta o desenvolvimento da personalidade e da identidade de cada um, na medida em que as modela em reflexo da sociedade[5]. Por outro lado, seja por força de erros na representação dos perfis, seja por força das especificidades que escapam a esta modelação forçada (características individuais que não são suscetíveis de ser modeladas ou só dificilmente encobertas, como seja a origem étnica ou a orientação sexual), há ainda o risco sério de discriminação e estigmatização – tanto no contexto social como na relação com as autoridades públicas[6].

Cukier, *Big Data. A Revolution that will Transform How we live, work and think*, John Murray: London, 2013, pp. 12 e 16.

4 Stefano Rodotá, «Identity between Web 2.0 and Web 3.0», in *Notizia di Politeia*, 2012, vol. 28, fasc. 3, pp. 4-11.

5 Rodotá, *Ibidem*, fala de uma «expropriação da identidade», destacando que «as modificações tecnológicas nos métodos de tratamento de informação pessoal alteraram progressivamente a relação entre a identidade construída livremente pelo individuo e a intervenção de terceiros».

6 Sobre o impacto das novas tecnologias de IA nos direitos fundamentais, cfr. Serge Gutwirth e Mireille Hildebrandt, «Some Caveats on Profiling», in Serge Gutwirth, Yves Poullet, Paul De Hert (org.), *Data Protection in a Profiled World*, Springer, 2010, pp. 31-41; Roger Clarke, «Why the world wants controls over Artificial Intelligence», in *Computer Law and Security Review* 35 (2019), pp. 423-433 (pp. 426-429). V. ainda Giovanni Butarelli, «Inteligência Artificial, robótica, privacidade e proteção de dados», in Forum *de Proteção de Dados*, 4, 2017, Ed. CNPD, pp. 26-37, acessível em https://www.cnpd.pt/comunicacao-publica/

Perante estes riscos e a inevitabilidade da sociedade tecnológica, o Direito tem de se adaptar, de modo a garantir a sua função orientadora e conformadora da vida em sociedade e das condutas humanas e das organizações. Das três soluções político-legislativas possíveis (não regular, regular a utilização da tecnologia ou regular o processamento da informação), a opção por não regular afigurou-se, logo nos finais da década de 70 e início da década de 80 do século passado, ser inadmissível na Europa, atenta a sua matriz humanista e de promoção da dignidade do ser humano. Seguiu-se, então, o projeto de regular o tratamento da informação – e não a utilização da tecnologia em si mesma (opção que só agora foi adotada[7]) –, embora limitado à informação relativa a pessoas singulares que as identifique ou permita identificar: os *dados pessoais*.

Esta opção, que ficou espelhada em diferentes atos jurídicos, nacionais e internacionais[8], assentou – e continua a assentar – no reconhecimento aos indivíduos de um conjunto de direitos que lhes permita acompanhar, e desejavelmente controlar, as operações sobre a informação que lhes digam respeito, numa perspetiva – que ainda hoje se mantém – de empoderar as pessoas na defesa da sua vida privada e da sua liberdade[9]. Sendo certo

revista-forum/, e Jorge Pereira da Silva, *Direitos Fundamentais para o Universo Digital*, Fundação Francisco Manuel dos Santos, Lisboa, 2024.

7 Refiro-me ao Regulamento (UE) de IA, aprovado finalmente pelo Parlamento Europeu em 13 de março de 2024.

8 Assim, na Convenção para a Proteção das Pessoas relativamente ao Tratamento Automatizado de Dados de Caráter Pessoal, do Conselho da Europa, assinada em 28 de janeiro de 1981 (Convenção 108), e na década de 1990 o ato legislativo da Comunidade Europeia – a Diretiva 95/46/CE, tendo, entretanto, já neste século, sido acolhida explicitamente no artigo 16.º do Tratado sobre o Funcionamento da União Europeia.

9 Interpretando que o direito consagrado no artigo 35.º da CRP «[...] abrange todos os poderes e faculdades que permitem garantir que a pessoa não é usada como fonte de informação para terceiros contra a sua

que a *autodeterminação informacional* (designação de inspiração germânica) tem sido objeto de reformulação ou redefinição[10], a verdade é que na Europa o regime jurídico de proteção de dados tem, ao longo do tempo, mantido a preocupação com a autonomia individual e o livre-arbítrio das pessoas face ao tratamento por terceiros dos seus dados pessoais.

A ideia estrutural é a de que a proteção da informação pessoal é condição necessária para reduzir ou eliminar as influências externas na esfera individual[11]. Ao servir a tutela da privacidade, a proteção dos dados pessoais afirma-se também como instrumento de garantia da liberdade (liberdade de ação, de expressão, de pensamento) e do desenvolvimento da personalidade de cada um e, portanto, da sua identidade pessoal[12]. Como refere Sousa

---

vontade, podendo além disso controlar a informação que é fornecida e os termos e abrangência em que ela é tratada», Paula Ribeiro de Faria, in Jorge Miranda e Rui Medeiros, *Constituição Portuguesa Anotada*, Tomo I, 2.ª ed., Wolters Kluver/Coimbra Editora, Coimbra, 2010, anot. V ao artigo 35.º, p. 786. Reconhecendo e identificando na jurisprudência do Tribunal de Justiça da União Europeia (TJUE) que o controlo dos dados pelo titular é um dos aspetos do direito da proteção de dados pessoais, Orla Lynskey, *The Foundations of EU Data Protection Law*, Oxford, OUP Oxford, 2015, p. 149. Sublinhando ser este o principal objetivo e objeto do direito à proteção dos dados pessoais, v. Maximilien von Grafenstein, «Refining the concept of the right to data protection in article 8 ECFR» – Part I, II, III, in *European Data Protection Law Review – EDPL* 4/2020, pp. 509-521, 2/2021, pp. 190-205, e 3/2021, pp. 373-379.

10 Sustentando que o controlo reconhecido não tem por objeto os dados pessoais, mas antes os riscos do tratamento de dados pessoais para os demais direitos fundamentais suscetíveis de ser impactados, von Grafenstein, «Refining...», *EDPL* 4/2021, cit., p. 386.

11 Neste sentido, Stefano Rodotà, «Privacy, Freedom and Dignity», Closing Remarks at 26th International Conference of Data Protection, Wrocklaw, 16.09.2004, p. 4, in http://26konferencja.giodo.gov.pl/data/resources/RodotaS.pdf.

12 O direito à proteção dos dados pessoais afirma-se, assim, em primeira linha, como um direito fundamental de garantia (como eu já tinha

Pinheiro, «[e]nquanto a proteção de dados é pensada como uma garantia, o seu fundamento, ou seja, a autodeterminação informacional, exprime-se como uma liberdade»[13]. E afirma-se, no plano constitucional, não apenas na vertente de direito à abstenção do Estado, como também na vertente de imposição do dever estadual de assegurar o seu respeito pelos privados.

Deste modo, a proteção de dados foi consagrada como direito fundamental[14] com a intenção de dotar cada cidadão de um conjunto de faculdades que lhe permitam ter controlo sobre os seus dados pessoais e que se traduz, no essencial, no direito de saber que dados pessoais estão a ser recolhidos, utilizados, conservados ou comunicados, para que finalidade, e ainda por quem estão a ser tratados, de modo a permitir ao cidadão deter ou retomar o controlo sobre os seus dados. Assim se consagram

---

destacado em «O direito fundamental à proteção dos dados pessoais e a privacidade 40 anos depois», in *Jornadas nos quarenta anos da Constituição da República Portuguesa. Impacto e Evolução,* Universidade Católica Editora, Porto, 2017, pp. 85-101, p. 89). Sobre o conceito de direitos de garantia, v. José Carlos Vieira de Andrade, *Os direitos fundamentais na Constituição Portuguesa de 1976,* Almedina, Coimbra 2012, 5.ª ed., pp. 114 e 115.

13 Alexandre Sousa Pinheiro, Privacy *e proteção de dados pessoais: a construção dogmática do direito à identidade informacional,* AAFDL, Lisboa, 2015, p. 805.

14 Desde logo, consagrado como direito fundamental, integrante do catálogo dos direitos, liberdades e garantias, na Constituição da República Portuguesa de 1976 – hoje, no artigo 35.º -, ulteriormente assim reconhecido na Carta dos Direitos Fundamentais da União Europeia (cf. artigo 8.º). Sobre a história da proteção de dados na Constituição portuguesa, v. Sousa Pinheiro, Privacy *e proteção de dados pessoais...,* cit., pp. 665-720, e o relato e pertinente análise da origem e revisões do artigo 35.º de Joaquim de Seabra Lopes, «O artigo 35.º da Constituição: da génese à atualidade e ao futuro previsível», in Forum *de Proteção de Dados,* 2, 2016, pp. 14-51 (pp. 15-17), Ed. CNPD, disponível em https://www.cnpd.pt/comunicacao-publica/revista-forum/ . Mais recentemente a Lei n.º 27/2021, de 17 de maio, no seu artigo 8.º, veio destacar que o direito à proteção dos dados pessoais compreende o controlo sobre as diferentes operações de tratamento de dados.

no artigo 35.º da Constituição da República Portuguesa, na Convenção 108 do Conselho da Europa e, mais tarde, no artigo 8.º da Carta dos Direitos Fundamentais da União Europeia os direitos de informação sobre o tratamento de dados pessoais e de acesso aos dados pessoais, bem como o direito de retificação dos dados inexatos ou desatualizados.

E é essa dimensão subjetiva de controlo dos tratamentos de dados pessoais que, em 2016, o legislador europeu destacou, no novo enquadramento jurídico do tratamento de dados pessoais formalizado no Regulamento Geral sobre a Proteção de Dados (doravante, RGPD)[15] – cfr. n.º 2 do artigo 1.º. Como facilmente se intui, para que uma pessoa controle o impacto do tratamento dos seus dados pessoais na sua esfera jurídica é imprescindível a prestação de informação clara, completa e específica sobre o tratamento, sem o que se apresenta como um «nado-morto» a influência que o regime europeu pretende assegurar às pessoas quanto ao tratamento dos seus dados para defesa ou realização dos seus próprios direitos e interesses. Nesse sentido, a transparência do tratamento dos dados apresenta-se como pedra essencial neste pilar estruturante do regime de proteção de dados pessoais, como em seguida se procurará sumariamente expor[16].

---

15 Regulamento (UE) 2016/679 do Parlamento Europeu e do Conselho, de 27 de abril de 2016; e ainda na Diretiva (UE) 2016/680 do Parlamento Europeu e do Conselho, de 27 de abril de 2016, quanto ao tratamento de dados pessoais pelas autoridades competentes para efeitos de prevenção, investigação, deteção ou repressão de infrações penais ou execução de sanções penais.

16 Na exposição subsequente, retomo os argumentos já por mim expostos em «Transparência no âmbito da proteção de dados – perspetiva portuguesa», in Carla Amado Gomes et. al. (coord.), *Em nome da transparência no Direito Administrativo. Um diálogo luso-brasileiro*, Almedina, Coimbra 2023, pp. 691-728.

II. TRANSPARÊNCIA DO TRATAMENTO DE DADOS PESSOAIS E A RELEVÂNCIA DA VONTADE

1. Transparência do tratamento de dados pessoais

O RGPD destaca o princípio da transparência do tratamento de dados pessoais logo na alínea *a)* do n.º 1 do artigo 5.º, associando-o aos princípios da licitude e da lealdade.

A ligação entre a transparência e a lealdade é evidente: enquanto o princípio da transparência visa diretamente assegurar o esclarecimento (*ex ante* e durante a execução do tratamento) do titular dos dados sobre os principais elementos do tratamento, o princípio da lealdade, aplicado à relação jurídica que se estabelece entre o responsável pelo tratamento e o titular dos dados, vincula o primeiro a considerar as expetativas deste no desenho e na execução das operações de tratamento. A indissociação dos dois princípios ao longo do RGPD[17] traduz a ideia de que o responsável tem de proactivamente manter o titular dos dados esclarecido sobre o tratamento de dados, através da prestação clara, objetiva e simplificada de informação sobre o mesmo, não podendo usar expedientes desleais ou subterfúgios para iludir ou enganar o titular quanto ao real alcance do tratamento, ou dificultar o acesso a tal informação[18]. Com efeito, decorre da

---

[17] Para que chama a atenção António Barreto Menezes Cordeiro, *Direito da Proteção de Dados à luz do RGPD e da Lei n.º 58/2019*, Almedina: Coimbra 2020, p. 154; e também Graça Canto Moniz, *Manual de Introdução à Proteção de Dados*, Almedina: Coimbra, 2023, pp. 102-103, que apresenta o princípio sob uma perspetiva subjetivista, desdobrando-o em três obrigações relativas ao titular dos dados: comunicação, prestação de informações e disponibilização de mecanismos para o exercício de direitos.

[18] Aliás, ao abrigo da Diretiva 95/46/CE, que consagrava explicitamente apenas o princípio da lealdade, a jurisprudência do Tribunal de Justiça da União Europeia (TJUE) já reconduzia àquele princípio a exigência de prestação de informação sobre o tratamento de dados pessoais – cf. B. Menezes Cordeiro, *Ibidem*.

conjugação dos dois princípios que «[...] o titular dos dados deve poder determinar antecipadamente qual o âmbito do tratamento e quais as consequências decorrentes desse tratamento, não devendo mais tarde ser apanhado de surpresa acerca das formas como os seus dados pessoais estão a ser utilizados»[19].

Mas a transparência está ainda intrinsecamente relacionada com a licitude do tratamento de dados pessoais[20]. Isto porque a realização dos tratamentos pressupõe que se verifique uma situação reconhecida pela lei como legitimadora da sua ocorrência; por outras palavras, o legislador da União Europeia identificou um conjunto de circunstâncias que tornam necessário ou justificam a realização do tratamento – condições de licitude do tratamento. Tais condições estão previstas no n.º 1 do artigo 6.º do RGPD e, se em causa estiverem categorias especiais de dados pessoais (as elencadas no n.º 1 do artigo 9.º e também no artigo 10.º, ambos do RGPD), tem ainda de se verificar uma das situações previstas no n.º 2 do artigo 9.º. Ora, algumas dessas condições reconduzem-se à vontade ou interesse do titular dos dados pessoais, contexto onde é imprescindível o esclarecimento do titular quanto aos termos do tratamento, sob pena dessa vontade não ter relevância jurídica ou de o mesmo não poder (re)avaliar a necessidade do tratamento para a tutela dos seus próprios interesses.

Mas o princípio da transparência não está apenas diretamente relacionado com os princípios da licitude e da lealdade, sendo

---

19 Grupo de Trabalho do Artigo 29, *Orientações relativas à transparência na aceção do Regulamento 2016/679 (WP260rev.01)*, revistas e adotadas por último em 11.04.2018, ponto 10, acessíveis em https://ec.europa.eu/newsroom/article29/items/622227/en.

20 Neste sentido, Alexandre Sousa Pinheiro, In A. Sousa Pinheiro, C. P. Coelho, T. Duarte e C. J. Gonçalves (coord.), *Comentário ao Regulamento Geral de Proteção de Dados*. Coimbra: Almedina, 2018, p. 209, anotação ao artigo 5.º. V. ainda Gianclaudio Malgieri, in R. D'Orazio, G. Finocchiaro, O. Pollicino e G. Resta (a cura di), *Codice della Privacy e Data Protection*. Milano: Giuffrè, 2021, anotação 4 ao artigo 5.º.

ainda essencial à efetivação do princípio da responsabilidade, consagrado no n.º 2 do artigo 5.º do RGPD, na medida em que, para que a organização que é responsável pelo tratamento esteja em condições de comprovar que respeitou ou está a respeitar os vários princípios de proteção de dados pessoais, tem de assegurar, desde logo, a transparência do tratamento, documentando-o, e manter atualizada a documentação do tratamento[21].

Deste modo, o princípio da transparência concretiza-se num conjunto correspetivo de direitos e obrigações. Essencialmente, o *direito de informação* do titular dos dados (o interessado) a que corresponde a obrigação do responsável de prestar informação sobre os principais elementos do tratamento. De entre esses elementos sobressaem a identidade do responsável (*quem*), a finalidade do tratamento (*para quê*), os dados ou as categorias de dados pessoais abrangidas (*o quê*) e a quem se prevê comunicá-los (*para quem*). Mas são também abrangidos a origem dos dados (quando não sejam recolhidos diretamente junto do cidadão), o prazo de conservação dos dados, os direitos reconhecidos pelo RGPD e os meios disponibilizados para o seu exercício, com especial destaque para o contacto do encarregado de proteção de dados. Este dever cumpre-se antes ou no momento em que se inicia o tratamento dos dados pessoais, tendo regimes específicos consoante o responsável pelo tratamento recolha os dados diretamente do titular (cf. artigo 13.º do RGPD) ou os obtenha por consulta ou acesso a bases de dados de outras entidades (cf. artigo 14.º do RGPD).

Mas ao titular dos dados é ainda reconhecido o *direito de acesso* aos dados pessoais – previsto no artigo 15.º do RGPD –, a que corresponde, sobretudo, a obrigação de comunicar ao respetivo titular, a seu pedido, os dados pessoais objeto de tratamento, além

---

21 O que é destacado pelo Grupo de Trabalho do Artigo 29, *WP260rev.01*, cit., ponto 2. Neste sentido, v. também Amirillide Genovese, in D'Orazio, R., Finocchiaro, G., Pollicino, O., e Resta, G. (a cura di), *Codice...*, cit., anot. 1 ao Art. 12.

de outras informações sobre o tratamento, em termos paralelos aos prestados no âmbito da obrigação de informação (ainda que, porventura, mais precisos, uma vez que a organização já sabe, por exemplo, a que exatos terceiros está a comunicar os dados).

2. *A relevância da vontade do titular dos dados no tratamento de dados pessoais*

De modo a realçar a medida em que «[a] transparência [...] capacita os titulares dos dados a responsabilizarem os responsáveis pelo tratamento e os subcontratantes e a exercerem controlo sobre os seus dados pessoais, por exemplo, dando ou retirando o consentimento informado e fazendo valer os seus direitos enquanto titulares dos dados»[22], cabe agora enunciar os principais momentos ou elementos do tratamento de dados pessoais sobre que a vontade do respetivo titular se pode manifestar, de acordo com o regime constante do RGPD.

2.1. A vontade do titular dos dados como fundamento de licitude

Para o efeito, começa-se por considerar a mais intensa forma de controlo sobre o tratamento de dados: o consentimento. Como refere Roger Taylor, a «[t]ransparência e o consentimento informado são características centrais dos regimes de proteção de dados em todo o mundo, fornecendo a base para o tratamento justo dos dados na ausência de uma legitimação mais específica»[23].

---

22 Grupo de Trabalho do Artigo 29, *WP260rev.01*, cit., ponto 4.

23 Roger Taylor, «No Privacy without Transparency», in R. Leenes, R. van Brakel, S. Gutwirth & P. De Hert (ed.), *Data Protection and Privacy – The Age of Intelligent Machines*, Oxford and Portland, Hart Publishing, 2017, pp. 63-87 (74).

O n.º 1 do artigo 6.º e o n.º 2 do artigo 9.º do RGPD, nos respetivos elencos de condições de licitude, apresentam em primeiro lugar o consentimento do titular dos dados. Essa manifestação de vontade, para ser juridicamente relevante, tem de observar os requisitos previstos na alínea 11*)* do artigo 4.º do RGPD, a saber ser informada, livre, específica e inequívoca. À declaração inequívoca (*i.e.*, uma ação ou ato positivo do qual decorra ou se possa inferir a vontade de consentir, não podendo corresponder a uma omissão ou um nada fazer do titular dos dados), junta o legislador da União, na alínea a*)* do n.º 2 do artigo 9.º do RGPD, a exigência do caráter explícito da declaração, sempre que o objeto do tratamento integre categorias especiais.

De todo o modo, o que importa aqui sublinhar é que é pressuposto essencial estar o declarante (o titular dos dados) suficientemente informado sobre o tratamento[24], portanto, sobre os aspetos essenciais do tratamento, em termos que lhe permitam compreender o objeto e o alcance do tratamento.

Como destaca a Comissão Nacional de Proteção de Dados, o «[...] consentimento não pode ser tido como válido se, das informações prestadas pelo responsável aquando da obtenção do consentimento, o titular não conseguir antecipar, de forma razoável, as consequências mediatas que resultam do tratamento dos seus dados pessoais»[25]. Pois, uma vontade não informada ou insuficientemente informada, não é uma vontade livre, e uma vontade não livre é juridicamente irrelevante ou nula. Na verdade, se a liberdade na manifestação de vontade apela à ausência de vícios

---

24 Neste sentido, Grupo de Trabalho do Artigo 29, *WP260 rev.01, cit.*, p. 28, onde se destaca o considerando 63 e a importância da transparência para que o titular possa verificar a licitude do tratamento.

25 Diretriz/2022/1 sobre comunicações eletrónicas de marketing direto, de 25 de janeiro de 2022, ponto 34, acessível em https://www.cnpd.pt/decisoes/diretrizes/. Neste sentido, Genovese, in D'Orazio, R., Finocchiaro, G., Pollicino, O., e Resta, G. (a cura di), *Codice...*, cit., anot. 3 ao Art. 12.

de vontade (erro, dolo, coação), portanto, exigindo que declarante não se encontre sujeito a pressões de terceiros que possam limitar a sua autonomia decisória[26], essencial é, desde logo, a compreensão daquilo sobre que se está a consentir, pelo que, na falta ou insuficiência de informação sobre o tratamento, não há condições de liberdade para formar uma vontade com relevância para o Direito.

Paralelamente, a vontade do titular dos dados é ainda essencial, para efeito de legitimação do tratamento de dados pessoais, no contexto da relação contratual em que o titular seja parte (alínea b*)* do n.º 1 do artigo 6.º do RGPD).

Mas a vontade do titular dos dados revela-se ainda como condição de licitude do tratamento nos casos em que o titular manifestamente tenha tornado públicos os seus dados (alínea e*)* do n.º 2 do artigo 9.º do RGPD) e com os interesses vitais do titular ou de outra pessoa singular, desde que o titular não esteja física ou legalmente incapacitado de dar o seu consentimento (alínea c*)* do n.º 2 do mesmo artigo 9.º), para citar alguns exemplos.

---

26 Como sucederá no contexto da relação laboral, onde a dependência funcional condiciona a autonomia decisória, salvo quando o consentimento é proferido em relação a um tratamento de dados que se realiza no claro interesse do trabalhador. Neste sentido se pronunciou o Grupo de Trabalho do Artigo 29, nas *Diretrizes sobre o consentimento no RGPD*, revistas e aprovadas em 10 de abril de 2018, e assumidas pelo CEPD, disponíveis em http://ec.europa.eu/newsroom/article29/item-detail.cfm?item_id=623051. V. ainda a Deliberação 2019/494, de 3 de setembro, da CNPD, pp. 5-6, disponível em cnpd.pt/decisoes/historico-de-decisoes/?year=2019&type=2&ent=, sobre o disposto na alínea a*)* do n.º 3 do artigo 28.º da Lei n.º 58/2019, de 8 de agosto.

2.2. O exercício dos direitos do titular dos dados na conformação do tratamento

Reconhece-se ainda ao titular dos dados uma influência determinante no tratamento quando o mesmo seja realizado para prossecução do interesse público ou quando a finalidade seja a satisfação do interesse legítimo do responsável ou de um terceiro (cfr. alíneas *e)* e *f)* do n.º 1 do artigo 6.º do RGPD), na medida em que ele se pode opor ao tratamento. Em causa está um direito relativo ao tratamento de dados pessoais, previsto no artigo 21.º do RGPD, que apenas é absoluto quanto ao tratamento de dados para efeito de comercialização direta, neste caso não carecendo o titular de invocar motivos relacionados com a sua situação particular (cf. n.ºs 2 e 3 do artigo 21.º).

Assim, a regra é a de que, tanto em relação aos tratamentos de dados necessários à prossecução do interesse público como os necessários à satisfação de um interesse legítimo, o exercício do *direito de oposição* depende da invocação pelo titular de *motivos relacionados com a sua situação particular* e faz recair sobre o responsável a obrigação de cessar o tratamento, salvo se este contrapuser razões imperiosas e legítimas que prevaleçam sobre os direitos e interesses do titular. Se bem se lê a parte final do n.º 1 e o n.º 6 do artigo 21.º, o legislador da União parece presumir essa prevalência no caso de o tratamento visar a declaração, o exercício ou defesa de um direito em processo judicial, assim como na hipótese de o tratamento de dados visar fins de investigação científica ou histórica ou fins estatísticos se tais finalidades forem reconduzíveis a atribuições de interesse público. De todo o modo, destaca-se no n.º 4 do artigo 21.º o dever de informar o titular dos dados da titularidade deste direito, que deve ser apresentado de modo claro e distinto das demais informações a prestar.

De resto, a relevância da vontade do titular manifesta-se ainda no poder reconhecido de conformar certos aspetos do tratamento.

É o que especificamente sucede com o direito de retificação – intrinsecamente dependente do direito de acesso aos dados pessoais concretamente tratados – e o direito de eliminação de dados pessoais – grosso modo previsto para as situações em que o tratamento é realizado sem condição de licitude ou em que os dados deixam de ser necessários para a finalidade visada (cfr. artigos 16.º e 17.º do RGPD). Também o direito de portabilidade, previsto no artigo 20.º do RGPD, supõe a autonomia de vontade do titular quanto ao tratamento dos seus dados, na medida em que lhe reconhece a faculdade de exigir do responsável receber os dados pessoais por si fornecidos (afigurando-se que abrange tanto os dados fornecidos como também os dados observados – especialmente relevante no contexto da prestação de serviços *online*[27]), num formato estruturado, de uso corrente e de leitura automática, e de transmitir tais dados a outra entidade pública ou privada, o que significa um poder de escolher o responsável pela continuidade do tratamento.

Repare-se que este último direito só se afirma quanto aos tratamentos que dependem diretamente, como fonte da sua legitimação, da vontade do titular (ou seja, só quanto a tratamentos que se fundamentam no consentimento do titular dos dados ou num contrato com este celebrado – cfr. n.º 3 do artigo 20.º), e depende, em qualquer caso, da transparência do tratamento.

III. O DESAFIO DA (FALTA DE) TRANSPARÊNCIA NAS DECISÕES INDIVIDUAIS AUTOMATIZADAS E A AUTONOMIA DE VONTADE

Não obstante todos os espaços garantidos pelo regime jurídico de proteção de dados pessoais à vontade individual, a verdade é que a IA coloca particulares desafios, na medida em que as

---

27 Ficando de fora os dados inferidos – neste sentido, cfr. Grupo de Trabalho do Artigo 29, *Orientações sobre o direito à portabilidade dos dados (WP242rev.01)*, revistas e aprovadas em 5 de abril de 2017, pp. 9-10, acessíveis em https://ec.europa.eu/newsroom/article29/items/611233/en

novas soluções tecnológicas de processamento de informação reduzem substancialmente a transparência do processo decisório.

É certo que o RGPD, no artigo 22.º, consagra um regime específico (densificado em relação ao que constava na Diretiva 95/46/CE) sobre o tratamento de dados pessoais na produção de decisões individuais automatizadas – aí incluindo a criação de perfis e a tomada de decisões com base nesses perfis –, cujos contornos se prestarão a garantir o controlo do tratamento pelo titular dos dados pessoais quando o mesmo envolva tecnologias de IA. O que não é tão certo é que o regime aí estatuído seja suficiente para garantir a autonomia de vontade de cada um de nós perante a utilização de IA.

No artigo 22.º do RGPD, começa-se por consagrar o direito de os cidadãos a ela não serem sujeitos[28], para o afastar quando o tratamento esteja na disponibilidade da vontade do titular dos dados (consentimento explícito ou autonomia contratual) – cfr. alínea a) e c) do n.º 2 –, nessa medida reforçando a ideia de que em causa está um direito subjetivo, o qual, porque expressão da autonomia individual, é suscetível de renúncia quanto a concretos tratamentos de dados. Mas, nos termos da alínea b) do n.º 2 e do n.º 4, tal direito é ainda excluído quando a possibilidade de produção de decisões individuais automatizadas esteja prevista em lei, acompanhada da previsão de medidas adequadas de proteção.

Em qualquer dos casos, compreende-se a importância de assegurar desde logo a transparência, indispensável à formulação da vontade livre do titular dos dados quando a mesma seja nesta sede relevante, mas, também quando o fundamento de licitude

---

[28] Discute-se na doutrina se o artigo 22.º apenas incide sobre as decisões fruto de um tratamento de dados pessoais totalmente automatizado ou se também abarca os procedimentos em que apenas as propostas de decisão resultam de tal automatização, sendo a decisão tomada já pelo responsável pelo tratamento, por consideração de que este tenderá a assumir a proposta.

seja diretamente a lei, por a previsão de garantias adequadas não poder deixar de envolver a transparência do tratamento de dados.

Assim, o n.º 3 do artigo 22.º prevê, como medidas adequadas para salvaguardar os direitos fundamentais e os legítimos interesses do titular dos dados, o reconhecimento, pelo menos, do direito a exigir intervenção humana, por parte do responsável, no processo decisório e as garantias de participação e de defesa por parte do titular dos dados. Tais medidas apresentadas exemplificativamente como conteúdo mínimo de tutela jurídica representam, assim, o conjunto mínimo de garantias que também a lei tem de prever para legitimar o específico tratamento de dados para a produção de decisões individuais automatizadas.

Ora, o direito de participação no processo decisório e o direito de defesa – no limite, o direito à tutela jurisdicional – (direitos refletidos no trecho: «manifestar o seu ponto de vista e contestar a decisão») supõem, obviamente, o direito à prestação de informação sobre os fundamentos da decisão, o que compreende a informação sobre o tratamento dos dados pessoais (*i.e.*, os dados pessoais e os critérios de análise dos dados que foram considerados pelo sistema algorítmico e que foram determinantes daquela concreta decisão automatizada).

Simplesmente, o desafio de prestar informação clara e completa sobre o tratamento automatizado de dados adensa-se quando se recorre a algoritmos de autoaprendizagem (*Machine Learning*), em especial para a definição de perfis das pessoas a partir dos quais se forma a decisão (cfr. alínea 4*)* do artigo 4.º), dada a maior dificuldade de rastrear a operação de tratamento[29]. Por essa razão, o RGPD prevê uma obrigação específica de prestar

---

[29] Grupo de Trabalho do Artigo 29, *Orientações sobre decisões individuais automatizadas e definição de perfis para efeitos do RGPD (WP251.rev.01)*, revistas e aprovadas em 6.02.2018, acessíveis em https://ec.europa.eu/newsroom/article29/items/612053/en .

informação sobre o tratamento automatizado e reitera-a a propósito do direito de acesso: impõe a prestação de «informações úteis relativas à lógica subjacente, bem como a importância e as consequências previstas de tal tratamento para o titular dos dados», no que alguns veem a consagração de um *direito à explicação do algoritmo* utilizado no processo decisório automatizado – cfr. alínea f) do n.º 2 do artigo 13.º, alínea g) do n.º 2 do artigo 14.º e alínea h) do n.º 1 do artigo 15.º, todos do RGPD[30].

Não obstante, são crescentes as dúvidas quanto à suficiência destas previsões normativas, não apenas pela dificuldade em encontrar uma linguagem simples para explicar a lógica do tra-

---

30 Cf. Thomas Wischmeyer, «Künstlische Intelligenz und neue Begründungsarchiteckture», in Martin Eifert (Hrsg.), *Digitale Disruption und Recht. Workshop zu Ehren des 80. Geburtstags von Wolfgang Hoffmann-Riem*, Nomos: Baden-Baden 2020, pp. 73-92 (78-80), para quem a fundamentação da decisão eletrónica não se confunde – não se satisfaz – com a explicação de como funciona o sistema algorítmico (no essencial, a informação prevista nos artigos 13.º a 15.º do RGPD). E para o efeito, suporta-se na redação do artigo 22.º que prevê o *direito de, pelo menos, obter intervenção humana por parte do responsável, manifestar o seu ponto de vista e contestar a decisão* – o que parece pressupor uma explicação sobre a razão de ser do concreto sentido da decisão individual tomada. No mesmo sentido, pronunciei-me em «IA y el algoritmo discriminatorio: ¿Cómo promover la igualdad?», in J. L. Domínguez Álvarez e D. Terrón Santos (dir.), *Desafíos éticos, jurídicos y tecnológicos del avance digital*, IUSTEL, Madrid, 2023, pp. 75-88 (83). Sobre o tema, sustentando reconhecer-se no RGPD o direito à explicação, v. D. Dimitrova, «The right to Explanation under the right of access to personal data: legal foundation in and beyond the GDPR», *European Data Protection Law Review – EDPL* 2020, 2, pp. 211-230; contra v. S. Watcher, B. Mittelstadt e L. Floridi, «Why a Right to Explanation of Automated Decision Making Does Not Exist in the General Data Protection Regulation», in *International Data Privacy Law*, 2017, pp. 76-99. Note-se que, entretanto, em Portugal, a Lei n.º 27/2021, de 17 de maio, no n.º 1 do seu artigo 9.º, veio consagrar os princípios da explicabilidade e da transparência no contexto da utilização de IA.

tamento de dados, como exigem os n.ºs 1 e 7 do artigo 12.º do RGPD, como também pelo desafio que representa dar informação sobre, além dos dados pessoais em que assentou o perfil, os critérios que efetivamente definiram esse perfil e que serviram de base ao juízo probabilístico em que assentou a decisão automatizada, em alguns modelos de IA[31]. A que se soma o desafio específico de compreender a ação dos novos modelos de IA de redes neuronais profundas (*Deep Learning*), dotada de uma natural opacidade. É que a mera explicação do racional subjacente à utilização deste tipo de algoritmos só permite ao titular contraditar a decisão com base na explicação apresentada, não conseguindo verificar aquele que terá sido o real fundamento da decisão (*v.g.*, não conseguindo demonstrar eventual imprecisão ou erro do algoritmo). «Na verdade, equacionar-se que a transparência decisória se traduzisse aqui na mera explicação genérica e prévia do *rationale* decisório, sem se concretizar na explicação de cada concreta decisão produzida, seria desconsiderar o direito individual à explicação da decisão do seu caso concreto, com o que se desvalorizaria a individualidade do cidadão, assim visto ou tratado como (mais) um mero elemento da coletividade»[32].

Enquanto, no plano tecnológico, se procuram desenvolver algoritmos autoexplicativos e algoritmos de auditoria, de rastreamento do seu funcionamento – e que poderiam, depois, ser verificados pela autoridade nacional de controlo –, há quem

---

31 Von Grafenstein, «Refining...», *EDPL* 2/2021, cit., p. 201; R. Taylor, *ob. cit.*, p. 73; e mais desenvolvidamente, Mariam Hawath, «Regulating Automated Decision-Making: an Analysis of Control over Processing and Aditional Safeguards in Article 22 of the GDPR», in *EDPL* 2/2021, pp. 161-173. Cfr. Ainda as recomendações do Grupo de Trabalho do Artigo 29, no anexo 1 ao WP251.rev.01.

32 Filipa Urbano Calvão e Marta Portocarrero, «Risco, Inteligência Artificial e decisão administrativa: que garantias para os particulares?», in M. Aroso de Almeida et. al. (coord.), *Estudos em Homenagem à Professora Doutora Maria da Glória F.P.D. Garcia*, UCE, Lisboa 2023, pp. 841-867 (858-859).

adiante que o principal obstáculo está no Direito e na específica racionalidade do método jurídico[33].

A questão que se tem, então, de colocar é se podemos viver – e se podemos conformarmo-nos – com decisões individuais automatizadas desconhecendo a razão da sua adoção ou emissão.

Repare-se que admitir que as pessoas não percebam a racionalidade de uma decisão diretamente destinada a produzir efeitos jurídicos na sua esfera jurídica tem várias implicações no plano jurídico. Desde logo, significa a eliminação de qualquer espaço de autonomia de vontade individual ou livre-arbítrio – o espaço de pretenso controlo individual reconhecido pelo RGPD sobre os tratamentos de dados pessoais esbate-se ou desaparece, porque, como vimos, as diferentes ferramentas aí previstas pressupõem a transparência do tratamento –, já que não pode ter relevo jurídico uma manifestação de vontade a consentir ou concordar com aquilo que não se conhece ou compreende.

Mas implica ainda a renúncia ao direito de questionar ou contestar a decisão assim produzida e, portanto, significa renunciar ao direito de defesa perante decisões individuais produzidas pela IA. A este propósito, cumpre recordar que a generalidade das decisões individuais automatizadas é emitida no contexto de relações jurídicas de poder ou assimétricas, em que as pessoas se encontram num efetivo estado de sujeição perante a organização pública (*v.g.*, o Estado) ou privada (pense-se nas grandes empresas tecnológicas que dominam a oferta de serviços e bens digitais), relações onde o

---

33 Sobre o tema, cfr. Thomas Wischmeyer «Künstlische Intelligenz…, cit., pp. 89-90, que explica que no sistema de autoaprendizagem os dados de treino da operação de fundamentação correspondem a textos com os fundamentos de decisões similares, os quais são aplicados, segundo juízos de probabilidade, com base numa taxa de coincidências (*hits*) quanto aos elementos que compõem a decisão (os factos em que assentam e o sentido da decisão), sendo que o nível de evolução tecnológica ainda não assegura a fidedignidade da fundamentação gerada automaticamente.

direito de defesa, o direito de recurso aos tribunais, é essencial para a realização dos direitos individuais e para a realização do Direito.

Importa, por isso, não desistir do Direito na sociedade digital ou tecnológica em que nos movemos. Nem deixar que o Direito desista de regular esta sociedade.

Para tanto, e enquanto a tecnologia não oferece soluções aptas a garantir um mínimo de tutela jurídica, sobram dois caminhos: por um lado, não admitir decisões individuais não explicáveis ou compreensíveis para o ser humano – desde logo, mas não só, quando em causa estejam decisões mais gravosas, com impacto repressivo ou restritivo de direitos – e, por outro lado, prever legalmente a inversão do ónus da prova[34].

De uma forma tímida, estes dois caminhos estão já a ser trilhados pelo Direito da União Europeia. O primeiro foi seguido pelo Regulamento de IA, no seu artigo 5.º, quando proíbe a utilização de algumas soluções tecnológicas para determinados fins. O segundo caminho foi, em parte, acolhido no RGPD, no n.º 3 do artigo 82.º, no âmbito da responsabilidade civil pelos danos. Importa, agora, discutir até onde se pode ainda estender a inversão do ónus da prova, considerando ser este um contexto em que nem as pessoas destinatárias dos efeitos jurídicos produzidos pelos sistemas algorítmicos, nem as autoridades administrativas com competências de controlo ou os tribunais têm meios para provar que a máquina adotou critérios ou fez correlações não admitidas pelo Direito.

---

[34] Como defendi em «IA y el algoritmo discriminatorio: ¿Cómo promover la igualdad?», cit., p. 85.

Capítulo 3
Interés legítimo y obligación de informar

CARLOS M.ª DÍAZ TEIJEIRO
Universidade da Coruña

SUMARIO: I. EL PRINCIPIO DE LICITUD. II. EL INTERÉS LEGÍTIMO. III. LA OBLIGACIÓN DE INFORMAR SOBRE EL TRATAMIENTO DE DATOS PERSONALES BASADO EN EL INTERÉS LEGÍTIMO. IV. OMISIÓN DEL DEBER DE INFORMAR. V. CUMPLIMIENTO DEFECTUOSO DE LA OBLIGACIÓN DE INFORMAR. VI. EL PROBLEMA DEL CUMPLIMIENTO EXTEMPORÁNEO. VII. CONCLUSIONES

I. EL PRINCIPIO DE LICITUD

Al decir del artículo 8.1 de la Carta de los derechos fundamentales de la Unión Europea, «*toda persona tiene derecho a la protección de los datos de carácter personal que le conciernan*»; y según el apartado segundo de la citada norma, los datos personales solo podrán ser objeto de tratamiento «*sobre la base del consentimiento de la persona afectada o en virtud de otro fundamento legítimo previsto por la ley*»[1].

---

1 Para los antecedentes y las concordancias del artículo 8 Carta de derechos fundamentales de la Unión Europea, puede verse el documento «Explicaciones sobre la Carta de los derechos fundamentales» (2007/C 303/02).

Con el propósito de desarrollar el precepto anterior, el artículo 6.1 RGPD ha establecido esos otros «*fundamentos legítimos*» que, aparte del consentimiento, permitirían considerar lícito un determinado tratamiento de datos de carácter personal. Así pues, la «*licitud*» de un tratamiento de datos personales se anuda a la concurrencia de alguna de las circunstancias que expresa el propio artículo 6.1 RGPD; y que son, con carácter fundamental, las siguientes: existencia de consentimiento por parte del afectado; o necesidad del tratamiento para la ejecución de un contrato, el cumplimiento de una obligación legal o de una misión pública, para la protección de intereses vitales o la satisfacción de un interés legítimo.

En verdad, esos seis fundamentos a los que se refiere el artículo 6.1 RGPD pueden reducirse a dos: consentimiento e intereses. Por lo tanto, el tratamiento de datos habrá de considerarse lícito cuando el responsable sea capaz de demostrar que el afectado prestó su consentimiento o cuando pueda justificar que el tratamiento de que se trate venía imperado por alguna necesidad o interés digno de ser satisfecho[2]. Según creo, el antiguo GRUPO DE TRABAJO DEL ARTÍCULO 29 expresó esta misma idea en unos de sus dictámenes: «[E]l primer motivo de legitimación [...] se centra en la libre determinación del interesado [...]. Los demás fundamentos jurídicos, por el contrario, permiten el tratamiento [...] en situaciones en las que [...] resulte apropiado y necesario tratar los datos [...] para perseguir un interés legítimo específico»[3].

---

2 Esta consideración es también usual en la doctrina; a título de ejemplo, vid: Puente Escobar, A., «Principios y licitud del tratamiento», en A. Rallo Lombarte (dir.), *Tratado de Protección de datos,* Tirant lo Blanch, Valencia, 2019, pp.124s. En un sentido semejante al expuesto: García-Ripoll Montijano, M., «El consentimiento al tratamiento de datos personales», en: González Pacanowska, I. (coord.), *Protección de datos,* Tirant lo Blanch, Valencia, 2020, pp.99s.

3 Cfr. Grupo de Trabajo del artículo 29, «Dictamen 06/2014 sobre el concepto de interés legítimo del responsable del tratamiento de los datos en virtud del artículo 7 de la Directiva 95/46/CE, adoptado el 9 abril 2014».

Ahora bien, por más que esas necesidades o intereses que pueden constituir la base para el tratamiento de datos personales sean numerosos y muy diversos; aunque el último de estos intereses, el simple «*interés legítimo*», tenga un carácter abierto y no taxativo; y a pesar de que se haya afirmado en distintas instancias, siempre de manera categórica, que no existe una ordenación jerárquica o prelación jurídica entre los distintos fundamentos, sino que todos se encuentran situados en un mismo plano de igualdad, lo cierto es que, en la práctica, sigue siendo habitual recurrir a la base del consentimiento del afectado.

Pero esta mayor relevancia práctica del consentimiento, no ha impedido que en los últimos años se haya ido constatando sus limitaciones como fundamento jurídico para el tratamiento de datos personales, sobre todo en ámbitos en los que se recurre a tecnologías o herramientas *big data*[4]. Pues bien, ante las dificultades que puede originar el consentimiento como fundamento legítimo para recopilar y tratar datos personales, se ha recurrido al «*interés legítimo*» como base alternativa. De entrada, y desde una perspectiva muy superficial, se podría considerar que el «*el interés legítimo*» permite al responsable sortear el escollo más evidente que

---

4 El documento elaborado por el Comité Europeo para la Protección de Datos, «Directrices 5/2020 sobre el consentimiento en el sentido del Reglamento (UE) 2016/679, adoptadas el 4 de mayo de 2020», contiene ejemplos de prácticas usuales que no se acomodan a las exigencias más elementales del consentimiento. Sobre esta cuestión, la bibliografía es abundante; entre otros, pueden verse: Gil González. E., *Big data, privacidad y protección de datos,* Boletín Oficial del Estado, Madrid, 2016, pp.70ss; Loza Corera, M., *De los microdatos a los datos masivos. Cuestiones legales* (tesis doctoral), Universidad de Valencia, Valencia, 2017, pp.416ss; De Barrón Arniches, P., «Vulneraciones automatizadas del derecho a la protección de datos personales y mecanismos de tutela», *Revista de Derecho* Civil, vol. 11, núm.1, 2024, pp.169ss. Esta cuestión ha transcendido incluso a la literatura de carácter divulgador; como muestra: Zubbof, S., *La era del capitalismo de la vigilancia* (trad. por Albino Santos), Paidós, Barcelona, 2020, pp.73ss.

plantea el consentimiento como fundamento de un tratamiento de datos personales; a saber, que el afectado se niegue a consentirlo. En fin: el interés legítimo como una suerte de «cajón de sastre».

Lo cierto es que, incluso antes de que se aprobase el RGPD, el GRUPO DE TRABAJO DEL ARTÍCULO 29 ya advirtió que no era acertado considerar el interés legítimo como un recurso alternativo menos exigente que las demás bases de legitimación: «el carácter abierto de esta disposición [...] no significa necesariamente que esta opción deba considerarse como aquella que puede utilizarse con moderación únicamente para cubrir las lagunas en situaciones raras o imprevistas como 'un último recurso', o como una última posibilidad si no se pueden utilizar otros fundamentos. Tampoco deberá percibirse como una opción preferente ni deberá extenderse su uso de manera indebida porque se considere menos restrictiva que los demás fundamentos»[5].

II. EL INTERÉS LEGÍTIMO

¿A qué se debe ese «carácter abierto» del interés legítimo? A lo que creo, a dos razones fundamentales: tratándose de esta base, la decisión de iniciar el tratamiento corresponde siempre al responsable; y, además, la ponderación que el responsable debe llevar a cabo entre su «*interés legítimo*» y los derechos e intereses del afectado, es lo suficientemente ambigua como para generar en el responsable la expectativa de que el tratamiento que se propone realizar es lícito. La explicación de estas dos razones exige decir algo sobre los elementos fundamentales del interés legítimo.

En este contexto, interés –*inter-esse*– significa la ventaja de aprovechar unos datos personales; es decir: el eventual beneficio que obtiene el responsable –o un tercero– por medio de un de-

---

5 Cfr. Grupo de Trabajo del artículo 29, «Dictamen 06/2014 sobre el concepto de interés legítimo», cit.

terminado tratamiento de datos personales[6]. Para que el interés resulte legítimo, basta con que esa ventaja o beneficio no sean contrarios a la ley. En este sentido, el propio Reglamento se refiere a la «*prevención del fraude*» o a la «*mercadotecnia directa*» como intereses legítimos evidentes [considerando núm. 47 RGPD].

Pero la posibilidad de que el responsable pueda alegar la existencia de un interés legítimo como base del tratamiento que se propone realizar, no es más que un simple «punto de partida». En verdad, la licitud del tratamiento fundado en un interés legítimo exige, al menos, la concurrencia de otros dos requisitos; a saber: uno, que el tratamiento resulte *necesario* para la obtención de aquella ventaja o beneficio; y el otro, que el interés legítimo argüido por el responsable *prevalezca* sobre «*los intereses o los derechos y libertades fundamentales del interesado*» [artículo 6.1 letra f) RGPD].

Si, en detrimento del consentimiento, el interés legítimo se ha convertido en un refugio, sobre todo en contextos en los que una empresa dispone de técnicas que le permiten recopilar datos personales de sus clientes o usuarios sin necesidad de contar con su cooperación, es porque la decisión inicial de llevar a cabo el tratamiento pertenece siempre al responsable.

En efecto, corresponde al responsable, al menos en un primer momento, la tarea de definir el interés, de sopesar el carácter necesario del tratamiento propuesto y de ponderar los intereses y derechos en juego con el propósito de decidir si el interés legítimo por él mismo invocado debe estimarse prevalente. Es cierto que esta valoración inicial es susceptible de ser examinada o revisada ulteriormente por una «autoridad de control» o, incluso, por los tribunales [artículo 77 RGPD]; pero ello exige usualmente una reacción por parte del interesado o afectado cuyos datos personales han sido ya tratados.

---

6 Para *inter-esse*, vid. d'Ors, Á., *Nueva introducción al estudio del derecho*, Civitas, Madrid, 1999, p.30.

Tal vez con el propósito de compensar esta posición privilegiada del responsable, se ha diseñado un sistema de garantías para proteger al afectado. Cuando el tratamiento se basa en el interés legítimo, corresponden al afectado fundamentalmente tres facultades: conocer y fiscalizar la ponderación realizada por el responsable; alegar peculiares circunstancias que obliguen al responsable a evaluar nuevamente el equilibrio entre intereses y derechos; y oponerse al tratamiento [artículo 21 RGPD].

Si se toma en consideración todo lo anterior, es fácil reconocer la importancia que reviste la obligación de informar a la que está sujeto el responsable del tratamiento [arts. 12 y 13 RGPD]. Esta es una obligación, si se quiere, puramente auxiliar o instrumental, pero imprescindible para la eficacia de ese sistema de garantías ordenado a la protección del afectado: difícilmente podrá este ejercitar las facultades que le corresponden, si el responsable no le comunica la existencia del tratamiento y, cuando menos, las finalidades del mismo y el interés legítimo que constituye su fundamento. Por ejemplo, sin esta información, el afectado no podrá formarse una cierta idea de la «necesidad» del tratamiento y de la «prevalencia» del interés invocado por el responsable y, por consiguiente, carecerá de medios eficaces para controlar o revisar la ponderación llevada a cabo por el propio responsable.

Por lo tanto, cuando un tratamiento de datos personales se basa en el interés legítimo, la obligación de informar que el RGPD impone al responsable, tiene tres propósitos fundamentales: permitir el control de la prueba de ponderación, facilitar la posibilidad de que el afectado alegue peculiares circunstancias que deban ser sopesadas y posibilitar el ejercicio del derecho de oponerse al tratamiento. Y junto a estos propósitos, la obligación de informar cumple otras finalidades de índole más general, como garantizar al afectado el control sobre el destino de sus datos personales o evitar tratamientos sorpresivos o inesperados.

Sobre el «interés legítimo» existen varios trabajos en la doctrina española. La mayor parte de ellos constituye un intento de exégesis del artículo 6.1 letra f) RGPD, norma que regula el interés legítimo como fundamento de licitud del tratamiento de datos. De ordinario, estos trabajos se centran en la prueba de ponderación, algo que no es de extrañar, toda vez que esta prueba constituye la parte central del interés legítimo y su carácter ambiguo la convierte en un elemento polémico y conflictivo[7].

Pero el análisis del conjunto de resoluciones dictadas por la Agencia Española de Protección de Datos referidas al interés legítimo, permite comprobar que, en muchos casos, la conducta infractora del responsable del tratamiento de datos personales guarda directa relación con el incumplimiento de esta obligación de informar. Mas, sobre este particular, interés legítimo y obligación de informar, creo que no existe ningún estudio específico[8].

Esto último justifica el tema elegido para esta contribución. Se trata, en definitiva, de analizar las cargas que impone al responsable esta obligación de informar sobre un tratamiento basado en el interés legítimo. Por esta razón, quedan preteridos los aspectos

---

7 Probablemente, el trabajo más completo sea Gil González, E., *El interés legítimo en el tratamiento de datos personales*, La Ley, Madrid, 2022. Además, pueden verse: Fernández Samaniego, J. y Fernández Longoria, P., «El interés legítimo como principio para legitimar el tratamiento de datos», en: A. Rallo Lombarte, y R. García Mahamut (coord.), *Hacia un nuevo derecho europeo de protección de datos*, Tirant lo Blanch, Valencia, 2015, pp.411-461; Guasch Porta, V. y Soler Fuensanta, J. R., «El interés legítimo en la protección de datos», *Revista de Derecho UNED*, núm. 16, 2015, pp.417-438; García Herrero, J. y Gil González, E., «Sanciones derivadas del uso de interés legítimo como base legitimadora», en: E. Davara Fernández de Marcos y L. Davara Fernández de Marcos (coord.), *Análisis práctico de sanciones en materia de protección de datos*, Aranzadi, Cizur Menor (Navarra), 2021, pp.497-523. Aparte de estos trabajos, existen muchos otros que se centran en el interés legítimo como base de específicos tratamientos; aluden fundamentalmente a la videovigilancia, al ámbito laboral y a los ficheros de solvencia.

8 Como excepción, vid. García Herrero, J. y Gil González, E., «Sanciones derivadas del uso de interés legítimo como base legitimadora», cit., pp.504ss.

más generales de la obligación de informar, así como aquellos otros que, pudiendo incidir en nuestro tema, no guardan una relación directa o exclusiva con el interés legítimo.

Por lo demás, para poner en claro cuáles son esas exigencias y su razón de ser, he preferido exponer varios supuestos en los que, a juicio de la Agencia Española de Protección de Datos, el responsable incumplió la obligación de informar, infringiendo, de ese modo, el principio de licitud o el de transparencia, según los casos [artículo 5.1 letra a) RGPD].

III. LA OBLIGACIÓN DE INFORMAR SOBRE EL TRATAMIENTO DE DATOS PERSONALES BASADO EN EL INTERÉS LEGÍTIMO

El artículo 13.1 RGPD dispone: «*Cuando se obtengan de un interesado datos personales relativos a él, el responsable del tratamiento, en el momento en que estos se obtengan, le facilitará toda la información indicada a continuación*». Entre otra información, el responsable debe comunicar al afectado su propia identidad, los datos de contacto del delegado de protección de datos, los fines del tratamiento a que se destinarán esos datos y la base jurídica del tratamiento, o el plazo durante el cual se conservarán los datos personales. Y, en particular, cuando el tratamiento se funde en el interés legítimo, la información que se facilite al interesado habrá de dar cuenta de «*los intereses legítimos del responsable o de un tercero*» [artículo 13.1 letra d) RGPD], así como de la existencia del derecho a oponerse al tratamiento y del modo en que el afectado puede ejercer este derecho [artículo 13.2 letra b) RGPD]. Hasta aquí, el específico contenido normativo de la obligación de informar sobre el tratamiento de datos personales basado en el interés legítimo.

De acuerdo con la interpretación del GRUPO DE TRABAJO DEL ARTÍCULO 29, «la información dirigida al interesado debe dejar claro que este puede obtener información sobre el examen de ponderación previa petición». A juicio del GRUPO DE TRABAJO, «esto resulta fundamental para que la transparencia sea efectiva cuando los interesados duden de si el examen de ponderación se ha llevado a cabo lealmente o desean presentar una reclamación ante la autoridad de control»[9].

Tomando como punto de partida estas consideraciones, se analizan a continuación resoluciones de la Agencia Española de Protección de Datos relativas al incumplimiento de la obligación de informar cuando un determinado tratamiento de datos se basó en el interés legítimo. Los casos se presentan agrupados de acuerdo con las categorías clásicas del incumplimiento de las obligaciones: incumplimiento definitivo o total, cumplimiento defectuoso y retraso en el cumplimiento. Pero reconozco que hay casos que podrían reconducirse a una u otra de esas categorías, por lo que, en alguna ocasión, la clasificación puede resultar algo arbitraria. Esto sucede, especialmente, en las hipótesis de omisión del deber de informar y cumplimiento extemporáneo, que son fácilmente intercambiables en el caso de esta singular obligación de informar del tratamiento basado en el interés legítimo.

Todavía una precisión más y, a lo que creo, mucho más relevante. El criterio de clasificación adoptado tiene por finalidad facilitar u organizar adecuadamente la exposición. Pero, como se comprobará, la clasificación no tiene incidencia en el orden de las consecuencias. El incumplimiento de la obligación de informar determina habitualmente unos mismos efectos: en primer término, el afectado podrá presentar una reclamación ante la autoridad de

---

[9] Además, como cuestión de buena práctica, el Grupo de trabajo alude a la posibilidad de que el responsable del tratamiento facilite al interesado, sin que medie previa petición, «la información resultante del 'examen de ponderación' que debe llevarse a cabo […], con anterioridad a cualquier recogida de los datos personales de los interesados»: cfr. «Directrices sobre la transparencia en virtud del Reglamento (UE) 2016/679, revisadas por última vez y adoptadas el 11 de abril de 2018».

control, órgano encargado de sancionar las infracciones contra las normas que tutelan el derecho de protección de datos [artículos 77 y 83.5 RGPD]; y en segundo término, el afectado podrá reclamar una indemnización por los daños y perjuicios ocasionados por esa infracción [artículo 82.1 RGPD]. Naturalmente, el importe de la sanción variará de unos casos a otros puesto que se han de valorar las «circunstancias de cada caso individual» y se han de aplicar los distintos criterios establecidos en el artículo 83.2 RGPD; pero las eventuales consecuencias del incumplimiento son, de ordinario, las dos indicadas: sanción e indemnización.

Alguien podría preguntarse por qué razón todas las hipótesis de incumplimiento de la obligación de informar, tan dispares entre sí –omisión total del deber, cumplimiento defectuoso o simple retraso–, generan usualmente unas mismas consecuencias. Según creo, la razón de que ello sea sí es que cualquier incumplimiento, de la clase que sea, priva al afectado de las garantías que el Reglamento ha configurado para tutelar el derecho de protección de datos cuando la base del tratamiento es el interés legítimo.

IV. OMISIÓN DEL DEBER DE INFORMAR

Balo la rúbrica de «omisión del deber de informar» se alude a la hipótesis de incumplimiento total, esto es, a la situación en la que el responsable de un determinado tratamiento de datos personales no ha realizado ningún acto encaminado a ofrecer la información debida al afectado. Los supuestos considerados en las Rr. AEPD 23 noviembre 2020 [PS 00416/2019] y 5 octubre 2023 [PS 00452/2022] son una muestra de esta hipótesis de incumplimiento total[10].

---

10 Las resoluciones a las que se hace referencia en este trabajo son todas de la Agencia Española de Protección de Datos. Se citan por la fecha de firma y siempre con mención de la referencia del procedimiento sancionador.

La primera de las resoluciones citadas –23 noviembre 2020 [PS 00416/2019]– forma parte de un conjunto de decisiones, todas ellas referidas a un mismo supuesto, en el que la Agencia debió valorar la licitud de una aplicación móvil que permitía al usuario gastar bromas telefónicas a sus contactos. Con este propósito, la aplicación grababa la conversación telefónica en la que se desarrolla la chanza y la ponía a disposición del usuario de la aplicación, que podía luego disponer de ella sin restricción alguna. Habiéndose constatado que, en ningún caso, se solicitó el consentimiento de la persona afectada por la broma, ya en el trámite administrativo que dará lugar a la resolución citada, la empresa propietaria de la aplicación arguye que el tratamiento de datos personales efectuado se fundamentó en un interés legítimo del que no se podía informar al afectado sin correr el riego de estropear la broma. A juicio de la AEPD, este modo de proceder comporta un incumplimiento del deber de información y constituye una infracción del artículo 13.1 RGPD:

> «Esa falta de información sobre cuál es la base jurídica del tratamiento o en caso de alegar interés legítimo, cuáles son dichos intereses legítimos, es de gran importancia. El RGPD pretende que el interesado (el abromado) pueda tener conocimiento en ese momento (en el momento de recogida de sus datos personales) de cuáles son los intereses legítimos que se alegan hipotéticamente por el responsable para tratar sus datos personales sin necesidad de su consentimiento. Es en este momento cuando habrá de realizarse por el responsable del tratamiento la ponderación entre los intereses legítimos que se pudieran alegar por el responsable y los intereses o los derechos y libertades fundamentales del interesado [...]. Dicha ponderación no puede realizarse en un momento posterior, unilateralmente por el responsable, [...] pues simplemente basta decir que se le negaría no sólo su derecho de información, sino su derecho a realizar alegaciones, a ser oído ante la pretensión del responsable de utilizar sus datos personales sin contar con su consentimiento pues eso es precisamente la virtualidad de la utilización del interés legítimo como base jurídica del tratamiento [...]. Como falta dicha información, el interesado se ve privado de su derecho a conocer la base jurídica del tratamiento alegada por el responsable, y en concreto, al referirse al interés

legítimo, se ve privado de su derecho a conocer cuáles son dichos intereses legítimos alegados por el responsable o de un tercero que justificarían el tratamiento sin tener en cuenta su consentimiento. Del mismo modo, el interesado se ve privado de su derecho a alegar por qué causas dicho interés legítimo alegado por el responsable podría ser contrarrestado por los derechos o intereses del interesado. No habiéndosele dado oportunidad al interesado de alegarlos frente al responsable, cualquier sopesamiento que realice el responsable sin tener en cuenta las circunstancias que pudiera alegar el interesado a quien no se la ha permitido hacerlo estaría viciado, por ser un acto contrario a una norma imperativa».

A mi juicio, las consideraciones transcritas son de interés porque permiten comprobar de qué modo el incumplimiento del deber de informar por parte del responsable, impide al afectado conocer los intereses en que se basa el tratamiento, privándole, así, de la posibilidad de controlar la prueba de ponderación y de alegar peculiares circunstancias que debieran ser sopesadas.

Pero, según creo, el incumplimiento tiene aún otra consecuencia: si el responsable de un tratamiento de datos personales basado en el interés legítimo no comunica la información debida al afectado, a este le resulta imposible ejercitar su derecho de oponerse al tratamiento [artículo 21 RGPD]. Precisamente, la segunda de las resoluciones mencionadas –5 octubre 2023 [PS 00452/2022]– alude a este último extremo. En este caso, la Agencia Española de Protección de Datos debió considerar un supuesto en el que un empleador envió comunicaciones laborales a varios trabajadores por medio de correo electrónico sin hacer uso de la opción de copia oculta. Esta fue la razón por la que se revelaron a todos los destinatarios de la comunicación, direcciones de correo electrónico personales de los trabajadores. Aun admitiendo que el interés legítimo del empleador podría ser una base adecuada en el contexto de relaciones laborales, la Agencia estimó infringidos los artículos 5 y 6 RGPD:

«No obstante, las consideraciones expuestas no pueden eximir al empresario de justificar la 'necesidad de la medida' y de

> realizar una ponderación justa entre los intereses implicados, garantizando el derecho de oposición de los interesados que deberá ser mencionado explícitamente al interesado y será presentado claramente y al margen de cualquier otra información, a más tardar en el momento de la primera comunicación con el interesado (artículo 21.4 RGPD)».

Algún tiempo antes, la R. 29 abril 2021 [PS 00236/2020] había afirmado el mismo criterio:

> «Resulta esencial para el ejercicio de los derechos de los interesados conocer la base jurídica en que se basa el tratamiento, en particular para poder ejercitar su derecho de oposición al tratamiento cuando éste se fundamenta en el interés legítimo del responsable conforme a lo previsto en el artículo 21 del RGPD».

Creo que los razonamientos expuestos permiten deducir una primera conclusión: aparte de otras virtualidades, el deber de informar constituye un medio instrumental del sistema de garantías que las normas diseñan para el caso en que un tratamiento de datos personales se basa en el interés legítimo. Cuando el responsable descuida la obligación de informar sobre el tratamiento al afectado, a este se le hurta la posibilidad de ejercitar varias facultades que tienen un carácter fundamental; cuáles son: conocer la existencia del tratamiento, sus finalidades y el interés en que se basa; controlar la prueba de ponderación efectuada por el responsable; alegar peculiares circunstancias que deban sopesarse; y ejercitar el derecho de oponerse al tratamiento. Hasta aquí, las desventajas que ocasiona al afectado el incumplimiento del deber de informar.

Un supuesto singular, que tal vez pueda reconducirse a la categoría de la omisión del deber de informar, por más que el responsable no se inhibiese por completo de informar sobre determinados tratamientos, puede verse en la R. AEPD 8 marzo 2022 [PS 00140/2020]. Los hechos que motivaron la incoación del procedimiento sancionador fueron los siguientes: Google comunicó a «Proyecto Lumen» toda la información relativa a solicitudes de retirada o eliminación de los contenidos que gestionaba en línea y que infringían alguna norma. Esa información, que incluía, entre otros datos, la identificación del solicitante, o su correo electrónico, era luego publicada en la web «lumendatabase.org». En trámite de alegaciones, Google afirmó que esa cesión de datos se basaba en un interés legítimo pues, de algún modo, la publicación de esa información contribuía a «cumplir unos ciertos estándares de transparencia». Sin embargo, de la información contenida en la política de privacidad sobre cesión de datos personales –«no compartimos tu información personal con empresas, organizaciones o individuos ajenos a Google»–, no podía deducirse razonablemente la existencia de esa comunicación de datos relativa a las solicitudes de eliminación de contenidos, ni la del interés legítimo en que pretendidamente se fundaría este tratamiento. Al decir de la Agencia Española de Protección de Datos, «la conclusión que puede obtener el usuario sobre la base jurídica que ampara la comunicación de datos a una entidad externa como el 'Proyecto Lumen' sea la prestación del consentimiento». Así las cosas, la Agencia consideró que la cesión de datos basada en un interés legítimo no se había anunciado, por lo que estimó que el tratamiento podía resultar sorpresivo e inesperado y, por consiguiente, contrario al principio de licitud.

En relación con el incumplimiento total de la obligación de informar, resulta interesante la R. AEPD 9 febrero 2021 [PS 00027/2020], toda vez que asumió una orientación distinta a la de las resoluciones que se han comentado hasta aquí. Por medio de una reclamación, el trabajador de un banco denunció que algún representante del Sindicato Independiente de empleados de Banca de Liberbank grabó, sin conocimiento de los afectados, una reunión entre miembros del comité de empresa y la Directora General de Trabajo; grabación que luego se divulgó a través de una red social, al tiempo en que se celebraban unas elecciones sindicales.

Es probable que los intereses y derechos en conflicto y las peculiares circunstancias a sopesar en el caso –ejercicio del derecho de libertad sindical, contexto de elecciones sindicales, difusión limitada a los afiliados y simpatizantes del sindicato–, llevasen a considerar que el interés legítimo del responsable debía considerarse prevalente al derecho de privacidad del afectado. Así lo estimó la Agencia Española de Protección de Datos, razón por la que se decidió el archivo de la denuncia.

Pero causa cierta perplejidad que, en contra del criterio asumido en otras resoluciones, la Agencia procediese a efectuar de oficio esa ponderación. El responsable, ni informó del tratamiento al afectado, ni hizo el menor esfuerzo por justificar la prevalencia de su interés; se limitó, ya en trámite de alegaciones en el procedimiento sancionador, a argumentar que la grabación era lícita y que se respetó «en todo este asunto el principio de proporcionalidad». Por lo demás, la citada Resolución no expresa cuáles sean las razones de este proceder, ni cuáles los motivos que llevaron a la Agencia Española de Protección de Datos a estimar que, en este caso, la ausencia de información no infringió los principios de licitud y transparencia.

V. CUMPLIMIENTO DEFECTUOSO DE LA OBLIGACIÓN DE INFORMAR

Un supuesto distinto al anterior es el que se podría denominar cumplimiento defectuoso de la obligación de informar. En esta hipótesis, el responsable realiza alguna conducta encaminada a informar al afectado de la existencia de un tratamiento de datos basado en el interés legítimo, pero, en términos generales, este interés legítimo no está «articulado con la claridad suficiente para permitir [...] la prueba de sopesamiento»[11].

Conviene tener presente que la obligación de informar acerca del tratamiento de datos está estrechamente vinculada con el

11 La expresión procede del «Dictamen 06/2014 sobre el concepto de interés legítimo», cit.

principio de transparencia [artículo 5.1 letra a) RGPD]. Al decir del considerando núm. 58 RGPD, este principio de transparencia impone al responsable del tratamiento el deber de proporcionar al interesado una información «*concisa, fácilmente accesible y fácil de entender*», debiendo emplear para ello, «*un lenguaje claro y sencillo*»[12].

En fin, bajo esta hipótesis de cumplimiento defectuoso tienen cabida todos aquellos supuestos en los que el responsable proporciona al interesado una información que, de algún modo, alude al interés legítimo en que pretende fundarse el tratamiento de datos personales anunciado; pero el carácter incompleto, oscuro, confuso o inexacto de la información, no permite al afectado formarse una idea cabal del interés legítimo argüido ni de la ponderación de los intereses y derechos en conflicto.

El conjunto de resoluciones de la Agencia Española de Protección de Datos dedicadas al interés legítimo ofrece un amplio panorama de ejemplos de cumplimiento defectuoso o inexacto de la obligación de informar: en alguna ocasión, se trata de una política de privacidad que emplea fórmulas poco precisas [i]; en otros casos, la información ofrecida resulta confusa por cuanto se mezclan bases y tratamientos [ii]; y, en fin, existen supuestos en los que no es posible identificar con claridad el interés legítimo invocado porque, en la información, este interés se confunde con las finalidades del tratamiento [iii]. Ha de tenerse en cuenta que este es un simple «catálogo» de los tipos de cumplimiento defectuoso de la obligación de informar y, como tal, solo da cuenta de los supuestos que, con más frecuencia, se repiten en la práctica.

i) Empleo de «formulaciones vagas»

La información proporcionada por el responsable debe expresar con claridad el interés en el que se basa el tratamiento de

---

12 Vid. R. 18 noviembre 2020 [PS 00070/2019].

datos personales; y ello, con el propósito fundamental de que el interesado –y, eventualmente, la autoridad de control– pueda comprobar y cuestionar la ponderación efectuada. Pero esta finalidad de la obligación de informar resulta frustrada cuando el responsable alude a sus intereses legítimos de un modo general, amplio, vago o, en definitiva, sin la precisión adecuada.

En parte, la decisión adoptada por la R. 18 noviembre 2020 [PS 00070/2019] obedeció al carácter impreciso de las expresiones empleadas por una entidad bancaria para dar a conocer los distintos tratamientos que llevaba a cabo con fundamento en el interés legítimo[13]. La Agencia Española de Protección de Datos consideró que las frases utilizadas por la entidad bancaria para expresar sus finalidades e intereses, tales como «conocerte mejor», «personalizar tu experiencia», «ofrecerte productos y servicios personalizados», «mejorar la calidad de productos» «elaborar nuestros modelos de negocio», «realizar estadísticas,

---

[13] En particular, la cláusula relativa al interés legítimo se expresaba en estos términos: «Por interés legítimo de BBVA, para que desde BBVA podamos atender mejor tus expectativas y podamos incrementar tu grado de satisfacción como cliente al desarrollar y mejorar la calidad de productos y servicios propios o de terceros, así como realizar estadísticas, encuestas o estudios de mercado que puedan resultar de interés. Asimismo, por interés legítimo de BBVA para ser un banco cercano a ti como cliente y poder acompañarte durante nuestra relación contractual, podríamos felicitarte por tu aniversario, desearte un buen día o felices fiestas. Estos intereses legítimos respetan tu derecho a la protección de datos personales, al honor y a la intimidad personal y familiar. En BBVA consideramos que, como cliente, tienes una expectativa razonable a que se utilicen tus datos para que podamos mejorar los productos y servicios y puedas disfrutar de una mejor experiencia como cliente. Además, estimamos que también tienes una expectativa razonable a recibir felicitaciones con motivo de tu aniversario, desearte un buen día o felices fiestas. Pero recuerda que en ambos casos basados en interés legítimo, siempre puedes ejercer tu derecho de oposición si lo consideras oportuno en la siguiente dirección [...]».

encuestas, cálculos actuariales, medias y/o estudios de mercado que puedan ser de interés de BBVA o de terceros», y otras de cariz semejante, resultaban ineficaces en orden a ofrecer al interesado una información adecuada:

> «[El banco] no informa de manera clara y sistemática sobre los tratamientos de datos personales ni las finalidades para las que serán utilizados; y tampoco delimita la naturaleza de la información sometida a tratamiento y su posterior utilización. Cuando hace referencia a estas cuestiones emplea una terminología imprecisa y formulaciones vagas, ajena al cumplimiento estricto del principio de transparencia, impidiendo a los interesados conocer el sentido y significado real»[14].

A causa de la equivocidad de las expresiones empleadas para describir tratamientos y finalidades, la información que proporcionó la entidad bancaria a sus clientes resultó insuficiente e ineficaz. En consecuencia, el tratamiento pretendidamente basado en la existencia de un interés legítimo infringió, a juicio de la Agencia, los principios de licitud y transparencia:

> «La información ofrecida por BBVA queda indefinida en cuanto a la base del tratamiento, de modo que no fundamenta debidamente esta habilitación para el tratamiento de los datos, resultando, por ello, contraria al principio de transparencia. Resulta insuficiente a estos efectos la definición de 'interés legítimo' que BBVA incluye en el 'Glosario de términos': 'El interés legítimo es una de las bases legales que autorizan a BBVA para tratar tus datos. Eso significa que BBVA puede tratar tus datos porque tenga interés en hacerlo, siempre que ese interés no perjudique tus derechos' [...]. En este caso el 'interés' no se expresa. La entidad no informa en su política de privacidad sobre ningún interés específico al referirse a los tratamientos de datos que tiene previsto realizar al amparo de esta

---

14 En este punto, la Resolución se remite a la opinión expresada por el Grupo de Trabajo del artículo 29, según la cual, debe evitarse el empleo de fórmulas demasiado generales para expresar las finalidades de un tratamiento, tales como «mejorar la experiencia de los usuarios», «propósitos de comercialización» o «investigación futura»: cfr. «Dictamen 03/2013 sobre la limitación del fin, adoptado el 2 abril 2013».

base jurídica. Se limita a señalar finalidades y objetivos pretendidos con estos tratamientos de datos, pero ningún interés en el sentido expresado [...]. Considerando que ni siquiera es posible conocer claramente las finalidades del tratamiento difícilmente las mismas pueden asociarse a intereses legítimos de BBVA que puedan, además, prevalecer sobre los derechos de los interesados, a los que no se informa claramente acerca de los extremos exigidos por las normas de protección de datos. El interés legítimo expresado, que se describe en los mismos términos que las finalidades, resulta vago y especulativo [...]. Ello tiene como consecuencia que los tratamientos que se realizan no resulten previsibles para un ciudadano medio. Siendo así, resulta imposible que el interesado, o esta autoridad de control, pueda valorar si las operaciones de tratamiento realizadas son necesarias, o si, por el contrario, podría obtenerse el mismo resultado por medios menos invasivos; tampoco podrá concluirse, menos aún, que el interés invocado sea prevalente».

Así pues, cuando el responsable hace uso de fórmulas vagas para describir el tratamiento y expresar sus bases y finalidades, cumple defectuosamente la obligación de informar. Este tipo de cumplimiento defectuoso dificulta, si es que no frustra por completo, la posibilidad de que el afectado se haga cargo del interés legítimo invocado como base jurídica y, como consecuencia, merma su capacidad de control o cuestionamiento de la prueba de ponderación. Todo ello, sin perjuicio de que, según las circunstancias singulares del caso, pueda reputarse sorpresivo el tratamiento, al ir este más allá de lo que razonablemente podía esperarse a la vista de la información proporcionada por el responsable [Considerando núm. 47 RGPD].

ii) Indistinción de las bases jurídicas

De acuerdo con el artículo 13.1 letra c) RGPD, el responsable del tratamiento debe informar al interesado de «*los fines del tratamiento a que se destinan los datos personales y la base jurídica del tratamiento*». Como la norma transcrita emplease el singular para referirse a la base jurídica del tratamiento, la Agencia Española de Protección de Datos estimó que, para cada tratamiento, el responsable debe expresar de manera singularizada la base que constituye su fundamento. Si se prefiere de un modo aforístico: una base por tratamiento.

Pero, contra esta exigencia que impone la letra c) del artículo 13.1 RGPD, ocasionalmente las políticas de privacidad se refieren de manera conjunta a los distintos tratamientos que el responsable se propone llevar a cabo y aluden, luego, a varias bases de legitimación de manera indistinta –usualmente, suelen combinarse las bases de consentimiento, ejecución de contrato, cumplimiento de obligación legal e interés legítimo–. Como es natural, este modo de informar acerca de los tratamientos y sus bases, comporta una dificultad sobreañadida para el afectado en orden a conocer cuál de las bases mencionadas en la política de privacidad constituye el fundamento singular de un determinado tratamiento.

Como muestra de lo anterior, puede traerse aquí la R. 29 abril 2021 [PS 00236/2020]. En el supuesto considerado por esta Resolución, el responsable informó de su propósito de llevar a cabo distintos tratamientos –v.gr. «gestionar» y «controlar la contratación de suministro de electricidad», o «realización de perfiles»–, expresando lo siguiente: «dichos tratamientos serán realizados [...] en la medida que sean necesarios para la ejecución del contrato y/o la satisfacción de los intereses legítimos de EDP»[15]. A juicio de la Agencia Española de Protección de

---

[15] El tenor de la cláusula dedicada a la protección de datos personales indicaba que la empresa los recaba para: «Gestionar, mantener, desarrollar, cumplimentar y controlar la contratación de suministro de electricidad y/o gas y/o servicios complementarios de y/o gas y/o servicios complementarios de revisión y/o asistencia técnica y/o programa de puntos, y/o mejora del servicio, para la realización de acciones de prevención del fraude, así como realización de perfiles, comunicaciones comerciales personalizadas basadas en información facilitada por el Cliente y/o derivada de la prestación del servicio por parte de EDP y relativas a productos y servicios relacionados con el suministro y consumo de energía, mantenimiento de instalaciones y equipamientos. Dichos tratamientos serán realizados dando estricto cumplimiento a la legislación vigente y

Datos, este modo de informar vulneró los principios de licitud y transparencia: la política de privacidad no especificó en qué base se fundamentaba cada uno de los tratamientos anunciados, de modo que el afectado no podía conocer qué fundamento justificaba un determinado tratamiento, si la necesidad para la ejecución del contrato o en el interés legítimo del responsable:

> «No resulta sencillo para cualquier persona [...] diferenciar qué tratamientos derivan del contrato y cuales se fundamentan en el interés legítimo del responsable. Tampoco se indica cual es el interés legítimo que el responsable se atribuye [...]. La propia redacción del artículo 13 exige que se informe al interesado de 'los fines del tratamiento a que se destinan los datos personales y la base jurídica del tratamiento' [...]. El uso del singular deja ya claro que debe indicarse la base jurídica de cada tratamiento. La transparencia está íntimamente ligada a la licitud del tratamiento [...]. La base jurídica determina la licitud del tratamiento, por lo que el responsable debe informar al interesado en cada caso de que existe una base jurídica apropiada para llevar a cabo dicho tratamiento conforme al artículo 6 del RGPD, sin que sea admisible que el interesado tenga que interpretar la política de privacidad para determinar cuál puede ser la base legitimadora de cada tratamiento [...]. Esta Agencia tampoco está de acuerdo con la alegación de que para cualquier persona puede ser evidente que tratamientos como 'gestionar, mantener, desarrollar, cumplimentar y controlar la contratación de suministro de electricidad y/o gas y/o servicios complementarios de y/o gas y/o servicios complementarios de revisión y/o asistencia técnica y/o programa de puntos, y/o mejora del servicio' están estrechamente relacionados a la ejecución del contrato, siendo los demás asignables al interés legítimo [...]».

En definitiva, constituye una exigencia para el responsable, informar singularmente de la base de legitimación de cada uno de los tratamientos que se propone realizar. Y se oponen a esta

---

en la medida que sean necesarios para la ejecución del contrato y/o la satisfacción de los intereses legítimos de EDP, siempre que sobre estos últimos no prevalezcan otros derechos del cliente».

exigencia, aquellas políticas de privacidad que aluden indistintamente a varias bases como fundamento de los distintos tratamientos de datos personales anunciados.

Lo cierto es que, en el caso de la Resolución que se ha comentado, la confusión afectaba a dos bases –ejecución de un contrato e interés legítimo– cuya relación no es demasiado problemática. Pero en otros supuestos resueltos por la Agencia Española de Protección de Datos, las políticas de privacidad aludían, sin la debida distinción, al consentimiento y al interés legítimo como bases de un mismo tratamiento o de tratamientos muy similares. Y la relación entre consentimiento e interés legítimo es mucho más conflictiva.

Por ejemplo, la política de privacidad examinada en la R. 18 noviembre 2020 [PS 0070/2019], aludía de un modo confuso al consentimiento y al interés legítimo como bases o fundamentos de tratamientos semejantes:

> «En la descripción de los tratamientos de datos que BBVA tiene previsto realizar sobre la base del interés legítimo, incluye la realización de ofertas personalizadas o el desarrollo y mejora de la calidad de productos y servicios; siendo estos tratamiento de datos similares a los reseñados al citar otras finalidades basadas en el consentimiento (ofrecer productos y servicios personalizados y mejorar la calidad de los productos y servicios), motivando que la descripción de las finalidades y enumeración de tratamientos de datos contenida en la información que se ofrece provoque confusión a los interesados. De este modo, no puede admitirse un tratamiento de datos basado en el interés legítimo similar a otros llevados a cabo sobre la base del consentimiento del cliente, el cual, además, no se presta de un modo válido».

Y algo similar aconteció en el supuesto considerado en la R. 5 enero 2021 [PS 00477/2019], en el que la política de privacidad anunciaba tratamientos muy parecidos, algunos amparados en el interés legítimo y, otros, en el consentimiento:

> «La realización de ofertas personalizadas, la aplicación de beneficios y promociones o la asignación de créditos preconcedidos, son tratamientos de datos similares a los reseñados al citar otras finalidades basadas en el consentimiento (*'Estudiar productos*

> *o servicios que puedan ser ajustados a su perfil y situación comercial o crediticia concreta, todo ello para efectuarle ofertas comerciales ajustadas a sus necesidades y preferencias'*), motivando que la descripción de las finalidades y enumeración de tratamientos de datos contenida en la información que se ofrece provoque confusión a los interesados [...]. No puede admitirse un tratamiento de datos basado en el interés legítimo similar a otros llevados a cabo sobre la base del consentimiento del cliente, el cual, además, no se presta de un modo válido, como se expuso anteriormente. Podría dar lugar a una situación en la que se realicen tratamientos de datos en base al interés legítimo que hubiesen sido negados por el afectado».

Esta última frase pone de manifiesto la dificultad que provoca la confusión entre consentimiento e interés legítimo. En casos como los descritos, puede suceder que el interesado deniegue su consentimiento para un determinado tratamiento y que, con todo, este termine llevándose a cabo por estimar el responsable que es necesario para la satisfacción de un interés legítimo.

Sobre este particular, conviene recordar que la prueba de ponderación ha de realizarse tomando en consideración «*las expectativas razonables de los interesados basadas en su relación con el responsable*»; y que los derechos e intereses del afectado prevalecerán sobre el interés del responsable «*cuando se proceda al tratamiento de los datos personales en circunstancias en las que el interesado no espere razonablemente que se realice un tratamiento ulterior*» [considerando núm. 47 RGPD]. Si, como afirma la Agencia Española de Protección de Datos, el concepto de «*expectativas razonables*» debe ser entendido «como lo que el interesado puede percibir o deducir como razonable por sí mismo en base a las circunstancias específicas que se dan en cada caso», o «lo que pudo prever en el momento de la recogida de datos de forma razonable», puede concluirse que el responsable deberá abstenerse de llevar a cabo un tratamiento sobre la base del interés legítimo cuando el interesado hubiese denegado, para ese mismo tratamiento u otro muy semejante, su consentimiento. Esa abstención es lo que razonablemente cabe esperar[16].

De no darse esta abstención, el tratamiento basado en el interés legítimo del responsable podrá calificarse, en circunstancias normales, como inesperado o sorpresivo. Siendo ello así, el afectado podría acabar perdiendo su capacidad de control sobre la utilización de sus datos personales. Dicho con palabras de la R. 5 enero 2021 [PS 00477/2019]: llevar a cabo un tratamiento no consentido por el interesado al amparo del interés legítimo supone «desvirtuar la capacidad de los clientes de decidir sobre el destino de sus datos personales».

Si no se admitiese esta conclusión y se estimase, en consecuencia, que el responsable puede realizar sobre la base del interés legítimo un tratamiento respecto del que no pudo obtener el consentimiento del interesado, quedaría planteada una nueva cuestión; a saber: ¿existe alguna conexión entre denegación del consentimiento y ejercicio del derecho de oponerse a un tratamiento fundamentado en el interés legítimo? Con más precisión: ¿la negativa del afectado a prestar consentimiento para que sus datos sean tratados con determinadas finalidades implica el ejercicio del derecho a oponerse a un tratamiento similar pero basado en el interés legítimo?

En términos generales, podría decirse que no existe una equivalencia perfecta entre no consentir y oponerse. Al menos existen dos razones que apoyan esta conclusión: la primera, el papel de la voluntad del interesado es distinto en lo que respecta a una y otra figura; y la segunda, también son distintas sus consecuencias, mucho más limitadas en el caso del derecho de oposición.

---

16 La cita de la Agencia procede de la R. 5 enero 2021 [PS 00477/2019]. Recientemente, sobre el concepto de «*expectativas razonables*»: STJUE (Gran Sala) de 4 de julio de 2023. Asunto C-252/21 Meta Platforms Inc., y otros c. Bundeskartellamt, apartado núm. 116.

Por lo que respecta al modo en que juega la voluntad del interesado, no consentir constituye un acto de pura libertad, una decisión que se abandona a la voluntad del afectado y que no requiere de una ulterior justificación. En cambio, la oposición a un tratamiento basado en el interés legítimo ha de fundarse en «*motivos relacionados con* [la] *situación particular*» del afectado [artículo 21.1 RGPD], de modo que el ejercicio de este derecho parece exigir de una cierta motivación.

Y por lo que se refiere al orden de las consecuencias, la falta de consentimiento implica ausencia de base legítima, de modo que el tratamiento que se efectúe sin concurrir algún otro fundamento se reputará ilícito. Pero, si de lo que se trata es de la oposición del afectado a que se realice un tratamiento basado en el interés legítimo, el responsable tiene la obligación de suspenderlo y no reanudarlo a no ser que, evaluadas las particulares circunstancias alegadas en la oposición, esté en situación de poder acreditar «*motivos legítimos imperiosos para el tratamiento que prevalezcan sobre los intereses, derechos y libertades del interesado*» [artículo 21 RGPD].

De lo anterior cabe entresacar, si se quiere con carácter provisional, una conclusión: denegar el consentimiento para los datos personales sea objeto de tratamiento, no implica el ejercicio positivo del derecho de oponerse a ese mismo tratamiento o a otro muy semejante pero fundado en el interés legítimo. Con todo, sentada esta conclusión, es preciso exponer algunas excepciones.

La excepción más evidente es la que se refiere a la oposición del interesado a un tratamiento fundado en el interés legítimo pero que tenga por objeto la mercadotecnia directa. En relación con este supuesto, el apartado 2° del artículo 21 RGPD dispone: «*Cuando el tratamiento de datos personales tenga por objeto la mercadotecnia directa, el interesado tendrá derecho a oponerse en todo momento al tratamiento de los datos personales que le conciernan*»; y al decir de su apartado 3°, «*cuando el interesado se oponga al tratamiento con fines de mercadotecnia directa, los datos personales dejarán de ser tratados para dichos fines*». De estas normas cabe colegir que, en los casos en los que el tratamiento tiene por objeto la mercadotecnia directa, la oposición tiene carácter *absoluto*[17]. En estos supuestos, el derecho de oposición se aproxima a «una forma específica de exclusión voluntaria»[18]: se ejercita *ad nutum* y fuerza al responsable a cesar en el tratamiento. Así las cosas, cuando el tratamiento de datos personales se refiera a la mercadotecnia directa y se fundamente alternativamente en el consentimiento o en el interés legítimo, creo que la denegación de consentimiento podría interpretarse como oposición al tratamiento basado en el interés del responsable.

La segunda excepción –frecuente en el ámbito de internet– aparece referida a aquellos supuestos en los que el responsable ofrece al interesado la posibilidad de excluir el tratamiento basado en el interés legítimo sin necesidad de explicar o motivar su oposición. Para estos casos en los que el responsable configura el derecho de oposición como si de una «cláusula de exclusión voluntaria» se tratase[19], me parece que sirve la conclusión anterior: la denegación de consentimiento podría equipararse a oposición.

Como quiera que fuese, lo dicho hasta aquí hace evidente que la práctica de combinar dos bases puestas en disyuntiva como eventual fundamento para un mismo tratamiento genera graves problemas. Con carácter fundamental, no veo de qué modo podría sortearse el escollo de las «*expectativas razonables*»

---

17 Vid. Gil González, *El interés legítimo en el tratamiento de datos personales*, cit., p.166.

18 La expresión procede del Grupo de Trabajo del artículo 29, «Dictamen 06/2014 sobre el concepto de interés legítimo», cit., n.103. En ese documento, la expresión aparece referida al derecho de oposición en general; pero creo que la configuración normativa del derecho de oposición solo permite considerarlo una «forma de autoexclusión voluntaria» en aquellos supuestos en los que el tratamiento tenga por objeto la mercadotecnia directa.

19 Sobre la posibilidad de configurar el derecho de oposición de este modo, vid: Grupo de Trabajo del artículo 29, «Dictamen 06/2014 sobre el concepto de interés legítimo», cit.

en aquellos supuestos en los que, a pesar de la negativa del afectado a prestar consentimiento, el responsable decide llevar a cabo el tratamiento sobre la base de un interés legítimo. A mi parecer, esta es la razón fundamental por la que las políticas de privacidad que aluden indistintamente a varias bases como fundamento de un mismo tratamiento han de considerarse contrarias al principio de transparencia.

iii) Confusión de finalidades e intereses: «el interés va más allá que la finalidad»

En lo que guarda relación con la obligación de informar y el interés legítimo, varias decisiones de la Agencia Española de Protección de Datos han incidido en la necesidad de distinguir entre finalidades del tratamiento e interés legítimo perseguido. Según parece, a partir del artículo 13.1 letra c) RGPD se deduciría la exigencia de informar separadamente de las finalidades y de la base del tratamiento. Lo cierto es la norma citada impone al responsable la obligación de informar al afectado sobre «*los fines del tratamiento a que se destinan los datos personales y la base jurídica del tratamiento*». Con todo, a pesar de esta exigencia, quizá sea esta una de las hipótesis más frecuentes de cumplimiento inexacto de la obligación de informar: ofrecer una información en la que se confunden finalidades e intereses.

Así, por ejemplo, en el caso de la R. 18 noviembre 2019 [PS 0070/2019], el responsable se limitó a señalar las finalidades y los objetivos de los distintos tratamientos, mas sin hacer referencia al interés legítimo que constituía su fundamento; y, si en algún punto se hacía mención de esta base, el interés aparecía descrito en los mimos términos que las finalidades[20].

---

[20] Para un caso muy parecido: R. 5 enero 2021 [PS 00477/2019].

En el supuesto de la R. 29 abril 2021[PS 00037/2020], el responsable argumentó que la política de privacidad no expresaba un específico interés legítimo porque este era idéntico a la finalidad: «es obvio –arguye el responsable– que existe una identificación entre la finalidad informada y el propio interés perseguido, por lo que hacer una alusión separada a este último resultaría redundante»[21].

Y aunque este extremo no llego a valorarse por Agencia Española de Protección de Datos, en el caso examinado en la R. 24 marzo 2022 [PS 00063/2021], el responsable se limitó a alegar que «la base legal para el procesamiento de la información es el interés legítimo del responsable de tratamiento y la finalidad es la comunicación del interés del responsable en proporcionar prueba de acceso al club».

En suma, como rasgo común a todos los casos anteriores: descripción en la que se confunden intereses y finalidades o preterición del específico interés por estimarlo idéntico a la finalidad.

La cuestión acerca de la distinción entre interés y finalidad excede del objeto de este trabajo. Por esta razón, en este punto, me debo remitir a lo expuesto sobre este particular por el GRUPO DE TRABAJO DEL ARTÍCULO 29 en el Dictamen que elaboró a propósito del interés legítimo: la finalidad ha de entenderse como «la razón específica por la que se tratan los datos», «el objetivo o la intención del tratamiento de los datos»; en cambio, el interés legítimo, que actúa como fundamento o la base del tratamiento, apunta «al beneficio que el responsable [...] obtenga –o que la sociedad pueda obtener– del tratamiento». Tal vez, consciente de la insuficiencia de esta explicación, el GRUPO DE TRABAJO añadió a estas consideraciones un ejemplo práctico: «una empresa puede tener un interés en garantizar la salud y seguridad del personal que trabaje en su central nuclear. Por consiguiente, la empresa puede tener como finalidad la aplicación de procedimientos de control de acceso específicos que justifique el tratamiento de

---

21 En términos semejantes: R. 29 abril 2021 [PS 00236/2020].

determinados datos personales específicos con el fin de velar por la salud y la seguridad del personal»[22].

VI. EL PROBLEMA DEL CUMPLIMIENTO EXTEMPORÁNEO

El artículo 13.1 RGPD impone al responsable la obligación de informar al interesado sobre el tratamiento de sus datos personales –y sobre sus finalidades y su base jurídica– «*en el momento en que estos se obtengan*». Esta es la norma que rige cuando el responsable obtuvo del propio interesado datos personales de su incumbencia. Así las cosas, si el tratamiento se basa en el interés legítimo, el responsable deberá informar de las finalidades y del específico interés en que se funda el tratamiento, al tiempo que el afectado le proporciona sus datos personales. En otro caso, el responsable del tratamiento se habrá, cuando menos, retrasado en el cumplimiento de su deber. Cabe entonces preguntarse si este retraso comporta necesariamente un incumplimiento

---

22 Cfr. Grupo de Trabajo del artículo 29, «Dictamen 06/2014 sobre el concepto de interés legítimo», cit. Al glosar estas consideraciones, la R. AEPD 30 julio 2021 [PS 00204/2020] no logó aclarar mucho la cuestión: «El interés legítimo constituye un concepto jurídico indeterminado, que puede resultar vago y ambiguo, considerando especialmente que su aplicación requiere ponderar las circunstancias concurrentes que rodean una operación de tratamiento de datos específica: la utilidad (beneficio material) que una o varias operaciones específicas de tratamiento de datos personales ajenos reporta al sujeto interesado, entendidas como herramientas idóneas (vínculo directo) para satisfacer una necesidad (interés) tutelada por el derecho, y el grado en que los derechos o la esfera jurídica del titular de datos se ven negativamente afectados por dichos tratamientos (externalidad)». En donde creo que «beneficio material» alude a la finalidad del tratamiento y «necesidad» e «interés», a la base o fundamento.

definitivo de la obligación de informar. Sobre esta cuestión se habrá de volver un poco más adelante.

Un supuesto de cumplimiento extemporáneo habitual en la práctica, es el caso en el que el responsable da cuenta del tratamiento –o de sus finalidades o del interés que constituye su base–, no al tiempo de obtener los datos, sino en el trámite de alegaciones de un procedimiento administrativo sancionador incoado, normalmente, como consecuencia de una reclamación del propio afectado.

Algo de esto es lo que sucedió en el supuesto examinado en la R. 3 enero 2022 [PS 00078/2021]: además de los datos recabados para la ejecución del contrato y para el cumplimiento de una determinada obligación legal, los empleados de un hotel almacenaron y distribuyeron internamente la fotografía incorporada al documento de identidad de cada cliente, omitiendo el deber de informar acerca de este tratamiento. Ya en el procedimiento sancionador iniciado a causa de la reclamación de un cliente, la empresa responsable alegó que ese tratamiento era necesario para satisfacer un interés legítimo: evitar fraudes y perjuicios económicos. Se trataba, al decir del responsable, de facilitar a los empleados del hotel la identificación de las personas que pretendiesen hacer algún uso de los servicios del hotel o de las tarjetas que la empresa ponía a disposición de los clientes. Según el parecer expresado por la Agencia Española de Protección de Datos, el argumento no se podía aceptar:

> «Es difícil aceptar que un tratamiento se base en el interés legítimo del responsable cuando ese tratamiento se lleva a cabo de forma oculta. No cabe, por tanto, invocar esta base jurídica del interés legítimo con ocasión de un trámite administrativo, como el de traslado de la reclamación o el de alegaciones a la apertura del procedimiento sancionador. Aceptarlo sería tanto como admitir un interés legítimo sobrevenido, o *a posteriori*, respecto del cual no se han respetado las exigencias previstas en la normativa de protección de datos personales y sobre el que no se informa a los interesados»[23].

---

23 En sentido similar: Rr. 18 noviembre 2020 [PS 00070/2019], 3 enero 2022 [PS 00078/2021], 8 marzo 2022 [PS 00140/2020], 5 octubre

Un caso singular, y distinto a los anteriores, pero que acaso pueda reconducirse a la hipótesis de cumplimiento extemporáneo es el analizado por la R. 5 enero 2021 [PS 00477/2019]. Aparte de otras cuestiones de las que ya se hizo mención, esta Resolución debió pronunciarse acerca de la corrección de un documento en el que se enumeraban varios tratamientos basados en el interés legítimo y se declaraba que este catálogo sería «actualizado de forma permanente para incluir nuevos tratamientos, o dar de baja los que se dejen de realizar». El caso constituye un ejemplo evidente de información inadecuada pero no es fácil resolver si ha de estimarse un supuesto de cumplimiento defectuoso o de retraso en el cumplimiento. Lo que es seguro es que la AEPD consideró que, en el caso en cuestión, el responsable no había informado «puntualmente» a los interesados:

> «Este planteamiento [...] debe rechazarse por cuanto podría dar lugar a la realización de tratamientos de datos sobre los que no se informa *puntualmente* a los interesados [...]. Si no se informa debidamente a los interesados sobre los tratamientos, y menos aún sobre el concreto interés perseguido por el responsable con estos tratamientos sobre los que no se informa, difícilmente pueden éstos enfrentar los intereses legítimos del [responsable] a sus propios intereses y derechos, ni tienen oportunidad si quiera de ejercer el derecho de oposición».

Sea como fuere, se califique el caso como una hipótesis de retraso o como un supuesto de cumplimiento defectuoso, las resoluciones citadas contienen algunas consideraciones que permiten decir algo acerca de la cuestión planteada al inicio de este epígrafe, referida a la posible equiparación entre cumplimiento extemporáneo e incumplimiento definitivo; a saber: de ordinario, los supuestos de retraso en el cumplimiento habrán de equiparase a los casos de incumplimiento definitivo. Dicho de otro modo: si, al tiempo de recabar los datos personales, el responsable no ofrece

---

2023 [PS 00452/2022].

la información pertinente acerca del tratamiento, finalidades e interés, cualquier intento posterior de cumplir con su obligación de informar resultará inútil. Esto se explica por dos razones.

Como primera razón, el tratamiento de datos personales debe estar basado en un interés real y actual[24]. Si se admitiese como válida una información que solo se proporciona tiempo después de iniciar el tratamiento, se allanaría el camino al responsable para alegar un interés «sobrevenido», en el que, tal vez, ni siquiera pensaba cuando recabó los datos.

Y como segunda razón, asumir la posibilidad de un cumplimiento extemporáneo de la obligación de informar, daría al traste con el sistema de garantías diseñado en torno al interés legítimo. Y es que el retraso del responsable solo comporta desventajas para el interesado: al no conocer el interés legítimo argüido por el responsable, el afectado no puede controlar la ponderación, ni alegar peculiares circunstancias que debieran sopesarse, ni ejercitar, en su caso, el derecho de oponerse al tratamiento.

En definitiva, para los casos que caen bajo la aplicación del artículo 13.1 RGPD, puede concluirse que el cumplimiento extemporáneo de la obligación de informar frustra las garantías que asisten al afectado cuando el tratamiento de sus datos se basa en el interés legítimo. Cuando ello acontezca, el tratamiento habrá de estimarse contrario a los principios de licitud y transparencia.

---

24 En este sentido, no es inusual encontrar referencias a la necesidad de invocar intereses «reales, no especulativos»; a título de ejemplo: R. 10 febrero 2022 [PS 00267/2020]. Por su parte, el Grupo de Trabajo del artículo 29 se ha expresado en los siguientes términos: «El interés en juego debe también ser 'perseguido por el responsable del tratamiento'. Esto exige un interés real y actual, que se corresponda con actividades presentes o beneficios que se esperen en un futuro muy próximo. En otras palabras, los intereses que sean demasiado vagos o especulativos no serán suficientes»: cfr. «Dictamen 06/2014 sobre el concepto de interés legítimo», cit.

Puede suceder, sin embargo, que el responsable no tenga la capacidad de informar al afectado al tiempo de iniciarse el tratamiento, supuesto que acontece normalmente cuando los datos se obtienen, no del propio afectado, sino de alguna otra fuente[25]. En estos casos resulta inaplicable el artículo 13.1 RGPD y el criterio que habrá de observarse es, en términos fundamentales, el de proporcionar al responsable un «*plazo razonable*» para informar al afectado [artículo 14.3 y considerando núm. 61 RGPD]; o incluso dispensarlo de la obligación de informar, cuando su cumplimiento «*resulte imposible o suponga un esfuerzo desproporcionado*» [artículo 14.5 RGPD].

VII. CONCLUSIONES

Del análisis del conjunto de resoluciones de la Agencia Española de Protección de Datos relativas a la obligación de informar sobre tratamientos de datos personales basados en el interés legítimo, pueden entresacarse las siguientes ideas:

1. La obligación de informar que incumbe al responsable del tratamiento, constituye un medio instrumental indispensable para asegurar la eficacia del sistema de garantías diseñado

---

[25] El caso al que se refiere la R. 26 noviembre 2020 [PS 00221/2020] constituye un buen ejemplo, no tanto por la cuestión conflictiva que se resuelve, sino por sus presupuestos fácticos. Con el propósito de solicitar la indemnización pertinente, una empresa recogió un dato personal, las direcciones IP de los usuarios que accedían a páginas en las que se colgaban contenidos que infringían derechos de autor. Ese dato personal no permitía al responsable comunicar el tratamiento al afectado; solo, en una fase posterior, el responsable solicita al operador los datos identificativos de las personas titulares de las distintas direcciones IP. Pues bien, a partir de la obtención de estos últimos datos –teléfonos y correo electrónico de los titulares de las direcciones IP–, el responsable podrá comunicar el tratamiento basado en el interés de tutelar los derechos de autor vulnerados.

por las normas en favor del afectado para el caso de tratamientos basados en el fundamento del interés legítimo.

2. En la práctica, la hipótesis de incumplimiento más habitual tal vez sea la que consiste en omitir cualquier información del tratamiento basado en el interés legítimo.

3. Pero son también frecuentes los supuestos en los que el responsable informa de manera incorrecta acerca de un tratamiento de datos basado en el interés legítimo. Las hipótesis más usuales de cumplimiento defectuosos son tres: empleo de fórmulas demasiado vagas para referirse al interés en el que se basa el tratamiento o a sus finalidades; recurso a distintas bases como fundamentos alternativos de un mismo tratamiento; y anuncio de un tratamiento en el que las finalidades y el interés se confunden.

Capítulo 4
La protección (in)suficiente de los datos especiales en los tratamientos masivos[1]

DANIEL JOVE VILLARES
Universidad de Oviedo

[1] Este trabajo constituye una colaboración entre el Proyecto Big data, *competencia y protección de datos*, con referencia PID2021-127172NB-I00, financiado por MCIN/AEI/10.13039/501100011033/ y FEDER y los proyectos RETINA-DER "Los retos de la inteligencia artificial para el Estado social y democrático de Derecho", PID2022-136548NB-I00 y GODAS (Gobernanza de los usos secundarios de datos de salud y genéticos en espacios compartidos), referencia PID2022-137140OB-I00, ambos financiados por el Ministerio de Ciencia e Innovación en la Convocatoria Proyectos de Generación de Conocimiento 2022.

I. TRATAMIENTO DE DATOS ESPECIALES: CUANDO LAS CIRCUNSTANCIAS Y LAS GARANTÍAS IMPORTAN

A lo largo de este libro se apuntan diferentes problemáticas vinculadas al *big data*[2] y su régimen de protección en el marco europeo. En este capítulo, se analiza qué particularidades comporta el tratamiento masivo de datos especiales[3]. Para ello, se

---

2 A lo largo del trabajo se utilizarán indistintamente los términos *big data*, datos masivos, datos a gran escala y macrodatos. Todos esos términos se refieren «a la recopilación, análisis y acumulación constante de grandes cantidades de datos, incluidos datos personales, procedentes de diferentes fuentes y objeto de un tratamiento automatizado mediante algoritmos informáticos y avanzadas técnicas de tratamiento de datos, utilizando tanto datos almacenados como datos transmitidos en flujo continuo, con el fin de generar correlaciones, tendencias y patrones (analítica de macrodatos)». Párrafo A de la Resolución del Parlamento Europeo, de 14 de marzo de 2017, sobre las implicaciones de los macrodatos en los derechos fundamentales: privacidad, protección de datos, no discriminación, seguridad y aplicación de la ley (2016/2225(INI)).

3 Entendiendo por tales, a estos efectos, solo los contemplados en el artículo 9 del RGPD, esto es, los «datos personales que revelen el origen étnico o racial, las opiniones políticas, las convicciones religiosas o filosóficas, o la afiliación sindical, y el tratamiento de datos genéticos, datos biométricos dirigidos a identificar de manera unívoca a una persona física, datos relativos a la salud o datos relativos a la vida sexual o la orientación sexual de una persona física». Por contar con una regulación particularizada, derivada de la distribución de competencias entre la UE y los Estados miembros, no se incluyen en este análisis los datos relativos a condenas e infracciones penales regulados en el artículo 10 del RGPD, aunque son «algo muy similar o anejo» a las categorías especiales del art. 9, Gudín Rodríguez-Magariños, F. (2018), *Nuevo Reglamento Europeo de Protección de Datos versus Big Data*, Tirant Lo Blanch, Valencia, p. 212. En el mismo sentido, Medina Guerrero, M. (2019), «Categorías especiales de datos», en Artemi Rallo Lombarte (ed.) *Tratado de Protección de Datos. Actualizado con la Ley Orgánica 3/2018, de 5 de diciembre, de protección de datos personales y garantía de los derechos digitales*, Tirant Lo Blanch, Valencia, p. 256.

toma como referencia el sistema de protección establecido en el Reglamento General de Protección de Datos[4] (RGPD), complementándolo con las precisiones realizadas por la normativa española de protección de datos, la Ley Orgánica 3/2018, de 5 de diciembre, de Protección de Datos Personales y garantía de los derechos digitales (LOPDgdd). Una vez establecido el marco de actuación e identificados los problemas que la utilización de información sensible[5] supone, se estudian las particularidades que entraña el tratamiento de datos especiales a gran escala.

1. El régimen de protección de lo sensible: las condiciones de posibilidad del artículo 9.2 RGPD

En el modelo europeo de protección de datos, el tratamiento de la información personal es posible siempre que se lleve a cabo conforme a las condiciones legalmente establecidas, y que no comporte un riesgo inasumible para los derechos de los interesados. Consecuentemente, bastará con evaluar la viabilidad del tratamiento, tomando en consideración variables como los derechos potencialmente afectados, las finalidades perseguidas por el tratamiento o las medidas de seguridad que se hayan implementado. Sin embargo, cuando el tratamiento implica la utilización de datos especiales la lógica se invierte y la prohibición se convierte en la regla. El tratamiento pasa a ser jurídicamente aceptable solo en aquellas situaciones en las que concurra alguna de las diez circunstancias previstas en el apartado segundo del ar-

---

4 Reglamento (UE) 2016/679 del Parlamento Europeo y del Consejo de 27 de abril de 2016 relativo a la protección de las personas físicas en lo que respecta al tratamiento de datos personales y a la libre circulación de estos datos y por el que se deroga la Directiva 95/46/CE (Reglamento general de protección de datos).

5 En este trabajo se utilizarán como términos equivalentes las expresiones datos sensibles y datos especiales.

tículo 9 del RGPD. Además de contar con una base de licitud y de cumplir con el resto de exigencias que se impone al tratamiento de cualquier dato personal, deberá acreditarse la existencia de una condición adicional que enerve esa prohibición primigenia.

Si se analizan las diferentes situaciones previstas en el art. 9.2 RGPD, se constata que, en ellas, se incluyen motivos relacionados con la utilización de datos especiales en determinados sectores (salud, trabajo, ámbito judicial), con la finalidad que inspira el tratamiento (archivo con fines de interés público, investigación científica o histórica) o con la existencia de algún factor justificativo/habilitante (manifestación explícita de consentimiento o que la información sensible se haya hecho manifiestamente publica).

Como puede deducirse, el particular modo de regular el tratamiento de las categorías especiales supone un límite formal a las posibilidades de operar con este tipo de datos. La variedad de tratamientos potenciales queda acotada por la necesaria existencia de un contexto que los haga jurídicamente viables. Adicionalmente, el RGPD deja abierta la posibilidad (supuestos contemplados en las letras a), b), g), h), i) y j)) de que el legislador (nacional o europeo) establezca condiciones adicionales. Opción que, en el caso de España, se ha materializado en el artículo 9 de la LOPDgdd, el cuál excluye el consentimiento explícito como condición suficiente para justificar el tratamiento de algunas tipologías especiales de datos; las referidas a la «ideología, afiliación sindical, religión, orientación sexual[6], creencias u origen racial o étnico» (art. 9.1 de la LOPDgdd).

---

6 Curiosamente, mientras el art. 9 del RGPD incluye, junto a la orientación sexual, la vida sexual, el legislador español ha decidido prescindir de esta tipología de datos al establecer la exclusión. Esta diferencia podría deberse a un olvido, pero también sirve para acentuar el motivo subyacente a la exclusión del consentimiento: el riesgo de discriminación. En efecto, históricamente no han sido el qué se hace

Esa exclusión resulta coherente con la lógica que subyace a la configuración de las categorías especiales[7]. En efecto, en la medida en que las tipologías incluidas por el legislador español coinciden con las clásicas categorías sospechosas del derecho antidiscriminatorio[8], parece razonable que se establezcan mayores reparos a la hora de aceptar como válido un consentimiento con el que, con una probabilidad importante, la persona está facilitando una información que puede llevarle a ser discriminada o, al menos, a situarle en una posición de vulnerabilidad. Esta condicionalidad de origen es un factor relevante que, combinado con las exigencias en materia de garantías que se apuntan en el apartado siguiente, pueden constreñir las opciones de ejecutar tratamientos masivos de datos.

2. La ausencia de garantías específicas en el RGPD

La STC 76/2019, de 22 de mayo advertía, en su fundamento jurídico 8, que el RGPD no prevé un régimen específico para los datos especiales y, «por ende, tampoco fija las garantías que deben observar los diversos tratamientos posibles de datos sensibles, adecuadas a los riesgos de diversa probabilidad y gravedad que existan en cada caso; tratamientos y categorías especiales de datos que son, o pueden ser, muy diversos entre sí». Esta ausencia supone que, cuando el tratamiento afecte a datos especiales,

---

sino el con quién lo que ha provocado vulneraciones sistemáticas de los derechos de ciertos colectivos.

7 Sobre esta cuestión me he pronunciado en extenso en Jove Villares, D. (2023), *La protección de lo sensible, o cuando la naturaleza del dato no lo es todo,* Tirant lo Blanch, Valencia.

8 Sobre las categorías sospechosas de generar discriminación vid. Rey Martínez, F. (2023), *Derecho Antidiscriminatorio,* Thomson Reuters-Aranzadi, Cizur Menor (Navarra), 2019. Respecto de la génesis del derecho antidiscriminatorio resulta de especial interés la monografía de Hernández Llinás, L., *Constitución y segregación escolar en los Estados Unidos,* Aranzadi Thomson Reuters, Pamplona.

serán los Estados miembros[9] (o la propia UE en las normativas sectoriales de su competencia) quienes habrán de adoptar las medidas necesarias para asegurar un nivel de protección adecuado. Desarrollo normativo que, además, ha de cumplir determinadas condiciones: estar previsto con anterioridad a la realización del tratamiento concreto y, en el caso de España (art. 53.1 CE), ha de plasmarse en una norma con rango y fuerza de ley[10].

Además de exigir la articulación de un régimen específico de garantías, la calificación como especial de una determinada información impacta en las posibilidades de ejecución de los tratamientos. En efecto, el RGPD incorpora una serie de elementos que van a limitar el modo en que se puede operar con las informaciones personales más delicadas. La medida de protección más evidente es, precisamente, establecer como regla la prohibición del tratamiento. Esta interdicción es una garantía fuerte, pues supone un freno a la libre actuación de los operadores de datos, quienes deberán acreditar la concurrencia de alguna de las circunstancias previstas en el apartado segundo del artículo 9 del RGPD, pues el legislador ha considerado que son las únicas en las que resulta jurídicamente aceptable el uso de categorías especiales de datos.

A esa condicionalidad de partida –destinada a asegurar que solo haya tratamiento cuando se den unas condiciones que justifiquen el riesgo adicional que, para los derechos fundamentales de la persona (Considerando 51 RGPD), supone la utilización de

---

9 «El [...] Reglamento reconoce también un margen de maniobra para que los Estados miembros especifiquen sus normas, inclusive para el tratamiento de categorías especiales de datos personales («datos sensibles»). En este sentido, [...] no excluye el Derecho de los Estados miembros que determina las circunstancias relativas a situaciones específicas de tratamiento, incluida la indicación pormenorizada de las condiciones en las que el tratamiento de datos personales es lícito» (Considerando 10 RGPD).

10 STC 76/2019, de 22 de mayo, FJ 8.

datos especiales– se adiciona, como no puede ser de otro modo, el conjunto de exigencias que ha diseñado el legislador europeo al desarrollar el derecho fundamental a la protección de datos. Por tanto, el tratamiento de las categorías especiales ha de cumplir con los principios previstos en el artículo 5 RGPD[11], así como con el resto de exigencias del RGPD, (v. gr. los deberes de información de los arts. 12 a 14 RGPD[12], la necesidad de llevar un registro de actividades[13] o de contar con un delegado de protección de datos[14]), además, debe asegurarse el ejercicio de los derechos del interesado de los artículos 15 a 22 del RGPD[15].

---

11 Los principios son «la bóveda del sistema de protección de datos», Troncoso Reigada, A. (2021), «Los principios relativos al tratamiento (Comentario al artículo 5 RGPD y al artículo 4 LOPDGDD)», en Antonio Troncoso Reigada (ed.) *Comentario al Reglamento General de Protección de Datos y a la Ley Orgánica de Protección de Datos personales y Garantía de los Derechos Digitales. Volumen 1,* Civitas Thomson Reuters, Cizur Menor (Navarra), p. 851.

12 En lo relativo a la importancia de los deberes de información en el tratamiento automatizado de datos, vid. Sancho Villa, D. (2021), «Las decisiones individuales automatizadas, incluida la elaboración de perfiles (Comentario al artículo 22 RGPD)», en Antonio Troncoso Reigada (ed.) *Comentario al Reglamento General de Protección de Datos y a la Ley Orgánica de Protección de Datos personales y Garantía de los Derechos Digitales. Vol. 1,* Civitas Thomson Reuters, Cizur Menor (Navarra), pp. 1740-1744.

13 El registro de actividades es una de las manifestaciones de la cultura de la proactividad que el RGPD busca impulsar, al respecto, Kotschy, W. (2020), «Article 30. Records of proccessing activities», en Christopher Kuner, Lee A. Bygrave, Christopher Docksey (eds.) *The EU General Data Protection Regulation (GDPR). A Commentary,* Oxford University Press, Oxford.

14 Botella Pamies, E. (2019), «Designación de un delegado de protección de datos», en Mónica Arenas Ramiro, Alfonso Ortega Giménez (eds.) *Protección de datos: Comentarios a la Ley Orgánica de Protección de Datos y Garantía de Derechos Digitales (en relación con el RGPD),* Sepín, Madrid.

15 Para un comentario sistemático de las diversas facultades de actuación que tienen los interesados frente al tratamiento de información personal referida a ellos, vid. los diversos capítulos de autores varios del

En definitiva, el RGPD no es una norma yerma. La ausencia apuntada por el TC español no es un vacío o laguna absoluto, hay un sustrato desde el que desarrollar las medidas específicas de protección. No solo eso, el RGPD tiene una idiosincrasia específica, fija un marco axiológico que condiciona el modo en que podrá articularse cualquier mecanismo de garantía específico. Expresado en otros términos, se podrán debatir cuáles son las medidas técnicas a implementar, pero la proactividad, la anticipación a los riesgos, la adecuación a la finalidad, la minimización de los datos y, en definitiva, el conjunto de exigencias establecidas en el RGPD constituyen una condición ineludible, también para los legisladores nacionales que desarrollen normativamente las garantías específicas para el tratamiento de datos especiales.

No obstante, parece razonable considerar que la especial condición de los datos sensibles debe ir acompañada de un mayor nivel de exigencia, no solo a la hora de permitir el tratamiento (art. 9.2 RGPD), sino durante toda su existencia. Que se den las condiciones habilitantes para iniciar el tratamiento no asegura que la operación concreta que se pretenda llevar a cabo sea respetuosa con el derecho a la protección de datos. Consecuentemente, si va a operarse con categorías especiales, si van a ponerse en riesgo los bienes jurídicos de la ciudadanía, deben preverse garantías adecuadas. Así se desprende del art. 5.1.f) del RGPD, donde se establece la necesidad de implementar un nivel de seguridad adecuado[16]. Es cierto que esta exigencia tiene como principales destinatarios a los responsables del tratamiento, en

---

Comentario al Reglamento General de Protección de Datos y a la Ley Orgánica de Protección de Datos personales y Garantía de los Derechos Digitales. Vol. 1, Antonio Troncoso Reigada (ed.), Civitas Thomson Reuters, Cizur Menor (Navarra), 2021, pp. 1427-1745.

16 Rodríguez Ayuso, J. F. (2020), «Integridad, disponibilidad y confidencialidad de la información», en Juan Francisco Rodríguez Ayuso, Elena Atienza Macías (eds.) *Retos jurídicos ante la crisis del COVID-19*, Wolters Kluwer, Madrid, pp. 621-644.

tanto que encargados de diseñar y asegurar la implementación de «medidas técnicas y organizativas apropiadas» para prevenir tratamientos ilícitos por parte de terceros, pero no debe desconocerse que los principios del tratamiento son, también, un mandato que vincula a los legisladores en el desarrollo de la normativa de protección de datos, ya sea fijando las condiciones en las que el tratamiento será lícito (v. gr. art. 6 RGPD) o, en lo que aquí interesa, determinado las garantías mínimas necesarias para considerar que el tratamiento no supone una injerencia inadmisible en el derecho fundamental a la protección de datos.

El TC llegó a una conclusión similar, pero fundada en la reserva de ley del art. 53 de la Constitución española (CE)[17]. En la STC 76/2019, afirmó que «no basta con confiar en la aplicación garantista que los operadores puedan hacer, sino que el legislador ha de establecer bien *ex novo*, bien por remisión a normativa de rango legal, las garantías adecuadas para asegurar un nivel de protección adecuado a los bienes jurídicos de la ciudadanía. [...] [La reserva de ley exige que se] predetermine los supuestos, las condiciones y las garantías en que procede la adopción de medidas restrictivas de derechos fundamentales. [...] [No pudiendo] quedar deferido a un ulterior desarrollo legal o reglamentario, ni tampoco se puede dejar en manos de los propios particulares. [...] [Pues] supondría una insuficiencia manifiesta en el contenido mínimo exigible, en condiciones de certeza y previsibilidad, a la configuración legal del derecho fundamental a la protección de datos personales»[18].

Finalmente, en apoyo de esta interpretación tendente a considerar la insuficiencia del RGPD a la hora de asegurar un nivel

---

17 Artículo 53 CE: «Los derechos y libertades reconocidos en el Capítulo segundo del presente Título vinculan a todos los poderes públicos. Sólo por ley, que en todo caso deberá respetar su contenido esencial, podrá regularse el ejercicio de tales derechos y libertades».

18 STC 76/2019, de 22 de mayo, FJ 8.

de protección adecuado a los datos especiales, debe atenderse a su propio texto, pues, en diversos preceptos, insta al «Derecho de la Unión o de los Estados miembros» a establecer garantías adecuadas respecto de determinados tratamientos de categorías especiales. Por ejemplo, cuando señala como condición habilitante la concurrencia de un interés público (art. 9.2.g)), también en aquellas situaciones en que sea necesario usar datos sensibles con fines de medicina preventiva o laboral (art. 9.2.h)), así como para el cumplimiento de obligaciones o el ejercicio de derechos, ya sea del responsable o del interesado en materia laboral (art. 9.2.b)). Estas menciones expresas vienen a refrendar que, «en todos los casos [en que se traten datos especiales,] se requiere [...] que se implanten medidas específicas que garanticen los derechos de los sujetos»[19]. Medidas que, además, habrán de estar previstas en una norma con rango y fuerza de ley.

El alma de directiva del RGPD[20] le ha llevado a realizar una enorme cantidad de remisiones[21], además de esos reenvíos explícitos, también se dan otros implícitos, consecuencia del silencio del legislador europeo, así como del modelo competencial de la UE, que le impide abarcar todos los ámbitos en los que se opera con datos (como ocurre, por ejemplo, con el art. 10 y los datos relativos a condenas e infracciones penales). Por consiguiente,

---

19 Nicolás Jiménez, P. (2019), «Los derechos sobre los datos utilizados con fines de investigación biomédica ante los nuevos escenarios tecnológicos y científicos», *Revista de Derecho y Genoma Humano. Genética, Biotecnología y Medicina Avanzada*, Nº Extraordinario, p. 136.

20 Medina Guerrero, M., «Categorías especiales de datos», cit., p. 256.

21 Sobre los diferentes aspectos en los existen «vacíos regulatorios» susceptibles de ser colmados por los legisladores nacionales vid. García Mexía, P. (2016), «La singular naturaleza jurídica del Reglamento General de Protección de Datos de la UE. Sus efectos en el acervo nacional sobre protección de datos», en José Luis Piñar Mañas, María Álvarez Caro, Miguel Recio Gayo (eds.) *Reglamento General de Protección de Datos. Hacia un nuevo modelo europeo de privacidad*, Reus, Madrid.

y ante la ausencia de una respuesta adecuada en el RGPD, las miradas deben tornarse hacia las legislaciones nacionales[22].

2.1. ¿Y la española?

El modelo español de protección de lo sensible adolece de un cierto monocultivo. Solo está debidamente desarrollado en materia sanitaria y aseguradora, merced al apartado segundo del artículo 9 de la LOPDgdd, en el que se exige regulación legal respecto de los tratamientos que se funden en las letras h) e i)[23] y, sobre todo, a la disposición adicional decimoséptima[24], que

---

22 A los efectos de este trabajo no se ha considerado, pero también en el ámbito europeo se está desarrollando normativa sectorial que afecta a datos especiales y que habrá de incorporar garantías específicas para los tratamientos que abarque. En este sentido, la normativa sectorial más destacada es el Reglamento del Parlamento Europeo y del Consejo sobre el Espacio Europeo de Datos de Salud, que ha entrado en vigor en 2025.

23 El artículo 9.2 de la LOPDgdd también se refiere a los tratamientos que sean «necesario[s] por razones de un interés público esencial» (art. 9.2.g) RGPD). La exigencia genérica de regulación legal, si bien es un paso en la dirección correcta, no es suficiente; es necesario, como ocurre en el caso de la disposición adicional decimoséptima, una concreción específica.

24 Sobre la Disposición Adicional decimoséptima, vid. Nicolás Jiménez, P. (2021), «Garantías y excepciones aplicables al tratamiento con fines de investigación biomédica. Reglamento General de Protección de Datos: un nuevo marco normativo para el tratamiento de datos personales con fines de investigación biomédica (Comentario al artículo 89 RGPD y a la Disposición adicional decimoséptima, a la Disposición transitoria sexta, a la Disposición final quinta y a la Disposición final novena LOPDGDD) Disposición adicional decimoséptima LOPDGDD. Tratamientos de datos de salud», en Antonio Troncoso Reigada (ed.) *Comentario al Reglamento General de Protección de Datos y a la Ley Orgánica de Protección de Datos personales y Garantía de los Derechos Digitales. Vol. 2*, Civitas Thomson Reuters, Cizur Menor (Navarra), pp. 3395-3427.

es en la que verdaderamente se concretan las garantías y, por lo tanto, permite cumplir con las exigencias de previsibilidad y certeza que el tratamiento de datos especiales demanda.

En los demás ámbitos en los que pudiera ser precisa la utilización de información sensible el silencio es la tónica general, con alguna honrosa excepción, como el Registro Civil que sí tiene un régimen específico de protección, aunque haya sido articulado por la función que este cumple y no tanto por los datos que gestiona[25]. La LOPDgdd, además de los datos en el ámbito sanitario, también reguló el tratamiento de datos relativos a opiniones políticas por parte de los partidos. Sin embargo, la previsión clave, el apartado primero de la disposición final tercera de la LOPDGDD[26], median-

---

En la misma línea, *vid.* Troncoso Reigada, A. (2021), «Las categorías especiales de datos personales y los tratamientos de datos de salud (Comentario al artículo 9 RGPD y a la Disposición adicional decimoséptima de la LOPDGDD)», en Antonio Troncoso Reigada (ed.) *Comentario al Reglamento General de Protección de Datos y a la Ley Orgánica de Protección de Datos personales y Garantía de los Derechos Digitales. Vol. 2,* Civitas Thomson Reuters, Cizur Menor (Navarra), pp. 4623-4727.

25 La Ley 20/2011, de 21 de julio, del Registro Civil regula, en su artículo 13, previsiones específicas para los datos especiales. Si bien es cierto que, sobre todo, incide en las condiciones en las que se puede ejercitar el tratamiento y no tanto en las garantías, por lo que no considero que alcance un estándar de protección adecuado, pero, al menos, toma en consideración la singularidad y el riesgo adicional que el tratamiento de este tipo de datos comporta.

26 Puede consultarse un análisis detallado de las implicaciones y consecuencias jurídicas de este precepto en García Herrero, J. (2019), «Tratamiento de datos en actividades electorales (Disposición final tercera)», en José López Calvo (ed.) *La adaptación al nuevo marco de protección de datos tras el RGPD y la LOPDGDD,* Wolters Kluwer, Madrid, 2019, pp. 295-321. Para un estudio de las posibilidades, riesgos y régimen actual de protección de los datos en materia electoral, vid. García Mahamut, R. (2023), «Elecciones, protección de datos y transparencia en la publicidad política. La apuesta normativa de la

te el que se incorpora el art. 58 bis a la LOREG[27], fue declarado inconstitucional por el TC por un triple motivo: indefinición de la finalidad justificativa de la injerencia en el derecho a la protección de datos, ausencia de límites claros y no articulación de un conjunto apropiado de garantías[28].

En definitiva, el panorama normativo en España es desalentador, la legislación sectorial no está incorporando previsiones en las se tome en cuenta el impacto en materia de protección de datos y, consecuentemente, no se está construyendo un acervo normativo que proporcione garantías específicas para aquellos ámbitos en los que se utilicen o puedan llegar a utilizar datos especiales. La advertencia del TC acerca de la necesidad de no deferir toda la protección a la buena voluntad de los responsables del tratamiento ha caído en saco roto. Para colmo de males, no existe en el ordenamiento español una previsión que, a semejanza de la legislación alemana[29], pueda operar como marco subsidiario de protección.

UE y sus efectos en el ordenamiento español», *Revista Española de la Transparencia*, 17 Nº Extraordinario, pp. 75-105.

27 «Artículo cincuenta y ocho bis. Utilización de medios tecnológicos y datos personales en las actividades electorales.
1. La recopilación de datos personales relativos a las opiniones políticas de las personas que lleven a cabo los partidos políticos en el marco de sus actividades electorales se encontrará amparada en el interés público únicamente cuando se ofrezcan garantías adecuadas».

28 Sobre la inconstitucionalidad del art. 58bis de la LOREG he tenido ocasión de pronunciarme en Jove Villares, D. (2021), «La inconstitucional habilitación a los partidos políticos para recabar datos sobre opiniones políticas. Comentario a la STC 76/2019, de 22 de mayo», *Revista Española de Derecho Constitucional*, 121. Sobre la STC 76/2019, de 22 de mayo se han realizado detallados y atinados comentarios, por todos, vid. Arenas Ramiro, M. (2019), «Los políticos, opiniones políticas e Internet: la lesión del derecho a la protección de datos personales», *Teoría y Realidad Constitucional*, 44.

29 La Sección 22 de la Ley Federal de Protección de Datos alemana incluye un listado de obligaciones y medidas a implementar cuando

II. EL TRATAMIENTO MASIVO COMO FACTOR CONDICIONANTE

Conforme se incrementa la cantidad de datos aumentan las posibilidades... y los riesgos. El tratamiento de grandes volúmenes de información genera un contexto complejo, una realidad con matices propios que requiere de una atención particularizada. El volumen, variedad y velocidad con que se generan, almacenan y utilizan los datos conforma un entorno pleno de posibilidades de aprovechamiento, pero también de riesgos derivados de la dificultad para fiscalizar la veracidad y transparencia con que se gestiona la información[30]. Los sesgos y las inferencias se presentan como la principal amenaza para las personas en el uso de macrodatos[31], aunque no es la única, pues la seguridad, cuando se gestionan grandes volúmenes de información, es un desafío enorme, pues una brecha en la protección puede provocar un daño masivo[32]. Son esas singularidades del tratamiento a gran escala de datos las que han llevado a la normativa de protección de datos a incluir previsiones específicas para afrontar los retos que plantea. Pero, ¿incluye alguna previsión específica respecto de los datos sensibles?

---

se opere con datos especiales. Pueden consultarse las versiones en alemán e inglés de la *Bundesdatenschutzgesetz* en: https://www.gesetze-im-internet.de/bdsg_2018/index.html, última consulta: 10/01/2024.

30 Wesson, P.; Hswen, Y.; Valdés, G.; Stojanovski, K.; Handley, M. A. (2022), «Risks and Opportunities to Ensure Equity in the Application of Big Data Research in Public Health», *Annual Review of Public Health*, vol. 43, 1, pp. 59-78.

31 Friedman, B. y Nissenbaum, H. (1996), «Bias in computer systems», *ACM Transactions on information systems (TOIS)*, vol. 14, 3, ACM New York, NY, USA, pp. 330-347.

32 Benjelloun, F.-Z. y Lahcen, A. A. (2019), «Big data security: challenges, recommendations and solutions», en *Web Services: Concepts, Methodologies, Tools, and Applications*, IGI Global, pp. 25-38.

1. Big data y el problema de las circunstancias habilitantes del tratamiento de datos especiales

En las condiciones de posibilidad para llevar a cabo el tratamiento de datos especiales no se realiza ninguna puntualización vinculada a su uso masivo. Sin embargo, la exclusión del consentimiento que establece la LOPDgdd respecto de ciertas tipologías de datos sensibles (art. 9.1) constituye una limitación evidente para las posibilidades de llevar a cabo tratamientos a gran escala de estas categorías de datos, al menos para el sector privado. En cierto modo, con esa medida lo que se logra es sacar del comercio las categorías de datos con mayor potencial discriminatorio. En efecto, si se analizan las circunstancias habilitantes, se constata que, cuando no están directamente reservadas a actuaciones «por razones de interés público», que habrán de ser legalmente reconocidas, o bien están referidas al ámbito sanitario (y los datos de salud y genéticos ya no se veían afectados por la exclusión del art. 9.1 LOPDgdd) o están pensados para tratamientos y situaciones en las que el *big data* no es operativo (obligaciones en el ámbito laboral, protección de intereses vitales, gestión de fundaciones, asociaciones y organismos o actuación ante los tribunales).

El tratamiento a gran escala por parte del sector privado en España está extraordinariamente acotado. En la práctica, las empresas y particulares solo podrán llevar a cabo tratamientos masivos de datos especiales cuando no se vean afectados por la exclusión del consentimiento (datos relativos a la salud, datos genéticos, datos relativos a la vida sexual o datos biométricos). Para el resto de tipologías sensibles, el tratamiento masivo solo será posible cuando tenga fines de investigación científica, histórica o estadística; cuando una ley, por razones interés público esencial habilite para ello, o cuando el interesado hubiese hecho esas informaciones manifiestamente públicas (art. 9.2.g). Esta última es la vía que más posibilidades tiene de alimentar al *big data*, junto con la de la investigación científica. Sin embargo, cualquiera que sea la circunstancia habilitante, su existencia es condición necesaria, pero no suficiente, para poder llevar a cabo el tratamiento. Sigue siendo imperioso contar con una base de licitud adecuada, lo que, teniendo en cuenta que el consentimiento ha salido de la ecuación[33], deja como mejor opción al interés legítimo. Finalmente, han de cumplirse el resto de exigencias que los principios imponen, incluida la referida a la limitación de la finalidad[34], que sirve de defensa frente a un eventual aprovechamiento indiscriminado de los datos hechos manifiestamente públicos por los interesados.

2. Garantías específicas en **big data** *de información sensible*

La combinación de tratamiento a gran escala y uso de datos considerados especiales conforma un cóctel que ha llevado al legislador europeo a exigir ciertas cauciones. Las medidas a implementar inciden, esencialmente, en el abanico de actuaciones que el responsable del tratamiento debe ejecutar. Entre ellas destacan: el deber de llevar un registro de actividades (tanto parte del responsable como del encargado), con independencia del tamaño de la entidad (art. 30 RGPD); en este caso, es la condición especial de los datos (y no la cantidad de ellos) lo que eleva el nivel de exigencia. También se exige la designación «por escrito» de un representante en la UE por parte de quienes no están establecidos en ella, cuando el tratamiento se lleve a cabo con datos de interesados que residan en la UE, siempre que su actividad consista en ofertar bienes o servicios o controlar el comportamiento de los

---

33 La exclusión del consentimiento para determinadas categorías de datos especiales, por más que pueda resultar una medida adecuada, no deja de suponer una renuncia a la más habitual vía de legitimación del tratamiento. Aunque, como base de licitud, entraña problemas específicos cuando ese consentimiento se presta en el marco de operaciones de tratamiento masivo de datos.

34 Vid. el Capítulo 1 de esta obra. En él, López Suárez desarrolla las características y capacidad condicionante del principio de limitación de la finalidad.

interesados. Esta obligación es ineludible cuando los tratamientos «incluyan el manejo a gran escala de categorías especiales de datos» (art. 27.2.a) RGPD, interpretado *a contrario sensu*).

Adicionalmente, se impone la necesidad de designar un delegado de protección de datos (art. 37.1.c) RGPD) y se limitan las posibilidades de adoptar decisiones automatizadas (una de las principales potencialidades del *big data*) cuando afecte a datos especiales, salvo que medie consentimiento explícito o interés público esencial (art. 22.4 RGPD), lo que no deja de ser un condicionante relevante a las posibilidades de realizar tratamientos masivos de datos especiales –más aún en el caso de España, dónde la vía del consentimiento está acotada–, pues se condiciona una de sus vías de acción más proteicas y rentables.

Sin embargo, la previsión más relevante es la relativa a la obligatoriedad de realizar una evaluación de impacto cuando se produzca un «tratamiento a gran escala de las categorías especiales de datos» (art. 35.3.b))[35]. Esto supone que, por defecto, todo tratamiento que implique el uso de macrodatos y que incluya datos sensibles se considera de alto riesgo. Esta valoración del

---

35 Las evaluaciones de impacto tienen un carácter eminentemente preventivo y buscan anticipar los peligros que el tratamiento pueda generar, vid. Miralles López, R. M. (2021), «La evaluación de impacto relativa a la protección de datos (Comentario al artículo 35 RGPD)», en Antonio Troncoso Reigada (ed.) *Comentario al Reglamento General de Protección de Datos y a la Ley Orgánica de Protección de Datos personales y Garantía de los Derechos Digitales. Vol. 1,* Civitas Thomson Reuters, Cizur Menor (Navarra), 2021, p. 2139. «En la práctica, esto significa que los responsables deben evaluar continuamente los riesgos creados por sus actividades de tratamiento a fin de identificar cuando es probable que un tipo de tratamiento entrañe "un alto riesgo para los derechos y libertades de las personas físicas"» en GT29, Directrices sobre la evaluación de impacto relativa a la protección de datos (EIPD) y para determinar si el tratamiento «entraña probablemente un alto riesgo» a efectos del Reglamento (UE) 2016/679, de 4 de abril de 2017 (se utiliza la versión revisada de 4 de octubre de 2017), p. 7.

peligro resulta coherente, pues los dos elementos en concurso, individualmente considerados, ya entrañan «importantes riesgos para los derechos y las libertades fundamentales»[36], peligros que su uso conjunto solo puede multiplicar.

La calificación como tratamiento de alto riesgo, unida a la necesariedad de realizar una evaluación de impacto, constituyen una garantía específica que, por la propia naturaleza de las evaluaciones de impacto, va a demandar la implementación de medidas técnicas y organizativas adecuadas para minorar el riesgo hasta unos niveles en los que el tratamiento sea jurídicamente aceptable. Por lo tanto, a diferencia de lo que ocurre en el régimen general, sí se incluyen en el RGPD medidas específicas de protección para el tratamiento masivo de datos especiales. Consecuentemente, el debate ya no es si se prevén garantías o no, sino si son suficientes y ofrecen un nivel de seguridad y certeza apropiado.

III. VALORACIÓN DEL MODELO DE PROTECCIÓN DE LOS DATOS ESPECIALES FRENTE A SU USO MASIVO. PROPUESTAS

La prohibición del tratamiento como premisa supone que toda operación que afecte a datos especiales es una injerencia en el derecho a la protección de datos y, por tanto, si se quiere llevar a efecto el tratamiento, será necesario establecer unas condiciones que hagan jurídicamente aceptable y justifiquen la afectación del derecho fundamental. De ahí que tanto las finalidades como las garantías sobre las que se funda el tratamiento sean un elemento relevante, pues será la ponderación de los intereses en conflicto y el nivel de riesgo para los derechos lo que permita determinar la viabilidad de la operación que se quiere realizar.

---

36 Considerando 51 respecto de los datos especiales y, en un sentido similar, Considerando 91.

Las medidas incluidas en el RGPD destinadas a elevar el nivel de protección y las posibilidades de fiscalización de los tratamientos masivos de datos constituyen una mejora evidente respecto del silencio que caracteriza al régimen general de los datos especiales. Con todo, el modelo diseñado no se antoja suficiente para proporcionar un nivel de protección adecuado. No cabe duda de que la exigencia de evaluación de impacto es un baluarte que eleva el mínimo de protección, es una garantía adecuada que, además, obliga a revisar tanto las medidas técnicas adoptadas como los riesgos subyacentes al tratamiento que se pretende desarrollar. Sin embargo, no ofrece los niveles de seguridad, previsibilidad y certeza que deben presidir el tratamiento de datos personales.

Para lograr un marco adecuado, sería pertinente concretar más las medidas y, a tenor del sistema regulatorio que el RGPD diseña, habría de ser la legislación estatal la encargada de positivizarlas. En este sentido, caben dos posibilidades de acción, no excluyentes entre sí. La primera pasaría por incorporar un apartado tercero al artículo 9 de la LOPDgdd en el que se clarificasen los tratamientos que se pueden llevar a cabo con datos especiales, en qué circunstancias y por quién y, sobre todo, se articulase un catálogo de garantías que asegurasen unas condiciones mínimas que toda operación con información sensible debe cumplir. Entre las medidas que, como mínimo, debería incluirse estarían:

Previsiones referentes a la seguridad de los datos: cifrado, seudonimización por defecto allí donde sea pertinente, almacenamiento separado respecto de tipologías no especiales, restricciones de acceso (quién va a gestionar esa información), así como protocolos obligatorios para el caso de brechas y pérdidas de información.

Medidas de fiscalización, gestión y control: mecanismos de verificación y evaluación de las medidas implementadas, obligatoriedad de designar un delegado de protección de datos, además de programas de formación específica para quienes vayan a tener que operar con esos datos.

Con esa reforma, se solventaría, en buena medida, el problema general de la ausencia de garantías para los datos especiales, pues proporcionaría un mínimo de previsibilidad a este tipo de operaciones y daría seguridad a los responsables a la hora de diseñar los tratamientos.

No obstante, aun cuando una medida de ese cariz se llevase a efecto, no debería descartarse la posibilidad de ejecutar la otra posibilidad de acción: la regulación sectorializada. Esta segunda opción se convierte en imprescindible si no se cuenta con un marco general, pero, aunque existiese, no excluiría la pertinencia de una normativa especializada en atención al ámbito y materias afectadas, pues ésta siempre permitirá una mayor concreción y ajuste de las medidas a las necesidades específicas que el tipo de tratamiento que se quiera ejecutar demanda. En efecto, entre las problemáticas que pone de manifiesto el libro en el que este capítulo se inserta, la necesidad de afrontar jurídicamente las singularidades que el tratamiento de datos masivo plantea es la más evidente. Por lo tanto, no sería extraño que, en el marco de una ley que precisase los contornos del *big data*, especialmente en relación con ciertos principios como el de limitación de la finalidad o la minimización de datos, y que definiese su relación con los sistemas de inteligencia artificial, se incluyese algún precepto que concretase las garantías a implementar cuando el uso de datos a gran escala incluya información de tipologías especiales. En este sentido, el horizonte legislativo de 2025/2026 ofrece una excelente oportunidad para cristalizar esta opción, pues podría aprovecharse la redacción de la, más que previsible, normativa española de IA, en la que se concretarán ciertos aspectos del futuro Reglamento Europeo de IA[37], para incorporar las garantías que el tratamiento masivo de datos especiales demanda.

---

[37] Reglamento (UE) 2024/1689 del Parlamento Europeo y del Consejo, de 13 de junio de 2024, por el que se establecen normas armonizadas en materia de inteligencia artificial y por el que se modifican los Re-

Finalmente, dejando a un lado las obligaciones ineludibles del legislador, desde el punto de vista de la seguridad y certeza, sería conveniente que las entidades que realizan tratamientos masivos se adscribieran a un código de conducta específico para esta tipología de tratamientos. La previsibilidad que este tipo de instrumentos proporciona, por más que sean *soft law* y no sean suficientes para salvar la exigencia de previsión legal, resulta invaluable en una materia colmada de incertezas.

IV. REFERENCIAS BIBLIOGRÁFICAS

- Arenas Ramiro, M. (2019), «Los políticos, opiniones políticas e Internet: la lesión del derecho a la protección de datos personales», *Teoría y Realidad Constitucional*, n.o 44, pp. 341-372.
- Benjelloun, F.-Z. y Lahcen, A. A. (2019), «Big data security: challenges, recommendations and solutions», en *Web Services: Concepts, Methodologies, Tools, and Applications*, IGI Global, pp. 25-38.
- Botella Pamies, E. (2019), «Designación de un delegado de protección de datos», en Mónica Arenas Ramiro, Alfonso Ortega Giménez (eds.) *Protección de datos: Comentarios a la Ley Orgánica de Protección de Datos y Garantía de Derechos Digitales (en relación con el RGPD)*, Sepín, Madrid, pp. 186-190.
- Friedman, B. y Nissenbaum, H. (1996), «Bias in computer systems», *ACM Transactions on information systems (TOIS)*, vol. 14, n.o 3, ACM New York, NY, USA, pp. 330-347.
- García Herrero, J. (2019), «Tratamiento de datos en actividades electorales (Disposición final tercera)», en José López Calvo (ed.) *La adaptación al nuevo marco de protección de datos tras el RGPD y la LOPDGDD*, Wolters Kluwer, Madrid.
- García Mahamut, R. (2023), «Elecciones, protección de datos y transparencia en la publicidad política. La apuesta normativa de la

glamentos (CE) nº 300/2008, (UE) nº 167/2013, (UE) nº 168/2013, (UE) 2018/858, (UE) 2018/1139 y (UE) 2019/2144 y las Directivas 2014/90/UE, (UE) 2016/797 y (UE) 2020/1828 (Reglamento de Inteligencia Artificial).

UE y sus efectos en el ordenamiento español», *Revista Española de la Transparencia*, pp. 75-105.

- GARCÍA MEXÍA, P. (2016), «La singular naturaleza jurídica del Reglamento General de Protección de Datos de la UE. Sus efectos en el acervo nacional sobre protección de datos», en José Luis Piñar Mañas, María Álvarez Caro, Miguel Recio Gayo (eds.) *Reglamento General de Protección de Datos. Hacia un nuevo modelo europeo de privacidad*, Reus, Madrid, pp. 23-34.
- GUDÍN RODRÍGUEZ-MAGARIÑOS, F. (2018), *Nuevo Reglamento Europeo de Protección de Datos versus Big Data*, Tirant Lo Blanch, Valencia.
- HERNÁNDEZ LLINÁS, L. (2023), *Constitución y segregación escolar en los Estados Unidos*, Aranzadi Thomson Reuters, Pamplona.
- JOVE VILLARES, D. (2021), «La inconstitucional habilitación a los partidos políticos para recabar datos sobre opiniones políticas. Comentario a la STC 76/2019, de 22 de mayo», Revista Española de Derecho Constitucional, n.º 121, pp. 303-331.
- JOVE VILLARES, D. (2023), *La protección de lo sensible, o cuando la naturaleza del dato no lo es todo*, Tirant lo Blanch, Valencia.
- KOTSCHY, W. (2020), «Article 30. Records of proccessing activities», en Christopher Kuner, Lee A. Bygrave, Christopher Docksey (eds.) T*he EU General Data Protection Regulation (GDPR). A Commentary*, Oxford University Press, Oxford, pp. 616-624.
- MEDINA GUERRERO, M. (2019), «Categorías especiales de datos», en Artemi Rallo Lombarte (ed.) *Tratado de Protección de Datos. Actualizado con la Ley Orgánica 3/2018, de 5 de diciembre, de protección de datos personales y garantía de los derechos digitales*, Tirant Lo Blanch, Valencia, pp. 251-273.
- MIRALLES LÓPEZ, R. M. (2021), «La evaluación de impacto relativa a la protección de datos (Comentario al artículo 35 RGPD)», en Antonio Troncoso Reigada (ed.) *Comentario al Reglamento General de Protección de Datos y a la Ley Orgánica de Protección de Datos personales y Garantía de los Derechos Digitales. Vol. 1*, Civitas Thomson Reuters, Cizur Menor (Navarra), pp. 2137-2162.
- NICOLÁS JIMÉNEZ, P. (2021), «Garantías y excepciones aplicables al tratamiento con fines de investigación biomédica. Reglamento General de Protección de Datos: un nuevo marco normativo para el tratamiento de datos personales con fines de investigación biomédica…», en Antonio Troncoso Reigada (ed.) *Comentario al Reglamento General de Protección de Datos y a la Ley Orgánica de Protección de Datos personales y Garantía de los Derechos Digitales. Vol. 2*, Civitas Thomson Reuters, Cizur Menor (Navarra), pp. 3395-3427.

- Nicolás Jiménez, P. (2019), «Los derechos sobre los datos utilizados con fines de investigación biomédica ante los nuevos escenarios tecnológicos y científicos», *Revista de Derecho y Genoma Humano. Genética, Biotecnología y Medicina Avanzada,* n.º Extraordinario 2019, 2019.
- Rey Martínez, F. (2019), *Derecho Antidiscriminatorio,* Thomson Reuters-Aranzadi, Cizur Menor (Navarra).
- Rodríguez Ayuso, J. F. (2020), «Integridad, disponibilidad y confidencialidad de la información», en Juan Francisco Rodríguez Ayuso, Elena Atienza Macías (eds.) *Retos jurídicos ante la crisis del COVID-19,* Wolters Kluwer, Madrid, pp. 621-644.
- Sancho Villa, D. (2021), «Las decisiones individuales automatizadas, incluida la elaboración de perfiles (Comentario al artículo 22 RGPD)», en Antonio Troncoso Reigada (ed.) *Comentario al Reglamento General de Protección de Datos y a la Ley Orgánica de Protección de Datos personales y Garantía de los Derechos Digitales. Vol. 1,* Civitas Thomson Reuters, Cizur Menor (Navarra), pp. 1725-1745.
- Troncoso Reigada, A. (2021), «Las categorías especiales de datos personales y los tratamientos de datos de salud (Comentario al artículo 9 RGPD y a la Disposición adicional decimoséptima de la LOPDGDD)», en Antonio Troncoso Reigada (ed.) *Comentario al Reglamento General de Protección de Datos y a la Ley Orgánica de Protección de Datos personales y Garantía de los Derechos Digitales. Vol. 2,* Civitas Thomson Reuters, Cizur Menor (Navarra), pp. 4623-4727.
- Troncoso Reigada, A. (2021), «Los principios relativos al tratamiento (Comentario al artículo 5 RGPD y al artículo 4 LOPDGDD)», en Antonio Troncoso Reigada (ed.) *Comentario al Reglamento General de Protección de Datos y a la Ley Orgánica de Protección de Datos personales y Garantía de los Derechos Digitales. Volumen 1,* Civitas Thomson Reuters, Cizur Menor (Navarra), pp. 847-907.
- Wesson, P.; Hswen, Y.; Valdés, G.; Stojanovski, K. y Handley, M. A. (2022), «Risks and Opportunities to Ensure Equity in the Application of Big Data Research in Public Health», *Annual Review of Public Health,* vol. 43, n.o 1, pp. 59-78.

Capítulo 5
Artículo 22 del RGPD y tratamiento automatizado de datos

VITULIA IVONE
Università degli Studi di Salerno

I. INTRODUCCIÓN

Los cambios impuestos por la innovación tecnológica han generado un nivel de recopilación y procesamiento de datos sin precedentes, destinado a sufrir una mayor expansión con las nuevas aplicaciones del Internet de las cosas, la robótica, la realidad aumentada[1].

---

1 El tema recibe mucha atención por parte de la dottrina: S. Rodotà, *Il mondo nella rete. Quali i diritti, quali i vincoli*, Laterza, 2014, p. 27

El desarrollo de tecnologías representa el requisito indispensable para que las empresas puedan competir en la dimensión global de los mercados y puedan mejorar las condiciones de vida de las personas en todos los rincones del planeta. Pero el incesante avance de estos cambios pone en entredicho muchos paradigmas establecidos del derecho y muchas prácticas políticas, suscitando interrogantes ineludibles sobre la extraordinaria intrusión en la vida de todos – una vigilancia real – con importantes efectos sobre el comportamiento individual y colectivo, sobre los mismos caracteres de nuestras democracias.

---

ss.; P. Pacileo, *Profilazione e diritto di opposizione*, en *La nuova disciplina europea della privacy*, a cura di Sica, D'Antonio, Riccio, Padova, 2016, p. 177 ss.; G. Finocchiaro, *Il contratto nell'era dell'intelligenza artificiale*, en *Riv. Trim. Dir. e Proc. Civ.*, 2018, p. 441 ss.; E. Pellecchia, *Profilazione e decisione automatizzate al tempo della* black box society: *qualità dei dati e leggibilità dell'algoritmo nella cornice della responsible research and innovation*, en *Leggi Civ. Comm.*, 2018, p. 1209 ss.; G. Alpa, *La «proprietà» dei dati personali*, en *Persona e mercato dei dati. Riflessioni sul GDPR*, a cura di Zorzi Galgano, Milano, 2019, p. 17; A. Benedetti, *Gli scambi attraverso algoritmi e il problema del linguaggio: appunti minimi*, en *Analisi giur. dell'econ.*, 2019, p. 153 ss.; R. Messinetti, *La tutela della persona umana* versus *l'intelligenza artificiale. Potere decisionale dell'apparato tecnologico e diritto alla spiegazione della decisione automatizzata*, en *Contr. e Impr.*, 2019, p. 861; E. Falletti, *Decisioni automatizzate e diritto alla spiegazione: alcune riflessioni comparatistiche*, en *Dir. Inf.*, 2020, p. 169 ss.; G. Finocchiaro, *Riflessioni sugli* smart contract *e sull'intelligenza artificiale*, en *Giustciv.com*, 2020, 11-2020, p. 1-4; G. Resta, *I dati personali oggetto del contratto*, en *La circolazione dei dati. Titolarità, strumenti negoziali, diritti e tutele*, a cura di Gambino e Stazi, Roma, 2020, p. 55 ss.; V. Ricciuto, *Il contratto ed i nuovi fenomeni patrimoniali: il caso della circolazione dei dati personali*, en *Riv. dir. civ.*, 2020, p. 642 ss.; A. Benedetti, *Contratto, algoritmi e diritto civile transnazionale: cinque questioni e due scenari*, en *Riv. Dir. Civ.*, 2021, p. 411 ss.; M. Maugeri, *Smart contracts e disciplina dei contratti*, Bologna, 2021; G. Proietti, *Algoritmi e interesse del titolare del trattamento nella circolazione dei dati personali*, en *Contr. e impr*, 3, 2022; M. Sciacca, *Algocrazia e sistema democratico. Alla ricerca di una mite soluzione antropocentrica*, en *Contr. e impr.*, 4, 2022.

Por ello, la protección de datos debe asumir un papel protagonista en la vigilancia de la dimensión digital y el mantenimiento del respeto a los derechos de las personas, sin ser un freno al desarrollo de la sociedad.

Las reformas del marco legal europeo suponen un importante punto de inflexión para definir un contexto homogéneo proyectado hacia las necesidades futuras y, sobre todo, para preservar la confianza de los usuarios en el espacio digital y en su potencial.

La atención al *Big Data* no concierne solo a las implicaciones científicas y técnicas o los efectos impactantes de las innovaciones en la economía: el tema de los datos personales también puede tener un potencial discriminatorio derivado de su uso, incluso con respecto a los datos no identificativos o agregados.

En este contexto, encaja el sistema de protección del RGPD y el Código de Privacidad, cuyo objetivo es proteger la identidad personal de los «interesados» tratando de prevenir los riesgos asociados al tratamiento indiscriminado e ilícito de datos personales.

Como es sabido, la necesidad de dictar un Reglamento Europeo (sobre protección de datos personales) surge de la continua evolución de los mismos conceptos de privacidad y protección de datos personales y por tanto de la relativa protección debida principalmente a la difusión del progreso tecnológico.

Originalmente, la Directiva 95/46/CE, la piedra angular de la legislación de protección de datos existente en la UE, se adoptó en 1995 con dos objetivos: salvaguardar el derecho fundamental a la protección de datos y garantizar la libre circulación de datos personales entre los Estados miembros.

Posteriormente, los apremiantes desarrollos tecnológicos han ampliado las fronteras de la protección de datos personales: el alcance de la recopilación y el intercambio de datos ha aumentado drásticamente y afecta a la identidad de las personas[2].

La tecnología actual permite a las empresas privadas, así como a las autoridades públicas, utilizar datos personales, como nunca antes, en el desempeño de sus actividades y, cada vez con más frecuencia, los propios particulares hacen pública la información personal que les concierne en la red global.

Por tanto, las nuevas tecnologías no solo han transformado la economía, sino también las relaciones sociales en las que surge la necesidad de asegurar la protección de los datos que el usuario transfiere a diario y entender estos datos, a quién se transfieren y con qué fines.

---

2 F. Bravo, *L'«architettura» del trattamento e la sicurezza dei dati e dei sistemi*, en *I dati personali nel diritto europeo*, a cura di Cuffaro, D'Orazio e Ricciuto, Torino, 2019, p. 776 ss. A. Morace Pinelli, *La circolazione dei dati personali tra tutela della persona, contratto e mercato*, en *La nuova giur.civ. comm.*, 6, 2022, p. 1322. El autor aclara que «Los datos personales son objeto de un derecho humano fundamental, pero también constituyen un recurso económico y de poder. Ellos, como bienes valiosos, son negociables y deben poder circular libremente, para el mejor desarrollo del mercado, como indica contundentemente el legislador europeo y nacional. La circulación de datos sólo puede realizarse a través del instrumento contractual, en el que el consentimiento, al mismo tiempo, concluye el acuerdo para el intercambio de datos personales y autoriza su procesamiento. Si, por tanto, en lo que respecta al tratamiento de datos personales, los valores que persigue la ley son múltiples (la protección de la persona y la libre circulación de datos), la protección debe ser igualmente articulada, que no puede limitarse al concepto tradicional de privacidad, pero debe extenderse a las protecciones contractuales, en particular las del derecho del consumidor, a favor del sujeto que proporciona datos a grandes plataformas web a cambio de servicios digitales. Esto da como resultado una protección multinivel del interesado-consumidor, como persona (legislación de privacidad) y como parte débil en la operación económica (legislación de consumo), lo que enriquece la protección de las personas físicas».

Por todo ello, el legislador europeo ha elaborado el detallado Reglamento General para la protección de datos que aborda y renueva, de forma orgánica, la cuestión de la protección de la privacidad y la protección de datos personales. El Reglamento entró en vigor en 2016, adoptado por el Parlamento Europeo y el Consejo, y tiene por objeto la protección de las personas físicas en lo que respecta al tratamiento de datos personales y a la libre circulación de dichos datos dentro de la Unión Europea.

II. LA PROTECCIÓN DE LA PRIVACIDAD ANTE EL RGPD

El tema de la «privacidad» normalmente se refiere al derecho fundamental, reconocido a cada individuo, de controlar el uso y la circulación de sus datos personales.

Con el paso de los años, la circulación de datos personales ha adquirido un papel central y una importancia no sólo a nivel social, sino también desde el punto de vista económico, tanto para los Estados como para los particulares.

De hecho, se asiste a la transición de una concepción original de la privacidad, que se remonta a finales del siglo XIX, entendida como el «derecho a ser dejado en paz», a la moderna del derecho a la autodeterminación informativa, según la cual cada persona debe, o al menos debería, poder controlar el flujo de información que le concierne, directa o indirectamente[3].

---

[3] En el lenguaje jurídico anglosajón el concepto de privacidad adquiere significados polivalentes: se expresa como el derecho a la vida privada y, parafraseando la frase *right to be alone*, a la defensa de un espacio de intimidad; pero también como derecho a la intimidad o como facultad de controlar datos relativos a la propia persona. Al enfoque tradicional del concepto de privacidad se ha añadido una nueva dimensión de protección, como derecho a la intimidad de la vida privada, estrictamente

Paralelamente a los flujos masivos de datos personales, ha surgido, por tanto, cada vez con mayor intensidad la necesidad de reconocer un valor igualmente fuerte en los derechos de las personas físicas implicadas: el derecho de cada persona física a exigir que sus datos personales sean tratados de conformidad con sus derechos fundamentales y que se le asegure el acceso a una serie de derechos funcionales para un tratamiento de datos seguro y garantizado.

---

relacionada con los abusos en la recopilación y el uso de información personal a través de las llamadas «bases de datos», que –a partir de los años sesenta del siglo pasado– encontraron una amplia difusión en los Estados Unidos. Las nuevas técnicas de tratamiento de datos personales, la introducción y la difusión cada vez más generalizada de herramientas informáticas, el progreso tecnológico continuo e imparable han determinado, de hecho, el declive de una protección esencialmente individualista y estática, que tomaba la forma de un mero poder legal para mantener la propia vida libre de intromisiones ajenas, en favor de una protección de tipo dinámico, que permite al titular del derecho ejercer el control sobre la circulación de sus datos, incluso cuando estén a disposición de otros (A. Benedetto, *Privacy: il rischio dell'abuso del diritto*, en *Corr. giur.* 2011, p. 956 ss.; V. Frosini, *Il diritto all'oblio e la libertà informatica*, en *Il diritto dell'informazione e dell'informatica*, 2012, p. 911 ss.) Como es sabido, las acepciones antes mencionadas del derecho a la intimidad son resultado de una considerable elaboración doctrinal y jurisprudencial, amplificada en el ordenamiento jurídico italiano por la falta -durante un período de tiempo apreciable- de un real sustento normativo. La primera codificación orgánica de las normas de privacidad se debe de hecho al Decreto Legislativo núm. 196/2003, dictada en transposición de la directiva comunitaria 95/46/CE. El reconocimiento normativo de la privacidad y su elevación a derecho humano fundamental de conformidad con el art. 2 de la Constitución han planteado el problema, bien conocido por los constitucionalistas, de su posible compresión en caso de conflicto con otros derechos fundamentales. En particular, surgen cuestiones críticas cuando el derecho a la privacidad entra en conflicto con bienes jurídicos primarios, como el derecho a la defensa conforme al art. 24 de la Constitución y la buena conducta de la justicia a que se refiere el art. 111 Constitución.

La importancia de ofrecer una protección válida de la privacidad se refleja en las numerosas y complejas fuentes regulatorias, tanto nacionales como de la UE, que son objeto de continuo desarrollo e integración, en particular a la luz del incesante progreso tecnológico y las importantes consecuencias que tiene en las formas de protección de este derecho.

A nivel comunitario, el valor que ha adquirido actualmente el derecho a la protección de datos se desprende claramente, en primer lugar, de dos de las normas fundamentales de la Unión Europea, el Tratado de Funcionamiento de la UE (art. 16) y la Carta de Derechos fundamentales de la UE (art. 8), que establecen que «*Toda persona tiene derecho a la protección de los datos de carácter personal que le conciernan*».

El proceso de «constitucionalización» del derecho a la propia identidad, incluido el tratamiento de datos personales, no se ha limitado a las legislaciones nacionales individuales: en el Convenio Europeo de Derechos Humanos se menciona expresamente en el art. 8, en el marco del derecho al respeto a la vida privada y familiar, y también se puede encontrar una regulación específica del tratamiento de datos en el Convenio del Consejo de Europa de 28 de enero de 1981, relativo a «la protección de las personas con respecto al tratamiento automatizado de datos de carácter personal» (arts. II-67 y II-68).

De nuevo, habla de privacidad como derecho identitario el art. 17 del Pacto Internacional de Derechos Civiles y Políticos. Sin embargo, el Tribunal de Estrasburgo ha adoptado una interpretación extensiva del término «vida privada» con arreglo al art. 8 CEDH, considerando en diversas sentencias la aplicabilidad de las garantías pertinentes también respecto de las hipótesis de recogida y conservación de datos personales, consagrando así, también a nivel europeo, el derecho a la autodeterminación informativa[4].

---

4 Tribunal Europeo de Derechos Humanos CASO CRAXI c. ITALIA (n.1) sentencia de 17 de julio de 2003: Recurso de apelación n°

Hasta ahora ha desempeñado un papel central el Decreto Legislativo del 30 de junio de 2003, n. 196 (Código relativo a la protección de datos personales o, simplemente, Código de Privacidad), con el que se consagró el derecho a la protección de datos personales por la legislación nacional. El Código se preocupaba por ofrecer una protección completa, en la medida de lo posible, y por ello presenta una estructura normativa muy compleja, acompañada de diversos anexos (entre ellos las Especificaciones Técnicas relativas a las medidas mínimas de seguridad), y además integrada por las disposiciones contenidas en los códigos éticos. y buena conducta, de los fallos y opiniones del Garante.

Por otra parte, la verdadera protección de los datos personales, a pesar de encontrar una guía segura en el Código de Privacidad y en las sentencias del Garante, siempre ha requerido especial cautela en la práctica, ya que los casos que acaban entrando dentro de su campo de aplicación son numerosos y la protección del derecho a la privacidad siempre debe equilibrarse con la protección reservada a otros derechos. En consecuencia, para tener una aplicación concreta de la disciplina en cuestión y, por tanto, una protección efectiva del derecho a la privacidad, es fundamental hacer una estrecha referencia al caso concreto a proteger.

III. LOS FUNDAMENTOS DEL REGLAMENTO

En el espíritu general del Reglamento europeo, el derecho a la protección de datos personales ha adquirido un significado

---

25337/94. Violación del artículo 8 (derecho al respeto de la vida privada) del Convenio, ya que el Estado italiano no garantizó la custodia de los registros de las conversaciones telefónicas interceptadas, ni llevó a cabo posteriormente una investigación efectiva sobre la forma en que se hicieron públicas estas comunicaciones privadas y porque las autoridades italianas no respetaron los procedimientos legales antes de leer las actas de las conversaciones telefónicas interceptadas.

aún más profundo: el RGPD fue creado con el objetivo de facilitar y hacer más segura la circulación de datos, enfatizando y colocando la protección de los derechos de los interesados que intervienen en actividades de tratamiento de datos personales.

De hecho, el Reglamento se basa en la idea de que el tratamiento de datos debe estar concebido «para servir a la humanidad» (como se indica en el considerando 4) con vistas a una protección global. De este supuesto se deduce que el derecho a la protección de datos no es un derecho absoluto, sino un derecho que se reconoce por su función social y debe, por tanto, equilibrarse con los demás derechos humanos fundamentales relevantes y prevalecientes de vez en cuando, como, por ejemplo, el derecho a la libertad de expresión o el derecho al respeto de la vida privada y familiar.

El Garante de privacidad italiano[5], en una de las primeras intervenciones explicativas sobre el RGPD, afirmó que «la protección de datos es un derecho de libertad», reconocido y garantizado por la ley. Esta definición implica que el derecho a la protección de datos personales se califica oficialmente, a nivel nacional y europeo, como un derecho civil, de carácter no pecuniario, que pertenece a todos los individuos, y que se encuentra entre los derechos históricamente definidos como «libertades negativas», ya que para su goce efectivo requieren necesariamente la abstención por parte del Estado y de otros particulares.

Así sucede, por ejemplo, con el derecho a la libertad personal: este derecho fundamental sólo puede realizarse plenamente donde y mientras otros sujetos no interfieran, reduciendo o comprometiendo su explicación, y actúen con respeto por la libertad personal de los demás.

---

5 El Garante para la Protección de Datos Personales (GPDP), también conocido como Garante de Privacidad, es una autoridad administrativa italiana independiente establecida por la Ley del 31 de diciembre de 1996, n. 675, para garantizar la protección de los derechos y libertades fundamentales y el respeto a la dignidad en el tratamiento de datos personales.

El mismo razonamiento debe, por tanto, aplicarse también respecto del derecho a la protección de datos personales: es necesario abstenerse de comportamientos que perjudiquen o impidan el correcto ejercicio del derecho a la intimidad y, si se producen, situaciones particulares de «intromisión».

El *General Data Protection Regulation* es un reglamento europeo, es decir, un acto legislativo europeo de alcance general, cuyas disposiciones son plenamente obligatorias y automáticamente vinculantes, tanto para las autoridades públicas como para los ciudadanos individuales, en todos los Estados miembros desde su entrada en vigor (según lo previsto en el art. 288, apartado 2, del Tratado de Funcionamiento de la UE).

El reglamento es un acto general porque no está dirigido a sujetos específicamente identificados, sino a categorías abstractas de destinatarios y tiene efectos directos porque no requiere la intervención de los legisladores nacionales para su implementación.

Además, la normativa de la Unión Europea prevalece sobre cualesquiera leyes de los Estados miembros que sean incompatibles o entren en conflicto con ella, en virtud del principio de primacía (o preeminencia) del derecho europeo sobre el derecho nacional[6].

Mientras tanto, el impulso para la introducción del RGPD surgió de la necesidad de proceder a una actualización de la normativa existente (a la luz, en primer lugar, de los profundos cambios tecnológicos e informáticos que se han producido en los últimos años a un ritmo incesante) y, además, del deseo de crear un contexto homogéneo en el que los datos personales puedan

---

6 Este reglamento, junto con la Directiva UE 2016/680 sobre el tratamiento de datos personales en los sectores de prevención, lucha y represión de delitos, forma parte de la denominada «Protección de datos package», creada con el objetivo de definir un nuevo marco común dentro del territorio europeo en materia de protección de datos personales y promover la circulación segura de los datos personales.

circular libremente, pero con altas garantías de protección de los derechos de los ciudadanos.

El Reglamento deroga la anterior Directiva 95/46/CE sobre protección de datos personales, que hasta la fecha ha representado el texto de referencia en materia de privacidad, dando el impulso fundamental para el desarrollo del marco regulatorio nacional en el sector. De hecho, la directiva introdujo por primera vez en Europa una regulación orgánica, estableciendo una serie de principios y reglas que deben respetarse para proceder al procesamiento, recopilación y uso de datos personales y exigiendo, entre otras cosas, el establecimiento de organismos nacionales independientes para la protección de estos derechos (lo que dio lugar a la creación de la Autoridad Garante para la protección de datos personales).

Esta legislación, sin embargo, aunque de fundamental importancia por haber sentado las bases de la actual protección de la privacidad, se insertó en un contexto de referencia que ha cambiado completamente a lo largo de los años: basta pensar que el uso de Internet en ese momento era absolutamente marginal y que se ignoraron los problemas relacionados con las redes sociales o los sistemas de vigilancia electrónica.

Otro aspecto que resultó ser limitante es que la Directiva 95/46/CE dejó la cuestión de la disciplina legislativa interna en manos de cada Estado, confiriéndoles amplios márgenes de adaptación y derogación, especialmente en sectores concretos. En consecuencia, aunque el objetivo subyacente de la directiva era crear una regulación orgánica y armoniosa, en realidad se originó un marco regulatorio complejo y heterogéneo entre los Estados miembros, que introdujo disposiciones a veces profundamente diferentes entre sí.

Por lo tanto, para garantizar un nivel adecuado de protección y fomentar la libre circulación de datos en el territorio europeo, la Unión Europea ha considerado necesario intervenir con un reglamento (un acto, de hecho, directamente vinculante para todas las entidades europeas, públicas y privadas, y, por tanto, más estricto que el instrumento directivo utilizado anteriormente) introduciendo una disposición que pueda garantizar seguridad, transparencia y uniformidad en los tratamientos y responsabilidades.

El RGPD entró oficialmente en vigor el 24 de mayo de 2016, pero no fue directamente aplicable en todos los países de la UE hasta el 25 de mayo de 2018.

Este retraso se estableció específicamente para que los Estados miembros estuviesen en condiciones de garantizar la alineación entre su legislación nacional en materia de protección de datos y las disposiciones del Reglamento, precisamente debido a las profundas asimetrías que se han creado con el tiempo entre las distintas disciplinas.

Esto se debe también a que el panorama se complica aún más por el hecho de que el nuevo reglamento, por un lado, no deroga directamente las decisiones de la Comisión ni las autorizaciones de las autoridades nacionales basadas en la Directiva comunitaria 95/46 y, por otra parte, conlleva un carácter derogatorio implícito de las disposiciones nacionales sólo cuando sean incompatibles o entren en conflicto con la nueva normativa y no su cancelación automática.

IV. PRINCIPIOS EN TEMA DE PROTECCIÓN DE DATOS

Uno de los primeros elementos a aclarar a la hora de abordar el RGPD es su ámbito material de aplicación. De hecho, no es posible aplicar sus disposiciones si no se establece a qué datos se refiere y en qué casos debe aplicarse el Reglamento[7].

---

7 *La nuova disciplina europea della privacy*, a cura di Sica, D'Antonio, Riccio, Padova, 2016, p. 1 ss.

En primer lugar, cabe señalar que el concepto de dato personal previsto por el Reglamento no difiere, en principio, del que ya figuraba en el Código de Privacidad italiano, según el cual, de conformidad con el art. 4, apartado 1, letra b), por datos personales se entendía «cualquier información relativa a una persona física, identificada o identificable, incluso indirectamente, por referencia a cualquier otra información, incluido un número de identificación personal».

De hecho, el RGPD define datos personales como «*toda información sobre una persona física identificada o identificable ("el interesado")*», con la aclaración adicional de que una persona física identificable es aquella «*cuya identidad pueda determinarse, directa o indirectamente, en particular mediante un identificador, como por ejemplo un nombre, un número de identificación, datos de localización, un identificador en línea o uno o varios elementos propios de la identidad física, fisiológica, genética, psíquica, económica, cultural o social*» (art. 4, párr. 1, RGPD).

Leyendo la definición de datos personales se desprende claramente que la protección que ofrece el RGPD se dirige exclusivamente a las personas físicas, independientemente de su nacionalidad o lugar de residencia, y no a las personas jurídicas (en línea, además, con lo ya previsto por el Código de Privacidad).

Un segundo elemento de fundamental importancia es la determinación de los tipos de actividades pertinentes con arreglo a la nueva legislación: la disciplina introducida por el Reglamento debe aplicarse a los casos de tratamiento total o parcialmente automatizado de datos personales, así como a los tratamientos manuales que impliquen datos personales, datos contenidos o destinados a ser incluidos en ficheros.

Cabe subrayar que, al abordar la normativa, uno de los objetivos básicos perseguido por el legislador europeo al delimitar los límites de aplicación del RGPD fue crear una estructura jurídica estable capaz de afrontar y superar los posibles (y probables) intentos para eludir las nuevas normas introducidas. Y, como punto de partida para lograr este resultado, se ha intentado dar a la protección de datos personales un enfoque neutral, especialmente desde un punto de vista tecnológico, en constante evolución y difícil de controlar[8].

También a la luz de la experiencia pasada y de las graves limitaciones que la legislación anterior había puesto de relieve desde este punto de vista, se ha considerado esencial garantizar que las disposiciones del Reglamento no dependan ni se limiten en su aplicación a las especificaciones técnicas utilizadas para operaciones de tratamiento de datos personales.

Respecto al ámbito reseñado anteriormente, también cabe destacar que el RGPD introduce algunas excepciones, excluyendo expresamente de su ámbito una serie de tratamientos y, en particular, los realizados para actividades que no entran en el ámbito de aplicación del derecho europeo; en el ejercicio de actividades relativas a la política exterior y seguridad común de la UE[9]; por las autoridades públicas competentes, con fines de prevención, investigación, persecución de delitos y ejecución de sanciones penales (incluidas medidas de salvaguardia para la seguridad pública), para salvaguardar la independencia del poder judicial y evitar injerencias de las autoridades de control en casos especialmente delicados; en el contexto de actividades de carácter exclusivamente personal y doméstico por parte de personas físicas, sin conexión con actividades comerciales o profesionales: es decir, actividades de correspondencia o creación de direcciones para

---

8 S. Rodotà, *Tecnologie e diritti*, Bologna, 1995; S. Niger, *Le nuove dimensioni della privacy: dal diritto alla riservatezza alla protezione dei dati personali*, Padova, 2006; D. Vanni, *Protezione dei dati personali (dir. civ.)*, en *Dig. disc. civ.*, agg., vol. VIII, Milano, 2013, p. 535 ss.; B. Van der Sloot, *Legal Fundamentalism: Is Data Protection really a Fundamental right?*, en R. Leenes, R. Van Brakel, S. Gutwirth-P. De Hert, (a cura di), *Data Protection and Privacy: (In)visibilities and Infrastructures*, Cham, 2017, p. 22 ss.

9 Reguladas específicamente por el Título V, Capítulo 2, del Tratado de la Unión Europea – TUE.

uso personal, pero también el uso de redes sociales y actividades similares en línea, siempre con fines personales.

Respecto al gran número de sujetos destinatarios de la nueva regulación europea, el RGPD amplía el ámbito territorial de aplicación de la legislación (frente a lo previsto por el Código de Privacidad) y establece, en primer lugar, que están obligados a respetar y aplicar sus disposiciones los sujetos establecidos en territorio europeo, con independencia de que las actividades de tratamiento de datos personales correspondientes se realicen luego dentro de la Unión Europea.

Las normas establecidas por el RGPD deben ser respetadas por los responsables y encargados del tratamiento que operen fuera de Europa en el caso de que los datos tratados por ellos se refieran a sujetos ubicados dentro de la Unión y cuando «las actividades de tratamiento estén relacionadas con: a) la oferta de bienes o servicios a dichos interesados en la Unión, independientemente de si a estos se les requiere su pago, o b) el control de su comportamiento, en la medida en que dicho comportamiento tenga lugar dentro de la Unión» (art. 3.2 RGPD).

En lo que respecta a las actividades mencionadas en el primer punto, para evaluar la pertinencia de las normas del RGPD será necesario verificar si el responsable del tratamiento tiene la intención de prestar sus servicios a interesados residentes en al menos uno de los Estados miembros de la Unión Europea.

Sin embargo, en lo que se refiere al control del comportamiento, es necesario verificar si las personas a las que se refieren los datos personales tratados son rastreadas en Internet, por ejemplo, mediante actividades de elaboración de perfiles destinadas a analizar sus preferencias y comportamiento.

De este modo, el RGPD amplía los límites de aplicación de la legislación en comparación con lo previsto en el Código de Privacidad.

El artículo 5 del RGPD establece los principios aplicables al tratamiento de datos personales[10].

La norma dispone que el tratamiento de los datos personales ha de ajustarse a las siguientes características: licitud, lealtad, transparencia, exactitud, integridad y confidencialidad.

Su recogida debe estar inspirada en «*fines determinados, explícitos y legítimos*» y su tratamiento posterior no debe desviarse de los fines a los que se dirigió la investigación; la conservación de dichos datos deberá realizarse «*de forma que se permita la identificación de los interesados durante no más tiempo del necesario*» para la consecución de los fines para los que son tratados y deberá rea-

---

[10] *Art. 5 RGPD. Principios aplicables al tratamiento de datos personales. 1. Los datos personales serán: a) tratados de manera lícita, leal y transparente en relación con el interesado («licitud, lealtad y transparencia»); b) recogidos con fines determinados, explícitos y legítimos, y no serán tratados ulteriormente de manera incompatible con dichos fines; de acuerdo con el artículo 89, apartado 1, el tratamiento ulterior de los datos personales con fines de archivo en interés público, fines de investigación científica e histórica o fines estadísticos no se considerará incompatible con los fines iniciales («limitación de la finalidad»); c) adecuados, pertinentes y limitados a lo necesario en relación con los fines para los que son tratados («minimización de datos»); d) exactos y, si fuera necesario, actualizados; se adoptarán todas las medidas razonables para que se supriman o rectifiquen sin dilación los datos personales que sean inexactos con respecto a los fines para los que se tratan («exactitud»); e) mantenidos de forma que se permita la identificación de los interesados durante no más tiempo del necesario para los fines del tratamiento de los datos personales; los datos personales podrán conservarse durante períodos más largos siempre que se traten exclusivamente con fines de archivo en interés público, fines de investigación científica o histórica o fines estadísticos, de conformidad con el artículo 89, apartado 1, sin perjuicio de la aplicación de las medidas técnicas y organizativas apropiadas que impone el presente Reglamento a fin de proteger los derechos y libertades del interesado («limitación del plazo de conservación»); f) tratados de tal manera que se garantice una seguridad adecuada de los datos personales, incluida la protección contra el tratamiento no autorizado o ilícito y contra su pérdida, destrucción o daño accidental, mediante la aplicación de medidas técnicas u organizativas apropiadas («integridad y confidencialidad»).*

lizarse de forma «*que garantice una seguridad adecuada de los datos personales, incluida la protección contra el tratamiento no autorizado o ilícito y contra su pérdida, destrucción o daño accidental, mediante la aplicación de medidas técnicas u organizativas apropiadas*».

1. El principio de legalidad

Los datos personales deben, ante todo, ser tratados de forma legal[11].

El art. 6 del RGPD sigue en gran medida la disciplina ya introducida en el sistema italiano por el Código de Privacidad y establece que el tratamiento de datos personales se realiza lícitamente sólo cuando se cumple al menos una de las condiciones expresamente previstas en el mismo artículo[12].

---

11 D. Messinetti, *Circolazione dei dati personali e dispositivi di regolazione dei poteri individuali*, en *Riv. Crit. Dir. Priv.*, 3, 1998; G. Resta, *Revoca del consenso ed interesse al trattamento nella legge sulla protezione dei dati personali*, en *Riv. Crit. Dir. Priv.*, 2, 2000; S. Sica, *Il consenso al trattamento dei dati personali: metodi e modelli di qualificazione giuridica*, en *Riv. Dir. Civ.*, 6, 2001, p. 21 e ss.

12 El art. 6.1.f) del Reglamento UE 2016/679 establece: «*El tratamiento sólo será lícito ssi cumple al menos una de las siguientes condiciones: (...) f) el tratamiento es necesario para la satisfacción de intereses legítimos perseguidos por el responsable del tratamiento o por un tercero, siempre que sobre dichos intereses no prevalezcan los intereses o los derechos y libertades fundamentales del interesado que requieran la protección de datos personales, en particular cuando el interesado sea un niño*». El Tribunal de Justicia ha intervenido en varias ocasiones en la interpretación de esta norma, incluso recientemente con la sentencia de 4 de julio de 2023, asunto C-252/21, Meta, espec. par. 105 y ss. Para una revisión de la jurisprudencia, puede consultarse C. Angiolini, *Impact of the Charter on the assesment of the legitimacy of data processing*, en Paola Iamiceli, F. Cafaggi, C. Angiolini (a cura di) *Casebook Effective Data Protection and Fundamental Rights*, Roma, 2022, p. 101 ss.; G. Proietti, *Algoritmi e interesse del titolare del trattamento nella circolazione dei dati personali*, en *Contratto e Impresa*, 3, 2022, p. 890 ss.

Estas condiciones de legalidad son el consentimiento explícito del interesado al tratamiento de sus datos para finalidades específicas; el cumplimiento de obligaciones contraídas en el marco de un contrato del que el interesado es parte o en la ejecución de actividades precontractuales solicitadas por el mismo; el cumplimiento de las obligaciones impuestas por la ley al responsable; la protección de intereses esenciales para la vida del interesado o de terceros (pensemos, por ejemplo, en los casos de tratamientos con fines humanitarios o en caso de epidemias); las razones significativas de interés público relacionadas con el ejercicio de los poderes públicos; la persecución a través del tratamiento de datos personales de un interés legítimo del responsable o de un tercero que se considere que prevalece sobre los derechos y libertades fundamentales del interesado.

Cuando se habla de licitud del tratamiento, lo que entra en juego, en primer lugar, es el consentimiento que el titular debe obtener de la persona a la que se refieren los datos personales tratados: consentimiento para que sus datos personales sean recogidos y utilizados según los procedimientos, para los fines y por el plazo claramente indicados en la información.

La aplicación del Reglamento no conducirá automáticamente a la ilicitud del consentimiento previamente adquirido en virtud del Código de Privacidad: el consentimiento ya recibido seguirá siendo válido si cumple con todos los requisitos exigidos por el RGPD.

En primer lugar, el consentimiento conforme al RGPD, como ya exige el Código de Privacidad, debe ser siempre específico, libre e inequívoco: es incorrecto e implica una violación del RGPD – por lo que se prohíbe – el uso de casillas previamente marcadas en los formularios – ya sea en papel o en formato electrónico – o en una única casilla que incluya tratamientos con diferentes finalidades (por ejemplo, cumplimiento del contrato y envío de newsletters).

De hecho, el interesado debe tener la posibilidad de hacer una elección verdaderamente autónoma y poder denegar (o posiblemente revocar) el consentimiento sin sufrir consecuencias negativas.

En particular, la solicitud de consentimiento debe ser clara y fácilmente identificable y no debe confundirse con otras comunicaciones dirigidas al interesado (es decir, debe distinguirse claramente de otras solicitudes).

Además, el RGPD exige expresamente para el tratamiento de datos sensibles el consentimiento explícito del interesado, tal y como establece el art. 9 RGPD: «*Quedan prohibidos el tratamiento de datos personales que revelen el origen étnico o racial, las opiniones políticas, las convicciones religiosas o filosóficas, o la afiliación sindical y el tratamiento de datos genéticos, datos biométricos dirigidos a identificar de manera unívoca a una persona física, datos relativos a la salud o datos relativos a la vida sexual o a la orientación sexual de una persona física [salvo si] a) el interesado dio su consentimiento explícito para el tratamiento de dichos datos personales con uno o más de los fines especificados*»[13].

---

[13] El RGPD identifica algunas categorías particulares de datos personales, es decir, datos que revelan origen racial o étnico, opiniones políticas, creencias religiosas o filosóficas o afiliación sindical, así como el procesamiento de datos genéticos, datos biométricos destinados a identificar de forma única a una persona física, datos relativos a la salud o la vida sexual o la orientación sexual de la persona (art. 9 RGPD). En particular, se hace una distinción entre: «*datos genéticos*» o datos personales relativos a las características genéticas heredadas o adquiridas de una persona física que proporcionan información única sobre la fisiología o la salud de esa persona y que resultan, en particular, del análisis de una muestra biológica de la persona física en cuestión (art. 4, apartado 13 del RGPD), tales como cromosomas, ácido desoxirribonucleico (ADN) o ácido ribonucleico (ARN), o del análisis de otro elemento que permita obtener información equivalente (considerando 34 RGPD); «*datos biométricos*» o datos personales obtenidos a partir de un tratamiento técnico específico relacionado con las características físicas, fisiológicas o de comportamiento de una persona física que permiten o confirman una identificación inequívoca, como la imagen facial o los datos dactiloscópicos (art. 4, apartado 14 del RGPD); y «*datos relativos a la salud*» o datos personales relativos a la salud física o mental de una persona física, incluida la prestación de servicios sanitarios, que revelen información relativa a su estado de

Debe tenerse en cuenta que las categorías especiales de datos personales también son susceptibles de las operaciones de elaboración de perfiles, según lo dispuesto el art. 22 RGPD.

Se introduce otra novedad en relación con la edad del interesado. El art. 8 del RGPD, de hecho, especifica que el consentimiento prestado por el interesado es válido (y, en consecuencia, el tratamiento basado en él es lícito) a partir de los 16 años. Esta norma significa que, en presencia de una persona menor de 16 años, los titulares deben obtener el consentimiento para el tratamiento de los padres o tutores del menor.

Por último, el RGPD no exige que el consentimiento se dé por escrito. Sin embargo, ésta será en principio la forma más idónea y adecuada para recabar el consentimiento del interesado, no sólo cuando se exige que sea explícito (como en el caso de la elaboración de perfiles). Y ello porque, en la medida en que corresponde al responsable del tratamiento demostrar que el consentimiento se prestó de manera inequívoca y específica, tener constancia escrita del consentimiento otorgado contribuirá, sin duda, a la consecución de dicho fin.

---

salud (art. 4, apartado 15 del RGPD). Esto último incluye información sobre la persona física recopilada en el curso de su registro con el fin de recibir servicios sanitarios o la prestación relacionada mencionada en la Directiva 2011/24/UE del Parlamento Europeo y del Consejo; un número, símbolo o elemento específico atribuido a una persona física para identificarla unívocamente a efectos de salud; la información resultante de exámenes y controles realizados sobre una parte del cuerpo o una sustancia orgánica, incluidos los datos genéticos y las muestras biológicas; y cualquier información relativa, por ejemplo, a una enfermedad, una discapacidad, el riesgo de enfermedades, el historial médico, los tratamientos clínicos o el estado fisiológico o biomédico del interesado, independientemente de la fuente, como, por ejemplo, un médico u otra persona profesional sanitario, un hospital, un producto sanitario o una prueba de diagnóstico in vitro (considerando 35 RGPD).

Otra condición de licitud, que se da frecuentemente en la práctica, viene dada por el interés legítimo del responsable del tratamiento o de un tercero que prevalece sobre los derechos y libertades fundamentales del interesado (hipótesis prevista en el art. 6.1.f) RGPD). Y aquí el Reglamento introduce una innovación especialmente relevante, en línea con el enfoque general de la regulación de la responsabilidad de los responsables del tratamiento: de hecho, el equilibrio entre el interés del tercero y los derechos del interesado recae directamente sobre dicho responsable y no en la autoridad pública; en otros términos, siendo una obligación del responsable del tratamiento la de garantizar y demostrar el cumplimiento de las condiciones de legalidad establecidas por el RGPD, le compete también a él realizar los equilibrios necesarios con otros derechos, eventualmente relevantes, del interesado o de terceros y acreditar con estas bases la licitud del tratamiento realizado.

2. El principio de transparencia

El principio de transparencia está estrechamente relacionado con el de lealtad y el de responsabilidad (principios fundacionales del Reglamento) y, por tanto, el responsable del tratamiento (o, en su caso, el encargado) debe poder demostrar su cumplimiento en el contexto de las actividades de tratamiento realizadas.

De hecho, la transparencia es una herramienta indispensable para garantizar que los datos personales sean tratados respetando los derechos y libertades fundamentales de los interesados, ya que sienta las bases para permitir un conocimiento y control efectivo por parte de las personas físicas involucradas en el tratamiento.

La transparencia es una obligación transversal del RGPD que se expresa, en particular, en tres aspectos: la información facilitada a los interesados sobre el tratamiento de datos; la información que los titulares proporcionen a los interesados sobre sus derechos; y los métodos con los que se permite y facilita el ejercicio de los derechos de los interesados.

El principio de transparencia encuentra, por tanto, su principal expresión en la información que debe facilitarse a los interesados: esto significa que los responsables del tratamiento deben revisar sus políticas de privacidad de forma que su contenido proporcione toda la información necesaria para respetar y asegurar la efectividad del principio de transparencia[14]. Importancia central en el cumplimiento del RGPD asume por tanto la información hacia los interesados, en la que se debe explicar toda esta información, desde la identidad del titular hasta las finalidades del tratamiento, desde la posibilidad de acceso hasta la de recibir información directa.

Además, siempre debe garantizarse la transparencia, independientemente de los fines para los que se lleve a cabo el tratamiento, y en todas sus fases (es decir, antes de que se recojan los datos personales, durante todo el proceso de tratamiento de datos y cuando concurran circunstancias especiales, como en el caso de violación de datos). Esto significa, a nivel práctico, que toda la información relativa al tratamiento de datos realizado debe ser siempre accesible a las partes interesadas y facilitarse de forma clara y en expresiones fácilmente comprensibles para cualquier persona.

El concepto de transparencia debe entenderse en un ámbito muy amplio y debe aplicarse también a los métodos con los que se llevan a cabo las operaciones de tratamiento, a los tipos y a la cantidad de datos tratados.

Las normas fundamentales al respecto se contienen en el Capítulo III del RGPD, dedicado a los derechos de los interesados, pero la transparencia no está directamente definida por el Reglamento.

Sin embargo, se puede obtener una explicación clara de su significado en el art. 12.1 RGPD, que establece, en particular, que las comunicaciones a los interesados se realizarán (i) «*en*

---

14 Los requisitos prácticos vienen indicados, como veremos en el apartado específico, por los artículos 12, 13 y 14 del RGPD.

forma concisa, transparente, inteligible y de fácil acceso» y (ii) *«con un lenguaje claro y sencillo»*[15].

De ello se deduce que la información relativa a la privacidad debe facilitarse de forma separada de otra información no relacionada con el tratamiento de datos, y con una redacción directa, eficaz y comprensible. A tal fin, los responsables del tratamiento también podrán hacer uso de herramientas particulares de visualización (imágenes o iconos) y deberán relacionar las expresiones con el tipo medio de interesado al que van dirigidas, poniendo toda la información directamente a su disposición, sin la necesidad de realizar búsquedas o solicitudes especiales.

Para garantizar el cumplimiento de la transparencia, es imprescindible, en todo caso, que la información se proporcione de forma que el interesado pueda comprender previamente cuáles son las finalidades del tratamiento, cuál es su alcance y cuáles son las consecuencias para su persona.

El Reglamento hace hincapié en el requisito de «transparencia» también porque el interesado no puede conocer todos los aspectos de los procesos tecnológicos que subyacen a la elaboración de perfiles y no puede saber si los datos que ha facilitado serán tratados para fines específicos y si luego serán utilizados para un propósito diferente al original.

---

15 El responsable del tratamiento adoptará las medidas adecuadas para facilitar al interesado toda la información a que se refieren los artículos 13 y 14 y las comunicaciones a que se refieren los artículos 15 a 22 y el artículo 34 relativas al tratamiento de forma concisa, transparente, inteligible y fácilmente accesible, en lenguaje sencillo y claro, en particular cuando se trate de información específicamente destinada a menores de edad. La información se proporcionará por escrito o por otros medios, incluido, en su caso, los electrónicos. Si lo solicita el interesado, la información podrá facilitarse oralmente, siempre que se acredite la identidad del interesado por otros medios.

En este contexto cabe destacar la importancia del consentimiento prestado: el artículo 4, apartado 11, del RGPD establece que el consentimiento del interesado, debe ser inequívocamente libre, ya que si el interesado no hace una elección real y se siente obligado a dar su consentimiento para evitar consecuencias negativas, entonces el consentimiento no puede considerarse válido. Además, el consentimiento debe ser específico, ya que, si se utiliza para justificar múltiples tratamientos, debe otorgarse libremente para cada uno de ellos. Los interesados deben poder elegir a qué fines dan su consentimiento para el tratamiento.

Finalmente, el consentimiento debe ser informado: sin información accesible, los interesados no pueden tomar decisiones informadas y, por tanto, demostrar que han entendido exactamente el objeto de su consentimiento. En todos los casos, los interesados deben recibir información relevante sobre el uso previsto y las consecuencias del tratamiento para garantizar que el consentimiento represente una elección informada.

Con base en el art. 13 RGPD, el interesado tiene derecho a recibir toda la información de forma clara y sencilla; en particular, la existencia del derecho de acceso y el derecho a obtener detalles de todos los datos utilizados para la elaboración de perfiles, incluidos también las categorías de datos utilizados para construir el perfil. Siempre que sea posible, el responsable del tratamiento debe poder proporcionar acceso remoto a un sistema seguro que permita al interesado consultar sus datos directamente. Este derecho no debe lesionar los derechos y libertades de los demás, incluido el secreto industrial y corporativo.

V. DEBERES DEL RESPONSABLE DEL TRATAMIENTO

El RGPD perfila la figura del responsable del tratamiento en los mismos términos previstos por la Directiva 95/46/CE y el Código de Privacidad.

De hecho, como se desprende del art. 4, apartado 1, n. 7) del RGPD, el responsable del tratamiento se define como «*la persona física o jurídica, autoridad pública, servicio u otro organismo que, solo o junto con otros, determina los fines y medios del tratamiento*». Por tanto, lo que permite identificar al responsable del tratamiento es la facultad de decisión que se le atribuye sobre el tratamiento de datos personales.

En particular, como también especifica el Garante para la protección de datos personales[16], el responsable del tratamiento puede identificarse como la figura que tiene la facultad de tomar decisiones en relación con los fines del tratamiento; dar instrucciones e indicaciones; realizar funciones de control.

A continuación, la norma especifica que, en los casos en que los fines y medios del tratamiento estén determinados directamente por la legislación de la Unión o de los Estados miembros, el responsable del tratamiento o los criterios específicos aplicables para su nombramiento también pueden establecerse a nivel legislativo europeo o nacional.

Desde un punto de vista subjetivo procede precisar, como también se desprendía del art. 28 del Código de Privacidad, que en el caso de que el tratamiento de datos sea realizado por una persona jurídica, el responsable del tratamiento debe ser considerado la en-

---

16 El Garante, en la Disposición de 29 de abril de 2009, observa que «La indicación en el recibo emitido por las farmacias para la compra de medicamentos a los efectos de la detracción o deducción de gastos de salud, además del código fiscal del destinatario, también de la naturaleza, calidad y cantidad de los medicamentos adquiridos constituye, de hecho, un tratamiento sistemático de datos personales sobre la salud de los interesados, adecuado para revelar también sus patologías». En particular, el Garante observó que «Los datos adecuados para revelar el estado de salud de los interesados sólo podrán ser tratados cuando sean indispensables para el ejercicio de actividades institucionales que no puedan realizarse, caso por caso, mediante el tratamiento de datos anónimos o de datos personales de distinta naturaleza».

tidad en su conjunto, y no los sujetos individuales – personas físicas – que administran o representan a la persona jurídica en cuestión.

El art. 30, párrafo 1, del RGPD establece la obligación del responsable del tratamiento (y también de su representante, si está presente) de llevar el registro de las actividades de tratamiento realizadas bajo su responsabilidad.

Se trata de un registro que debe elaborarse por escrito, incluso en formato electrónico, y es obligatorio cuando la organización tiene más de 250 empleados. En particular, el registro del tratamiento deberá contener una serie de informaciones, tales como: el nombre y datos de contacto del responsable del tratamiento y, en su caso, del corresponsable, del representante del responsable del tratamiento y del delegado de protección de datos; los fines del tratamiento; una descripción de las categorías de interesados y de las categorías de datos personales; las categorías de destinatarios a quienes se han comunicado o se comunicarán los datos personales, incluidos destinatarios en terceros países u organizaciones internacionales; las transferencias de datos personales a un tercer país u organización internacional, incluida la identificación del tercer país u organización internacional; los plazos establecidos para la supresión de las diferentes categorías de datos; una descripción general de las medidas técnicas y organizativas adoptadas para garantizar la seguridad de los datos.

VI. LA NOCIÓN DE «PERFILADO» ANTES Y DESPUÉS DEL REGLAMENTO EUROPEO 2016/679

Las nuevas tecnologías de la comunicación, combinadas con la circulación generalizada de los datos personales que utilizan, generan fenómenos sociales y económicos que se debaten cada vez con mayor vigor.

Los efectos previsibles y estimables pueden ser diferentes, según la perspectiva desde la que uno se sitúe. Hay quienes señalan cómo el fenómeno permite a las principales empresas propietarias de plataformas digitales producir un fallo de mercado en detrimento de los usuarios, los consumidores[17]. Los beneficios a favor de las plataformas en cuestión consistirían en la posibilidad de combinar los datos recopilados con los adquiridos a terceros y así construir un perfil más detallado del usuario. La adquisición de datos que permitan mejorar la calidad del servicio prestado reforzaría la respectiva posición dominante.

La elaboración de perfiles de usuario, resultado de una recopilación masiva de datos, favorece la inclusión del individuo dentro de una categoría específica en función de lo que se manifieste como sus intereses, preferencias, comportamientos u otros elementos particulares[18].

Esta categorización del tema llevaría a menudo a suponer una decisión algorítmica – por ejemplo, sobre todo, la publicidad personalizada – cuyo contenido dependería precisamente de la categoría a la que pertenece (los llamados clusterizados).

Vale la pena recordar que el debate sobre el tratamiento de datos personales se ha abierto en los organismos institucionales europeos también en relación con las cuestiones relativas a la publicidad dirigida. La referencia en este sentido está constituida por el Reglamento de servicios digitales[19], que forma parte del conjunto

---

17 Economides, Nicholas, Lianos e Ioannis , *Restrictions on Privacy and Exploitation in the Digital Economy: A Market Failure Perspective*, en *Journal of Competition Law and Economics*, Forthcoming, NET Institute Working, 2021.

18 D. Poletti, *Le condizioni di liceità del trattamento dei dati personali*, en *Giur. it.*, 2019, 12, p. 2785.

19 El Reglamento de Servicios Digitales (DSA) y el Reglamento del Mercado Digital (DMA) constituyen un conjunto único de normas que se aplican en toda la UE. Tienen dos objetivos principales: crear un espacio digital más seguro en el que se protejan los derechos fundamentales de todos los usuarios de servicios digitales; establecer unas condiciones de competencia equitativas para fomentar la

---

innovación, el crecimiento y la competitividad, tanto en el mercado único europeo como a escala mundial.

Los servicios digitales incluyen una gran categoría de servicios en línea, desde sitios web simples hasta servicios de infraestructura de Internet y plataformas en línea.

Las normas especificadas en el Reglamento se refieren principalmente a los intermediarios y plataformas en línea. Por ejemplo, los mercados en línea, las redes sociales, las plataformas de intercambio de contenidos, las tiendas de aplicaciones y las plataformas de viajes y alojamiento en línea.

El Reglamento de Mercados Digitales incluye normas que rigen las plataformas en línea de guardianes de acceso. Las plataformas de guardián de acceso son plataformas digitales con un papel sistémico en el mercado interior que funcionan como cuellos de botella entre las empresas y los consumidores para servicios digitales importantes. Algunos de estos servicios también están cubiertos por el Reglamento de Servicios Digitales, pero por diferentes razones y con diferentes tipos de disposiciones.

Los servicios digitales impactan y hacen nuestras vidas más fáciles de muchas maneras diferentes. Los usamos para comunicarnos, comprar, pedir comida, encontrar información, ver películas y escuchar música a través de servicios nuevos y en constante evolución. Los servicios digitales también han facilitado a las empresas el comercio transfronterizo y el acceso a nuevos mercados.

Si bien hay muchos beneficios de la transformación digital, también hay problemas. Una preocupación fundamental es el comercio y el intercambio de bienes, servicios y contenidos ilegales en línea. Los servicios en línea también están siendo mal utilizados por los sistemas algorítmicos manipuladores para amplificar la propagación de la desinformación, y para otros fines dañinos. Estos desafíos y la forma en que las plataformas los abordan tienen un impacto significativo en los derechos fundamentales en línea.

A pesar de una serie de intervenciones sectoriales específicas a escala de la UE, seguía habiendo lagunas significativas y desafíos jurídicos que abordar a principios de la década de 2020. Por ejemplo, algunas grandes plataformas controlan ecosistemas importantes en la economía digital. Han surgido como guardianes en los mercados digitales, con el poder de actuar como fabricantes de reglas privadas. Estas normas a veces conducen a condiciones injustas para las empresas que utilizan estas plataformas y menos opciones para los consumidores.

de propuestas que configuran las reglas europeas de la economía de datos. El Reglamento de Servicios Digitales va acompañado del Reglamento de Mercados Digitales, cuyo objetivo es regular la competencia de las empresas con las grandes empresas tecnológicas, el Reglamento relativo a la gobernanza europea de datos, que tiene como objetivo facilitar el intercambio de datos entre los sectores público y privado, el RGPD que tiene como objetivo dar a los ciudadanos un mayor control sobre sus datos, especialmente a través de una extensión y fortalecimiento de la portabilidad de los datos y el Reglamento de AI, dedicado a la disciplina relacionada más específicamente con los sistemas de inteligencia artificial.

El discurso de la decisión algorítmica, centrado principalmente en necesidades comerciales, que requieren la adquisición de una gran colección de datos, es estimulado tanto por las redes sociales como por terceros, mediante el fomento de actividades de intercambio en línea o, en cualquier caso, otras actividades útiles para producir datos constantemente.

La adquisición de estos últimos y su tratamiento se clasifican como bienes fundamentales para determinados fines; ellos, gracias a operaciones predictivas realizadas a través de determinados algoritmos, acaban reduciendo las acciones de los hombres a datos calculables.

Entre los tipos de datos, hay quienes señalan que la geolocalización constituye uno de los más delicados por sus implicaciones, no sólo en la provisión de publicidad dirigida, sino también en términos de seguimiento y vigilancia, por lo que requiere la provisión de medidas de seguridad adaptadas a sus peculiaridades. En este sentido, el tema de la vigilancia está estrechamente vinculado a los datos personales, lo que demuestra plenamente su importante valor.

Por lo tanto, la Unión Europea ha adoptado un marco jurídico moderno que garantiza la seguridad de los usuarios en línea, establece la gobernanza con la protección de los derechos fundamentales en su vanguardia y mantiene un entorno de plataformas en línea justo y abierto.

De hecho, a través de una adquisición masiva de datos personales y su procesamiento algorítmico, un sistema de vigilancia tecnocrático puede alcanzar los picos más altos para sus propósitos. No hace falta decir que el ejemplo más sorprendente de nuestra era está representado por el Sistema de Crédito Social chino; es decir, un sistema en el que el ciudadano, en función de su puntuación, determinada principalmente por su comportamiento, es clasificado e insertado en una categoría social específica. La pertenencia a una categoría u otra determina el alcance de los derechos y libertades.

La noción de «perfilado», tal y como dicta el Reglamento Europeo 2016/679 (RGPD), tiene un perímetro demasiado elástico o, mejor dicho, muy mal delimitado.

Antes del Reglamento de 2016, «elaboración de perfiles» significaba una actividad, generalmente automatizada, de recopilación de información para clasificar y agrupar categorías homogéneas de personas, a menudo usuarios de un servicio, con fines en gran medida relacionados con la comercialización, logrando así enviar a esos sujetos información comercial «dirigida», es decir, hecha a la medida de sus intereses, de sus patrones de comportamiento y, en concreto, de su consumo[20].

En realidad, antes de 2016, los instrumentos legales no contenían una definición expresa[21]: por ello, en las *Directrices* para el tratamiento de datos personales para la elaboración de perfiles *online*, el Garante italiano de protección de datos personales

---

[20] A. Spangaro, *Profilazione e privacy. Il concetto di profilazione tra direttiva «madre» e GDPR*, en Giur. It., n. 7, 1 luglio 2022, p. 1577.

[21] De hecho, ni la Directiva 95/46/CE, relativa a la protección de datos personales (llamada «directiva madre»), ni la Directiva 2002/58/CE sobre comunicaciones electrónicas, ni el Decreto Legislativo de 30 de junio de 2003, n. 196 (denominado Código de Privacidad) la mencionan, aun cuando imponen la prohibición de adoptar decisiones basadas exclusivamente en el tratamiento automatizado.

intervino para armonizar los diferentes métodos a través de los cuales se garantiza el cumplimiento con los principios aplicables en materia de protección de datos personales en el ejercicio de las actividades de prestación de servicios *online*[22].

El aspecto crítico en el que el Garante había decidido intervenir era la falta de alineación entre la recopilación de datos, la elaboración de perfiles y su uso: en general, la primera operación sería neutra si no estuviera orientada a crear esos «perfiles», es decir, grupos homogéneos para características o para conductas muy concretas, encaminadas a una finalidad de la que, por lo general, quienes prestan su consentimiento no siempre son conscientes.

El tema fue por tanto el límite móvil del análisis y tratamiento de la información relativa a los usuarios o clientes, divididos en subgrupos y subcategorías, porque quedaba claro que la elaboración de perfiles podía tener una finalidad distinta y adicional respecto a la del servicio que el titular puso a disposición del usuario (por ejemplo, el correo electrónico).

El art. 4 del Reglamento Europeo 2016/679 proporciona una definición específica de «elaboración de perfiles»: se trata de cualquier forma de tratamiento automatizado de datos personales consistente en el uso de dichos datos para evaluar determinados aspectos personales de una persona física, en particular para analizar o predecir ciertas situaciones, tales como «*el rendimiento profesional, situación económica, salud, preferencias personales, intereses, fiabilidad, comportamiento, ubicación o movimientos de dicha persona física*».

Se integra el supuesto de elaboración de perfiles cuando concurran las tres características siguientes: que el tratamiento se realice de forma automatizada, que se trate de datos de carácter personal, que tenga por objeto evaluar aspectos personales de una persona física.

---

22 La referencia es a las «Linee guida in materia di trattamento di dati personali per la profilazione on line – 19 marzo 2015», en https://www.garanteprivacy.it/home/docweb/-/docweb-display/docweb/3881513.

A través de la elaboración de perfiles, de hecho, se recopilan informaciones sobre un individuo (o grupo de individuos), se analizan sus características o patrones de comportamiento y el perfil individual se inserta en una determinada «categoría» o «segmento» para dar lugar a evaluaciones o predicciones posteriores sobre, por ejemplo, su capacidad para realizar una tarea, sus intereses o comportamientos probables[23].

El Reglamento identifica una serie de derechos a los que puede acceder el usuario en caso de elaboración de su perfil: en primer lugar, quien lo perfila debe facilitar al interesado una información sobre el inicio y existencia de un proceso automatizado de toma de decisiones, las lógicas sobre las que se basa, las consecuencias de este tratamiento para el interesado, así como los derechos conexos, en particular los denominados «de acceso» – es decir, el derecho a obtener del responsable del tratamiento confirmación de que se están tratando datos personales que le conciernen – , «de oposición» al tratamiento y de «*no ser objeto de una decisión basada únicamente en el tratamiento automatizado [...] que produzca efectos jurídicos en él o le afecte significativamente de modo similar*».

VII. DE LAS DIRECTRICES DEL WP29 AL EUROPEAN DATA PROTECTION BOARD

Teniendo en cuenta la definición de elaboración de perfiles que ofrece el art. 4 del RGPD, el WP29[24] – es decir el grupo de trabajo europeo independiente «Artículo 29», que, hasta la fecha

---

23 A. Morace Pinelli, *la circolazione dei dati personali tra tutela della persona, contratto e mercato,* en *La Nuova Giurisprudenza Civile Commentata,* 6/2022, p. 1322.

24 «Artículo 29» (Art. 29 WP) fue el grupo de trabajo europeo independiente que, hasta el 25 de mayo de 2018 (entrada en vigor del RGPD) tenía como objetivo tratar cuestiones relativas a la protección de la privacidad y de los datos personales.

de entrada en vigor del RGPD, tenía como objetivo tratar cuestiones relativas a la protección de la vida privada y de los datos personales – interviene en 2017 con nuevas Directrices destinadas a aclarar algunos puntos fundamentales considerados oscuros.

Como se ha tenido ocasión de señalar, en el concepto de elaboración de perfiles se pueden identificar tres elementos: la elaboración de perfiles debe realizarse sobre datos personales; el procesamiento debe ser automatizado; el objetivo es poder evaluar aspectos personales de la persona física, por ejemplo, poder adquisitivo, lealtad a la marca, solvencia, etc.

Con respecto al primer aspecto, es decir, los datos personales, el Grupo de Trabajo aclaró la distinción entre datos personales «simples» y datos «particulares» y que, a veces, del perfilado de datos personales «simples», también pueden surgir datos particulares: en tales casos, el tratamiento no debe ser incompatible con la finalidad original y el interesado debe ser informado adecuadamente[25].

El segundo elemento se refiere a la automatización del tratamiento que también puede tener lugar de forma exclusiva: en este segundo caso, el interesado adquiere el derecho específico a no ser objeto de una decisión basada únicamente en el tratamiento automatizado – incluyendo por tanto la elaboración de perfiles – cuando esto «*produce efectos jurídicos en él*» o «*le afecte significativamente de modo similar*» (art. 22 del RGPD).

El tercer elemento se refiere a la evaluación de los aspectos personales de la persona física: dado que el RGPD no impone una prohibición general de elaboración de perfiles, ni de decisiones automatizadas basadas exclusivamente en el trata-

---

25 Ello también en consideración al hecho de que, en general, todos los principios en materia de protección de datos a los que se refieren los artículos 5 y 6 del RGPD se aplican a la elaboración de perfiles, así como el artículo 9 en relación con determinadas categorías especiales de datos personales.

miento automatizado y teniendo en cuenta que el objetivo de la elaboración de perfiles es poder evaluar aspectos personales de la persona física, el legislador europeo ha prohibido – en el párrafo primero del art. 22 – únicamente las decisiones basadas «exclusivamente» en aquella elaboración de perfiles del interesado que produzca efectos jurídicos sobre él o que afecte significativamente a su persona de manera similar.

Como es sabido, el Grupo de Trabajo del Artículo 29 ha sido sustituido por el Comité Europeo de Protección de Datos. Se trata de un órgano consultivo independiente que está formado por un grupo de trabajo conjunto, integrado por un representante de las distintas autoridades nacionales, el Supervisor Europeo de Protección de Datos (SEPD), así como un representante de la Comisión Europea.

Entre sus funciones se encuentra la actividad de asesoramiento a la Comisión respecto de cualquier cuestión relativa a la protección de datos personales en la Unión, así como el control de «*la adecuación del nivel de protección en un tercer país u organización internacional*»[26].

---

26 Nos referimos al artículo 70 del RGPD que prevé la encomienda de diversas tareas a los miembros de los Garantes nacionales, tales como velar por la correcta aplicación de la normativa sin perjuicio de las funciones de las autoridades nacionales de control; publicar las directrices, recomendaciones y buenas prácticas a fin de promover la aplicación coherente de la norma en las materias previstas; examinar, por propia iniciativa o a petición de uno de sus miembros o de la Comisión, cualquier cuestión relativa a la aplicación del reglamento; realizar la acreditación de los organismos de certificación y su revisión periódica; promover la cooperación y el intercambio efectivo de información y prácticas entre las autoridades de control a nivel bilateral y multilateral; promover programas comunes de formación y facilitar el intercambio de personal entre las autoridades de control y, en su caso, con las autoridades de control de terceros países u organizaciones internacionales; emitir dictámenes sobre códigos de conducta; mantener un registro electrónico de acceso público de las decisiones tomadas por las autoridades de control y los tribunales sobre asuntos tratados bajo el mecanismo de coherencia.

VIII. LA DEFINICIÓN DE ELABORACIÓN DE PERFILES Y TOMA DE DECISIONES AUTOMATIZADAS

El uso de procesos automatizados de toma de decisiones, incluida la elaboración automática de perfiles, se ha extendido a diversos sectores, tanto privados como públicos, debido a que el avance tecnológico ha hecho que estos tratamientos sean más eficientes y económicos[27].

Con miras a la transparencia y la corrección de la información por parte del responsable del tratamiento, los arts. 13 y 14 del RGPD constituyen un elemento esencial. El apartado f) del art. 13.2 prevé, entre la información que deberá transmitirse al interesado, «*la existencia de decisiones automatizadas, incluida la elaboración de perfiles, a que se refiere el artículo 22, apartados 1 y 4, y, al menos en tales casos, información significativa sobre la lógica aplicada, así como la importancia y las consecuencias previstas de dicho tratamiento para el interesado*». Una disposición similar se establece en el art. 14.2, apartado g), en referencia a aquella información que deberá facilitarse si los datos personales no han sido obtenidos del interesado.

Las dos disposiciones tienen una importancia significativa ya que se refieren de manera más genérica a cualquier «proceso automatizado de toma de decisiones», mientras que el art. 22 del Reglamento europeo presupone una decisión que se basa «únicamente» en el tratamiento automatizado.

Lo que se destaca en los arts. 13 y 14 no es la automatización del tratamiento, sino el proceso de toma de decisiones impulsado por datos personales. Por lo tanto, no especificar el adverbio «únicamente» resaltaría la necesidad de que haya transparen-

---

27 I. Speziale, *L'ingresso dei dati personali nella prospettiva causale dello scambio: i modelli contrattuali di circolazione*, en *Contr. e impr.*, 2021, p. 602 ss.

cia en la lógica utilizada por el algoritmo en todos los casos de procesamiento automatizado de datos personales[28].

La anonimización de los datos constituye una de las medidas de seguridad más relevantes en el campo. Por tanto, esta técnica nos permite obtener datos no personales. Sin embargo, en la aplicación práctica, la frontera entre datos anónimos y datos personales suele ser muy difusa y el principio regulador en función del cual se determina la clasificación de unos u otros está constituido por la probabilidad razonable de identificación[29]. Otro aspecto delicado de la anonimización de los datos gira en torno a la posibilidad de una reidentificación, que no se puede descartar con certeza, especialmente en el caso de procesamientos posteriores y conexiones de datos posteriores.

La evolución de las nuevas tecnologías, por tanto, haría que el proceso de anonimización fuera cada vez más utópico. Además, el tratamiento de datos anónimos no excluye la elaboración de perfiles.

El proceso automatizado de toma de decisiones induce a tomar decisiones solo a través de medios tecnológicos (es decir, sin intervención humana) y puede basarse en datos proporcionados directamente por el interesado (por ejemplo, a través de un formulario o cuestionario), o en datos obtenidos de programas de seguimiento (por ejemplo, la geolocalización individual proporcionada por una aplicación) o datos derivados de perfiles creados previamente (por ejemplo, la confiabilidad financiera en el campo crediticio).

---

28 G. Comandé, *Leggibilità algoritmica e consenso al trattamento dei dati personali*, en *Danno e resp.*, 2022, 1, p. 35.

29 E. Pellecchia, *Dati personali, anonimizzati, pseudonimizzati, de-identificati: combinazioni possibili di livelli molteplici di identificabilità nel GDPR*, en *NLCC*, 2020, 2, p. 363. El autor establece el principio sobre la base del considerando 26 del RGPD. Entre los elementos a considerar para verificar la probabilidad de identificabilidad de los datos se encuentran algunos objetivos como los costes y el tiempo necesario para la identificación.

La toma de decisiones automatizada y la elaboración de perfiles a veces están separadas, a veces no: de hecho, puede ocurrir que se tome una decisión automatizada sin haber creado un perfil del individuo y, por el contrario, una decisión automatizada puede convertirse en elaboración de perfiles dependiendo de la forma en que se utilizan los datos.

Un ejemplo útil sería una multa por exceso de velocidad detectada sobre la base de la evidencia de las cámaras: es una decisión automatizada que no implica la elaboración de perfiles. En cambio, sería perfilado si el monto de la multa fuera el resultado de una evaluación que involucre otros factores como hábitos de conducción, otras infracciones al código de circulación, etc.

Es necesario decir que, en materia de elaboración de perfiles automatizados, el RGPD ha identificado posibles riesgos significativos para los derechos y libertades de las personas, conectados a dos elementos principales: en primer lugar, la opacidad tendencial de los procesos y mecanismos automatizados que a menudo lleva al individuo, objeto de elaboración de perfiles, a no ser consciente de ello; y, en segundo lugar, la creación, por parte del titular, de nuevos datos, adicionales a los originales, que podrían «empaquetar» al interesado en una categoría en la que no se reconoce, influyendo así en sus elecciones y, en algunos casos, conduciendo incluso a las formas de discriminación.

Otro ejemplo es el de una persona que va al banco a solicitar una hipoteca. El banco habla con el cliente quien le presenta el estado de salud de sus cuentas al gerente, explica la situación económica, evalúa las opciones y también presenta las posibles opciones para un posible crecimiento de activos.

Si el procedimiento de toma de decisiones estuviera totalmente automatizado, la evaluación y decisión final se adoptaría de forma algorítmica sobre la solvencia del solicitante del préstamo.

En este caso, el proceso de toma de decisiones, desde un punto de vista técnico, no puede ser completamente automatizado, incluida la decisión final, y por tanto desprovisto de cualquier evaluación por parte del ser humano, porque el legislador europeo lo ha querido excluir *a priori* estableciendo esta prohibición.

El apartado 2 del art. 22 establece tres excepciones a la prohibición: a) si la decisión automatizada es necesaria para la celebración o ejecución de un contrato entre el interesado y un responsable del tratamiento; b) si la legislación de la UE o de un Estado miembro ha autorizado explícitamente esta práctica, disponiendo al mismo tiempo las medidas adecuadas para proteger al interesado o c) cuando exista el consentimiento del interesado.

Se trata de un verdadero «vacío de información» entre el titular y el interesado que el RGPD ha querido subsanar, con el fin de evitar perjuicios en el ámbito legal de este último, identificando una serie de requisitos en los que hay que concentrarse para que estos sean tratamientos automatizados conformes a la legislación: requisitos específicos en términos de transparencia y corrección; mayores obligaciones de rendición de cuentas; bases legales específicas para la legitimación del tratamiento; garantías para las personas en relación con el derecho a oponerse a la elaboración de perfiles y, en particular, a la elaboración de perfiles con fines de marketing; o, en fin, llevar a cabo una evaluación de impacto de la protección de datos cuando no se cumplan ciertas condiciones.

IX. EL TRIBUNAL DE JUSTICIA DE LA UE Y EL ARTÍCULO 22 DEL RGPD

El Tribunal de Justicia UE se ha pronunciado recientemente sobre el tema de la evaluación de la solvencia mediante *scoring* algorítmico, ofreciendo su primera interpretación del art. 22 del RGPD con la sentencia SCHUFA de 7 de diciembre de 2023 en el asunto C-634/21, así como en los asuntos acumulados C-26/22 y C-64/22.

El caso se refiere a la supuesta responsabilidad de una empresa de información crediticia que se ocupa de «scoring», herramienta estadística utilizada para determinar la probabilidad de un comportamiento futuro, como el reembolso de un crédito, que está autorizada, pero sólo bajo determinadas condiciones.

Más en concreto, los jueces europeos han considerado que el concepto de «proceso de toma de decisiones automatizado relativa a personas físicas» a que se refiere el art. 22 del Reglamento UE 2016/679 incluye también el cálculo automatizado, realizado por una sociedad de información crediticia, de una tasa de probabilidad basada en datos personales relativos a una persona y a su capacidad para hacer frente a compromisos futuros de pago, si la estipulación, ejecución o terminación de una relación contractual con la persona por parte de un tercero, a quien se comunica el índice de probabilidad, depende decisivamente de este índice.

El asunto enjuiciado se refiere a la solicitud – presentada por la recurrente – de un mutuo a un banco, que le fue denegado debido a una puntuación negativa, predictiva de su capacidad para reembolsarlo. El autor del perfil es una empresa privada con gran influencia en el mercado alemán, SCHUFA Holdig AG.

Una vez ejercitado el derecho de acceso de conformidad con el art. 15 del RGPD frente a la empresa, con el fin de comprender los motivos de la evaluación desfavorable, la interesada obtuvo una respuesta muy parcial: de hecho, no fue informada sobre los puntos decisivos, es decir, qué elementos habían contribuido al resultado y el peso atribuido a cada uno de ellos. Por lo tanto, quedaba insatisfecho el derecho a conocer la lógica del tratamiento, pero también la posibilidad de ser informada sobre los datos personales registrados y de suprimir los supuestamente incorrectos, dado que con frecuencia las vías de acceso al crédito bancario, así como a otros instrumentos de financiación, se cierran para el consumidor debido a la importancia que se concede a las puntuaciones proporcionadas por empresas similares a SCHUFA.

La señora se dirigió primero al HBDI (*Hessischer Beauftragter für Datenschutz und Informationsfreiheit*), es decir, al organismo responsable de implementar el RGPD en el sector privado en el estado alemán de Hesse, pero vio rechazada su reclamación tras una espera de casi dos años.

La interesada impugnó entonces la resolución desestimatoria basándose en el art. 78 del RGPD: el Tribunal de Justicia UE, dando respuesta de conformidad con el art. 267 del TFUE a la cuestión prejudicial planteada, aclaró que la puntuación en cuestión integra una «decisión significativa únicamente automatizada» en el sentido del art. 22 del RGPD, con todos los efectos jurídicos correspondientes.

Así pues, con la sentencia SCHUFA, el Tribunal de Justicia UE examinó, en primer lugar, el artículo 22, apartado 1, del RGPD, norma que prevé un «proceso automatizado de toma de decisiones en relación con las personas físicas».

El tribunal alemán intervino sobre una cuestión muy importante: si este proceso de toma de decisiones incluye también el cálculo automatizado, por parte de una empresa que proporciona información comercial, de un índice de probabilidad basado en datos personales relativos a una persona y relativos a su capacidad de cumplir sus compromisos de pago futuros (el denominado *scoring*), si la estipulación, ejecución o terminación de una relación contractual con esa persona por parte de un tercero, a quien se comunica este índice de probabilidad, depende decisivamente de este índice.

En otras palabras, ¿el resultado de un perfil algorítmico procesado por una IA sobre la probabilidad de que una persona respete el pago de las cuotas en el futuro y que luego se transforma en una puntuación atribuida a esa persona física que puede influir en el tercero cuando tiene que decidir si estipula un contrato con esa persona (un mutuo) es un «proceso automatizado de toma de decisiones relativas a personas físicas»?

La posibilidad de aplicar el art. 22 del RGPD al caso en cuestión depende de la respuesta que se de a esta pregunta.

Desde este punto de vista, el Tribunal de Justicia de la UE ha precisado que el «scoring» debe considerarse un «proceso automatizado de toma de decisiones», en principio prohibido por el Reglamento general de protección de datos si los bancos, clientes de SCHUFA, le atribuyen un papel crucial en la concesión de crédito.

Corresponde al juez nacional, afirmó el Tribunal de la UE, evaluar si la Ley federal alemana de protección de datos contiene, de conformidad con el RGPD, una excepción válida a esta prohibición. En caso afirmativo, deberá verificar si se cumplen las condiciones generales que establece el RGPD para el tratamiento de datos. De ello se deduce que, en su caso, las disposiciones del garante serán impugnables en cuanto al fondo, de conformidad con el art. 78 del Reglamento UE 2016/679.

Como es sabido, el art. 22, apartado 1, del RGPD reconoce el derecho del interesado a no ser objeto de una decisión basada únicamente en un tratamiento automatizado, incluida la elaboración de perfiles, que produzca efectos jurídicos sobre él o que le afecte de manera igualmente significativa.

El Tribunal de Justicia subraya que esta disposición puede aplicarse si se cumplen tres condiciones acumulativas, a saber: la existencia de una «decisión», la circunstancia de que esta decisión «se base únicamente en un tratamiento automatizado, incluida la elaboración de perfiles» y que la misma produzca efectos jurídicos (en relación con el interesado) o le afecte de manera significativa en su persona.

El concepto de «decisión» tiene un alcance amplio, confirmado por el considerando 71 del RGPD, según el cual una decisión que implica la evaluación de ciertos aspectos personales de un interesado, de los cuales el interesado debería tener derecho a no estar sujeto, puede «incluir una medida» que produzca «efectos jurídicos en él» o le afecte «significativamente de modo similar»: según el considerando 71 del RGPD, el término «decisión» abarca, por ejemplo, la denegación automática de una solicitud de crédito en línea o prácticas de suscripción electrónica sin intervención humana.

En cuanto a la primera condición, dado que el concepto de «decisión» en el sentido del art. 22, apartado 1, del RGPD puede incluir diversos actos que pueden afectar al interesado de diversas maneras, este concepto es lo suficientemente amplio como para abarcar el resultado del cálculo de la solvencia de una persona en forma de una tasa de probabilidad relativa a su capacidad para cumplir sus compromisos de pago en el futuro.

El segundo requisito también se cumple ya que es evidente que una actividad como la de SCHUFA se ajusta a la definición de «perfilado» contemplada en el art. 4, apartado 4, del RGPD, entre otras razones porque el enunciado de la primera cuestión prejudicial se refería explícitamente al cálculo automatizado de una tasa de probabilidad basada en datos personales relativos a una persona y concernientes a su capacidad para reembolsar un préstamo en el futuro.

Se cumple también el tercer requisito al que está sujeta la aplicación del art. 22, apartado 1, del RGPD, ya que un índice de probabilidad como el controvertido en el litigio principal afecta, como mínimo, de forma significativa al interesado.

De hecho, la actuación del tercero al que se transmite el índice de probabilidad se guía «decisivamente» por este índice: en el caso de una solicitud de mutuo presentada por un consumidor a un banco, un índice de probabilidad insuficiente conduce, en casi todos los casos, a la denegación del préstamo solicitado.

Por lo tanto, en cuanto al «derecho» a no ser objeto de una decisión basada exclusivamente en un tratamiento automatizado, incluida la elaboración de perfiles, el art. 22, apartado 1, del RGPD confiere al interesado el «derecho» a no ser el objeto de una decisión basada exclusivamente en un tratamiento automatizado, incluida la elaboración de perfiles: la disposición establece una prohibición de principio, cuya violación no necesita ser alegada individualmente por dicha persona.

Además, el art. 22 del RGPD establece – en el apartado 2, letra b), y en el apartado 3 – que deberán preverse medidas adecuadas para salvaguardar los derechos, libertades e intereses legítimos del interesado.

Asimismo, en los casos previstos en el art. 22, apartado 2, letras a) y c), el responsable del tratamiento deberá hacer efectivo al menos el derecho del interesado a obtener la intervención humana, a expresar su opinión y a impugnar la decisión.

Del fallo se desprende claramente que las garantías que deben proporcionarse no son sólo éstas.

El responsable del tratamiento está sujeto a obligaciones de información adicional [*ex* art. 13.2, letra f), y art. 14.2, letra g)] mientras el interesado disfrute [*ex* art. 15.1, letra h)] del derecho a obtener del responsable del tratamiento, entre otras cosas, «*información significativa sobre la lógica aplicada, así como la importancia y las consecuencias previstas de dicho tratamiento para el interesado*».

Todo esto se explica por el objetivo que persigue el art. 22 del RGPD de proteger a las personas contra riesgos específicos para sus derechos y libertades derivados del tratamiento automatizado de datos personales, incluida la elaboración de perfiles. En efecto, dicho tratamiento implica la evaluación de aspectos personales relativos a la persona física de que se trate, con vistas a analizar o predecir aspectos relacionados con el desempeño profesional, la situación económica, la salud, las preferencias o intereses personales, la fiabilidad o el comportamiento, la ubicación o los movimientos del interesado.

Según el considerando 71 del RGPD, tales riesgos específicos pueden comprometer los intereses y derechos legítimos del interesado, en particular teniendo en cuenta los posibles efectos discriminatorios contra las personas físicas por motivos de origen racial o étnico, opiniones políticas, religión o motivos personales, creencias, afiliación sindical, estado genético, estado de salud u orientación sexual. Por lo tanto, es necesario ofrecer garantías adecuadas y garantizar un tratamiento justo y transparente, respetando al interesado, en particular mediante el uso de procedimientos matemáticos o estadísticos apropiados para la elaboración de perfiles y mediante la aplicación de medidas técnicas y organizativas adecuadas para minimizar el riesgo de errores.

Con su interpretación, los jueces europeos, al tiempo que subrayan el amplio alcance del concepto de «decisión», de conformidad con el art. 22, apartado 1, del RGPD, refuerzan la protección efectiva que el concepto proporciona.

Adoptar una versión restrictiva de esta noción, en virtud de la cual el cálculo del índice de probabilidad se consideraría únicamente un acto preparatorio y sólo el acto adoptado por el tercero puede, en su caso, calificarse de «decisión», en el sentido del art. 22, apartado 1, conduciría a un riesgo de elusión del referido artículo y, en consecuencia, a una laguna en la protección jurídica: el interesado no podría oponer a la empresa que proporciona información comercial que calcula el índice de probabilidad que le concierne, su derecho de acceso a la información específica a que se refiere el artículo 15, apartado 1, letra h) del RGPD, en ausencia de adopción de un proceso automatizado de toma de decisiones por parte de dicho organismo.

A la luz de todo este razonamiento, el Tribunal de Justicia de la UE plantea la posibilidad de que la disposición alemana pueda ser declarada incompatible con el Derecho de la Unión, con la consecuencia de que SCHUFA no sólo estaría actuando sin fundamento jurídico, sino que vulneraría *ipso iure* la prohibición establecida en el art. 22, apartado 1, del RGPD.

En definitiva, el cálculo automatizado, por parte de una empresa que proporciona información comercial, de una tasa de probabilidad basada en datos personales relativos a una persona y a la capacidad de esta última para hacer frente a sus compromisos de pago en el futuro constituye un «proceso automatizado de toma de decisiones relativas a personas físicas», de conformidad con el art. 22, apartado 1, del RGPD: esto se aplica si la estipulación, ejecución o terminación de una relación contractual con esa persona por parte de un tercero, al que se revela dicho índice, depende decisivamente de este índice de probabilidad.

Los primeros comentaristas de la sentencia dedujeron que el Tribunal de Justicia pretendía dar al art. 22 del RGPD una lectura amplia, de modo que permitiera aplicar las protecciones del RGPD a los nuevos escenarios que ofrece el uso del algoritmo a la calificación crediticia.

X. UN CASO ITALIANO

Una reciente sentencia del Tribunal de Casación[30] niega lo afirmado anteriormente por el Garante de la Privacidad sobre una sanción impuesta por este último al INPS[31].

El Tribunal afirma la necesidad de que la protección de datos sensibles se coordine y equilibre con las disposiciones constitucionales que protegen otros derechos como el interés público en el buen funcionamiento de la actividad administrativa.

El Garante de la Privacidad había impuesto una fuerte sanción administrativa al INPS por la supuesta violación de la privacidad relacionada con el uso del software llamado «Savio data mining». La Autoridad había considerado que se habían producido violaciones de la Ley de Privacidad por no haber proporcionado información preventiva y exhaustiva específica sobre el tratamiento ilícito de datos personales, dirigida también a informar sobre el estado de salud, y, finalmente, por haber realizado actividades de elabora-

---

[30] Cass. civ., sección I, ord., 1 de marzo de 2023, n. 6177.

[31] El Instituto Nacional de la Seguridad Social, más conocido por el acrónimo INPS, es el principal organismo de Seguridad Social del sistema público de pensiones italiano, con el que cuentan todos los empleados públicos o privados y la mayoría de los trabajadores autónomos, que no tienen su propio sistema autónomo de Seguridad Social. El INPS está sujeto a la supervisión del Ministerio de Trabajo y Políticas Sociales.

ción de perfiles con datos personales de los trabajadores de forma totalmente ilegítima y sin comunicación previa a la Autoridad.

La sanción impuesta provocó la reacción del Instituto Nacional de Seguridad Social, primero ante el tribunal, que sin embargo rechazó la orden – medida cautelar impuesta por el Garante. Precisamente por esta razón el INPS recurrió ante el Tribunal Supremo.

El debate y la forma en que la Corte Suprema abordó el caso parecen verdaderamente ejemplares. Entre los puntos esenciales están, ante todo, no informar a los interesados y no solicitar autorización previa del Garante.

Los jueces recuerdan que «el INPS administra servicios comprendidos en el género de las prestaciones asistenciales y de seguridad social, con la consecuencia de que es la propia legislación la que considera superfluo el consentimiento del titular de los datos sensibles cuando el tratamiento es necesario para cumplir determinadas obligaciones o tareas previstas por la ley en materia de seguridad y asistencia social. Y es siempre la ley la que califica como de interés público significativo, a los efectos de la licitud del tratamiento de datos sensibles por la administración pública en ausencia del consentimiento del titular, a los efectos de la aplicación de las normas en materia de concesión, liquidación, modificación y revocación de beneficios económicos, concesiones, donaciones, otros emolumentos y títulos, considerando que los fines de bienestar social son de interés público significativo».

De esto se desprende que la misma actividad que realiza el INPS es una actividad «basada en la ley» que asigna al INPS un papel institucional como el de hacer «el consentimiento de los interesados o la solicitud de autorización en materia informática».

Además, recuerda el Tribunal, ya se ha señalado que «el derecho a exigir la correcta gestión de los datos personales, incluso si está comprendido en los derechos fundamentales previstos en el art. 2 de la Constitución, no es un tótem al que siempre se deben sacrificar otros derechos constitucionales igualmente importantes».

Por lo tanto, es necesario que las mismas normas sobre la protección de datos sensibles se coordinen y equilibren con las disposiciones constitucionales que protegen otros derechos preeminentes protegidos constitucionalmente, potencialmente en conflicto, también en el marco del interés público en la rapidez, la transparencia y eficacia de la actividad administrativa.

Esta expectativa sigue lo fijado por el legislador nacional y comunitario que definió límites, pero no la prohibición vigente respecto al uso de datos sensibles. Uso permitido únicamente para el cumplimiento de obligaciones contractuales y/o legales y, sin embargo, para fines públicos. Precisamente en esta clave, el Tribunal de Justicia de la UE ha considerado frecuentemente que «la excepción a la prohibición de tratamiento de datos personales sin el consentimiento del interesado es legítima si tiene por objeto perseguir intereses públicos proporcionados y necesarios con respecto al sacrificio impuesto al derecho a la confidencialidad, y que esta conclusión es coherente con todo el sistema de protección de la privacidad que prevé cómo se pueden sacrificar los derechos de las personas a la privacidad frente a los intereses en el bienestar económico del país, la defensa del orden y la prevención de delitos, a la protección de la salud o la moral, o a la protección de los derechos y libertades de los demás»[32].

---

32 El Tribunal de Justicia de la Unión Europea (11 Noviembre 2020, Caso C-61/19, *Orange România SA*) se ha pronunciado sobre la legitimidad de recoger el consentimiento para el tratamiento de datos personales a través de formularios predefinidos. La utilización de estos documentos no debe perjudicar los derechos de los interesados previstos por la normativa de la Unión Europea. El Tribunal, llamado a decidir en la cuestión prejudicial, ha señalado las principales características que debe tener el consentimiento prestado: el consentimiento debe ser una manifestación inequívoca (art. 7 a) de la voluntad libre, específica e informada de la persona que consiente en compartir y procesar sus datos (art. 2 h). Estas disposiciones requieren, por tanto, de una expresión activa y consciente del interesado al respecto. El RGPD habla en la misma longitud de onda, exigiendo una declaración inequívoca

En referencia al segundo motivo de impugnación del recurso admitido, para el Tribunal Supremo en este caso «los elementos constitutivos del llamado caso de perfilación son inexistentes».

Los jueces de *legitimación* aclararon que «constituye una circunstancia no controvertida deducida por las partes que el procedimiento de minería de datos de Savio permitió asignar un 'índice' a la solicitud de prestación de seguridad social, en función de algunos elementos preestablecidos: el sector productivo, la sede del solicitante, el tamaño de la empresa, el empleo a tiempo parcial, el empleo de duración determinada, la edad, el sexo, las calificaciones, el salario, la duración de la baja por enfermedad, el número de certificados intentados, etc.

De esta manera, las solicitudes de prestaciones estaban asociadas a un índice relativo a la probabilidad de la (in)existencia de la enfermedad, de una evolución de pronóctico más favorable que la declarada y de la posibilidad de verificar la conclusión de la enfermedad indemnizable, de modo que constituía una ayuda para el médico a la hora de planificar y realizar los controles, permitiendo concentrarlos allí donde era más razonable suponer que el certificado médico indicaba un pronóstico más largo de lo necesario. Además, en realidad, no se elaboraron categorías de perfiles dentro de las cuales clasificar a los trabajadores individuales, sino que sólo se asignó un índice determinado, día por día, a las solicitudes de prestaciones de seguridad social.

---

o una acción positiva para prestar el consentimiento (art. 4.11). La jurisprudencia de la Corte, basada en estos supuestos normativos, siempre se ha pronunciado consistentemente a favor del consentimiento activo por parte del interesado. Los jueces de Luxemburgo, al pronunciarse sobre circunstancias similares, han tenido oportunidad de aclarar que no es posible valorar si el interesado ha manifestado su consentimiento informado al tratamiento de sus datos al no deseleccionar una casilla previamente cumplimentada por un tercero.

Esto confirma que no fueron los trabajadores sino las solicitudes de prestaciones de seguridad social las que fueron objeto de investigación y que, con base en estos datos, el médico designado decidió qué controles realizar.

El Tribunal de Casación anuló la sentencia, en relación con los motivos aceptados, estimando la oposición e invalidando, en consecuencia, la orden de medidas cautelares, considerando la calificación de la conducta descrita sostenida por el INPS como completamente legítima y legal en el «desempeño de sus funciones», también mediante el uso de un sistema informático que los jueces consideraron incluido en la categoría de conducta considerada legítima para el buen funcionamiento de la administración pública.

XI. ALGUNAS REFLEXIONES FINALES

El tema de *Big Data* se encuentra y se cruza con el gran tema del consentimiento informado, pero también con el tema de la protección de los derechos de las personas, así como con el problema de frenar el poder excesivo de las grandes empresas digitales, de las plataformas digitales, capaces de influir en las opiniones y comportamientos de las personas en todos los ámbitos de la vida y de alterar la competencia leal entre empresas en el mercado.

Hay que reconocer que el fenómeno del tratamiento de datos va más allá de la noción misma de privacidad, ya que los problemas y necesidades de su regulación involucran perfiles distintos de la confidencialidad y precisamente aquellos relacionados con la explotación económica y la circulación de datos personales. La necesidad de un equilibrio entre protección del individuo y promoción del mercado genera una disciplina en la que el ámbito de las obligaciones y los contratos siempre se cruza con el de los derechos subjetivos absolutos.

El individuo no sólo está protegido como persona sino también como parte de una operación económica, que tiene por objeto el intercambio de datos.

La importancia de la operación económica explica las limitaciones que el RGPD impone a la protección de la personalidad del interesado en el tratamiento. El responsable del tratamiento, para la persecución de su interés legítimo, en determinados casos y bajo determinadas condiciones, puede proceder al tratamiento de los datos, sin necesidad del consentimiento del interesado [art. 6, f), RGPD], y contrarrestar la oposición de este último al tratamiento de sus datos personales, deduciendo la existencia de «*motivos legítimos imperiosos para el tratamiento que prevalezcan sobre los intereses, los derechos y las libertades del interesado*» (art. 21 RGPD).

El gran problema que queda en el fondo es el de frenar el poder excesivo de las grandes empresas digitales, de las plataformas digitales, capaces de influir en las opiniones y el comportamiento de los individuos en todos los sectores de la vida y de alterar la competencia leal entre empresas en el mercado. En nombre de la protección del individuo, los Estados deben recuperar el control sobre estos sujetos, limitando y funcionalizando el poder irresponsable que han adquirido como resultado del desarrollo tecnológico imparable e incontrolable.

Cada uno de los temas mencionados en el presente trabajo debe ser retomado, subrayado y explorado. En nuestras Constituciones, es la persona y no el mercado lo que está en el centro del ordenamiento jurídico: la tarea del jurista es lograr un equilibrio razonable, dada la necesidad, subrayada por el propio legislador comunitario, de «armonizar la protección de los derechos y libertades fundamentales de las personas físicas con respecto a las actividades de tratamiento de datos y garantizar la libre circulación de datos personales entre los Estados miembros», con vistas a promover el mercado.

Capítulo 6
Responsabilidad civil y protección de datos personales: estudio del artículo 82 del RGPD

MARÍA DOLORES MORENO MARÍN
Universidad de Córdoba

I. IDEAS PRELIMINARES

El derecho a la protección de datos personales está consagrado en nuestro Ordenamiento jurídico como derecho fundamental en el art. 18.4[1] de la Constitución Española garantizando a las personas el control sobre sus datos personales. Concretamente, se refiere al derecho de las personas a decidir qué información personal quieren compartir y cómo se utiliza y se protege dicha información.

Con la creciente digitalización de nuestras vidas y la recopilación masiva de información personal por parte de las empresas, la privacidad se ha vuelto una preocupación cada vez mayor para los ciudadanos. En este aspecto, un tratamiento inadecuado de datos personales puede ocasionar daños y perjuicios, por lo que resulta fundamental que exista un régimen de responsabilidad civil que permita a las personas afectadas ejercer su derecho a la indemnización. Pensemos en algunos supuestos, un titular de datos personales puede, por ejemplo, sufrir un daño moral si a consecuencia de una brecha de seguridad se difunden informaciones y fotografías comprometedoras relativas a su vida privada. De igual manera, que aparezcan datos incorrectos sobre la solvencia patrimonial de un sujeto en el denominado «registro de morosos», puede conllevar que a esta persona se le deniegue el préstamo que resulta indispensable para adquirir su vivienda. Estos daños sufridos por los afectados podrán ser resarcidos, entre otros motivos, si las operaciones que los causaron se hubieran realizado en incumplimiento de la normativa sobre protección de datos personales o en violación de algún bien jurídico especialmente protegido.

En España, el desarrollo normativo del derecho fundamental a controlar nuestros datos personales se establece en la Ley

---

[1] El art. 18.4 de la Constitución Española dispone lo siguiente: "*La ley limitará el uso de la informática para garantizar el honor y la intimidad personal y familiar de los ciudadanos y el pleno ejercicio de sus derechos*". En España se utilizó por algunos autores la expresión "derecho a la autodeterminación informativa" para referirse a este derecho. Véase, Murillo de la Cueva, P. L., *El Derecho a la Autodeterminación Informativa. La Protección de los Datos Personales Frente al Uso de la Informática*, Tecnos, Madrid, 1990.

Orgánica 3/2018, de 5 de diciembre, de Protección de Datos Personales y garantía de los derechos digitales, que adecúa la normativa de protección de datos española al Reglamento (UE) 2016/679 del Parlamento Europeo y del Consejo, de 27 de abril de 2016, relativo a la protección de las personas físicas en lo que respecta al tratamiento de datos personales y a la libre circulación de estos datos (en adelante, RGPD[2]).

En este sentido, el afectado podrá ejercitar, atendiendo a las particularidades de cada caso, varias acciones para procurar su resarcimiento. En particular, tal y como admiten nuestros tribunales, el perjudicado puede utilizar la vía prevista en el art. 9.3 de la Ley Orgánica 1/1982, de 5 de mayo para la reparación de daños por intromisión ilegítima en los derechos al honor, a la intimidad y a la propia imagen, también podrá acudir a la general de responsabilidad extracontractual por culpa del art. 1902 del Código Civil. A las anteriores acciones mencionadas, se le suma ahora una nueva acción establecida en el art. 82 del RGPD, que tiene como principal cometido obtener una indemnización por los daños y perjuicios sufridos frente al responsable o el encargado del tratamiento de los datos personales que hubieran infringido la normativa sobre protección de datos.

Las anteriores acciones resarcitorias del daño se entienden sin perjuicio de que también la autoridad de control (en nuestro caso, la Agencia Española de Protección de Datos) investigue los hechos a fin de imponer la correspondiente sanción administrativa si se acredita que ha existido infracción de la normativa sobre protección de datos.

---

2 El RGPD deroga la Directiva 95/46/CE del Parlamento Europeo y del Consejo, de 24 de octubre de 1995, relativa a la protección de las personas físicas en lo que respecta al tratamiento de datos personales y a la libre circulación de estos datos.

En el presente trabajo nos centraremos en el análisis del art. 82 del RGPD[3]. No obstante, debemos reconocer que, la acción indemnizatoria consagrada en este artículo sigue las bases previstas en el art. 23 de la derogada Directiva 95/46/CE que introdujo el mandato a los legisladores nacionales de los Estados miembros para que reconociesen el derecho a indemnización de las personas

---

[3] El art. 82 del RGPD dispone: "1. Toda persona que haya sufrido daños y perjuicios materiales o inmateriales como consecuencia de una infracción del presente Reglamento tendrá derecho a recibir del responsable o el encargado del tratamiento una indemnización por los daños y perjuicios sufridos.
2. Cualquier responsable que participe en la operación de tratamiento responderá de los daños y perjuicios causados en caso de que dicha operación no cumpla lo dispuesto por el presente Reglamento. Un encargado únicamente responderá de los daños y perjuicios causados por el tratamiento cuando no haya cumplido con las obligaciones del presente Reglamento dirigidas específicamente a los encargados o haya actuado al margen o en contra de las instrucciones legales del responsable.
3. El responsable o encargado del tratamiento estará exento de responsabilidad en virtud del apartado 2 si demuestra que no es en modo alguno responsable del hecho que haya causado los daños y perjuicios.
4. Cuando más de un responsable o encargado del tratamiento, o un responsable y un encargado hayan participado en la misma operación de tratamiento y sean, con arreglo a los apartados 2 y 3, responsables de cualquier daño o perjuicio causado por dicho tratamiento, cada responsable o encargado será considerado responsable de todos los daños y perjuicios, a fin de garantizar la indemnización efectiva del interesado.
5. Cuando, de conformidad con el apartado 4, un responsable o encargado del tratamiento haya pagado una indemnización total por el perjuicio ocasionado, dicho responsable o encargado tendrá derecho a reclamar a los demás responsables o encargados que hayan participado en esa misma operación de tratamiento la parte de la indemnización correspondiente a su parte de responsabilidad por los daños y perjuicios causados, de conformidad con las condiciones fijadas en el apartado 2.
6. Las acciones judiciales en ejercicio del derecho a indemnización se presentarán ante los tribunales competentes con arreglo al Derecho del Estado miembro que se indica en el artículo 79, apartado 2".

que hubiesen sufridos algún perjuicio por el tratamiento ilícito de sus datos personales. En España, la transposición de esta Directiva a nuestro ordenamiento interno se realizó por medio del art. 19[4] de la antigua Ley Orgánica 15/1999, 13 de diciembre, de Protección de Datos de Carácter Personal. Pero a diferencia del art. 23 de la citada Directiva derogada, la regulación introducida en el art. 82 del RGPD que pretendemos analizar, tiene un carácter uniforme y de obligada aplicación directa para los Estados miembros incluyéndose, además, la regulación de la responsabilidad del responsable y/o encargado del tratamiento de datos.

Por lo tanto, actualmente podemos afirmar que el art. 82 RGPD constituye la base actual del sistema de responsabilidad civil frente a vulneraciones del derecho fundamental a la protección de datos personales en la legislación comunitaria. En España, tiene mayor peso si cabe esta regulación puesto que la actual Ley Orgánica 3/2018, de 5 de diciembre, de Protección de Datos Personales y garantía de los derechos digitales, no introduce ningún precepto sobre la cuestión, dejando esta materia al texto vigente del citado Reglamento.

---

4 El art. 19 de la derogada Ley Orgánica de Protección de Datos de 13 de diciembre de 1999 establecía lo siguiente: "1. Los interesados que, como consecuencia del incumplimiento de lo dispuesto en la presente Ley por el responsable o el encargado del tratamiento, sufran daño o lesión en sus bienes o derechos tendrán derecho a ser indemnizados. 2. Cuando se trate de ficheros de titularidad pública, la responsabilidad se exigirá de acuerdo con la legislación reguladora del régimen de responsabilidad de las Administraciones públicas. 3. En el caso de los ficheros de titularidad privada, la acción se ejercitará ante los órganos de la jurisdicción ordinaria".

II. EL DERECHO A INDEMNIZACIÓN POR LOS DAÑOS DERIVADOS DE INFRACCIONES EN MATERIA DE PROTECCIÓN DE DATOS: ANÁLISIS DEL ART. 82 DEL RGPD

Entrado en el análisis de este artículo, su apartado primero señala lo siguiente: «Toda persona que haya sufrido daños y perjuicios materiales o inmateriales como consecuencia de una infracción del presente Reglamento tendrá derecho a recibir del responsable o el encargado del tratamiento una indemnización por los daños y perjuicios sufridos».

Por lo tanto, los sujetos implicados en este derecho a indemnización por daños serán, por un lado, el perjudicado y, por otro, el responsable o el encargado del tratamiento a quienes se dirige la reclamación.

1. La legitimación activa: El titular de datos personales como perjudicado

De acuerdo con la redacción dada en el apartado primero del artículo 82 RGPD anteriormente señalado, podría interpretarse una visión amplia de quién tiene legitimación activa para recabar el derecho a indemnización ya que habla de «toda persona que haya sufrido daños y perjuicios».

Por lo tanto, si se aceptara esta premisa, podría defenderse que cualquier persona afectada podría hacer uso del remedio indemnizatorio previsto en el artículo 82 RGPD independientemente de que fuera o no el titular de los datos personales tratados.

No obstante, atendiendo a las finalidades del RGPD, la legitimación activa ha de limitarse a las personas cuyos datos personales se ven afectados por un tratamiento en cuestión ya sea de una forma directa o indirecta.

En este último caso, tal y como apunta Rubí Puig[5], la persona física afectada debe probar que el tratamiento infractor afectó de manera indirecta sus datos personales. Y pone como ejemplo que la «revelación indebida de datos médicos relativos a determinadas enfermedades hereditarias de un sujeto podrá permitir inferir características genéticas –esto es, datos personales– de sus progenitores o de uno de ellos, aunque los datos de estos últimos no hubieran sido tratados en ningún caso por el titular de la base de datos».

También debemos señalar que los legitimados activos lo son las personas físicas, no así las personas jurídicas que no podrán alegar la contravención del derecho a la protección de datos, dado que no se les reconoce tal derecho fundamental, por lo que en estos supuestos la indemnización deberá fundamentarse en razones distintas como la divulgación de secretos o la competencia desleal, por ejemplo.

A pesar de la afirmación anterior, con base en el art. 80 RGPD, es posible que entidades, organizaciones o asociaciones sin ánimo de lucro, cuyos objetivos estatutarios sean de interés público y que actúen en el ámbito de la protección de datos personales, a las cuales, si el derecho interno lo permite, puedan los interesados haberles conferido mandato para la reclamación de daños y perjuicios, por ejemplo, mediante una acción colectiva.

2. La legitimación pasiva: Los sujetos responsables

El art. 82.1 del RGPD alude a los sujetos pasivamente legitimados para el ejercicio de la acción indemnizatoria, que son: el responsable del tratamiento de los datos personales («controller personal data») y, en su caso, el encargado de su tratamiento («proccesor») por cuenta de aquél.

---

5 Rubí Puig, A., "Daños por infracciones del derecho a la protección de datos personales. El remedio indemnizatorio del artículo 82 RGPD", *Revista Derecho Civil*, Vol. 5, N.º 4, 2018, pp. 60-61.

En este estudio haremos un análisis de las cuestiones más importantes respecto de estos dos sujetos anteriormente citados. Si bien, aunque en el art. 82 RGPD no se mencionen, en el tratamiento de datos pueden resultar responsables otros sujetos (que sólo aludiremos) como son el subencargado del tratamiento, los delegados de protección de datos o los representantes en la UE del responsable o del encargado.

2.1. El responsable del tratamiento

El artículo 4.7 RGPD al responsable del tratamiento lo define como la persona física o jurídica, autoridad pública, servicio u otro organismo que, solo o junto con otros, determine los fines y medios del tratamiento. Por lo tanto, el responsable del tratamiento de los datos es la persona o entidad que decide para qué y cómo se van a utilizar los datos personales. Este responsable debe garantizar que el tratamiento de los datos se realiza de forma lícita, transparente y respetando siempre los derechos de los titulares de los datos ya que tiene la obligación de implementar todas aquellas medidas técnicas y organizativas adecuadas para que el tratamiento de datos sea conforme a los dispuesto en el RGDP, así como con la Ley de protección de datos española y la normativa que la desarrolle. Esta manera de proceder tiene su fundamento en «el principio de responsabilidad proactiva o accountability» introducido en el art. 24 del RGPD y que implica que los responsables del tratamiento de datos adopten un enfoque preventivo en lugar de reactivo, tomando medidas anticipadas para garantizar el cumplimiento normativo y la protección efectiva de los datos personales.

2.2. El encargado del tratamiento

Por otro lado, encontramos al encargado del tratamiento de los datos. El artículo 4.8. RGPD determina que el encargado del tratamiento o encargado es la persona física o jurídica, autoridad pública, servicio u otro organismo que trate datos personales por cuenta del responsable del tratamiento. Por ello, este encargado es la persona o entidad que realiza el tratamiento de los datos en nombre del responsable. El encargado debe cumplir con las instrucciones del responsable en cuanto al tratamiento de los datos, y debe garantizar que se aplican las medidas de seguridad adecuadas para proteger los datos personales.

Tal y como señala el art. 82 RGPD, un encargado únicamente responderá de los daños y perjuicios causados por el tratamiento cuando no haya cumplido con las obligaciones del presente Reglamento dirigidas específicamente a los encargados o haya actuado al margen o en contra de las instrucciones legales del responsable.

En esta línea, la colaboración efectiva entre el responsable y el encargado del tratamiento es esencial para garantizar la protección de los derechos de privacidad de los individuos y el cumplimiento de las leyes de protección de datos vigentes. Precisamente, entre ellos se suscribe un contrato en el que quedan plasmados los términos en los que deberá actuar el encargado en el ejercicio de las funciones encomendadas por el responsable. Así, el art. 28.3 del RGDP señala a este respecto que: «El tratamiento por el encargado se regirá por un contrato u otro acto jurídico con arreglo al Derecho de la Unión o de los Estados miembros, que vincule al encargado respecto del responsable y establezca el objeto, la duración, la naturaleza y la finalidad del tratamiento, el tipo de datos personales y categorías de interesados, y las obligaciones y derechos del responsable».

Retomando el tema que nos ocupa, el RGPD establece el régimen de responsabilidad de cada uno de estos sujetos. Por un lado, señala que, si los daños y perjuicios sufridos por un interesado acaecen por la infracción de un deber que corresponde en exclusiva al responsable del tratamiento, únicamente sobre éste recaerá la obligación de indemnizar.

Por otro lado, cuando la infracción que ha provocado el daño hubiera sido cometida por el encargado, tanto él como el responsable responderán de manera conjunta y solidaria frente al perjudicado. Según se deduce del art. 82.4 RGPD: «Cuando [...] un responsable y un encargado hayan participado en la misma operación de tratamiento [...] cada responsable o encargado será considerado responsable de todos los daños y perjuicios, a fin de garantizar la indemnización efectiva del interesado». Tal y como destaca RUBÍ PUIG[6] «se erige al responsable en un garante último frente a los interesados del cumplimiento de todos los deberes legales relacionados con los datos personales tratados».

También se prevé en el art. 82.4 RGPD la posibilidad de que hayan participado en la «misma operación de tratamiento» una pluralidad de sujetos y todos ellos sean, en mayor o menor medida, responsables de cualquier daño o perjuicio causado por dicho tratamiento. En este supuesto, la responsabilidad será también solidaria ya que el principal objetivo es garantizar al perjudicado el resarcimiento de los daños. Tal y como apuntamos, este régimen de responsabilidad solidaria queda reflejado en el apartado 4 del precitado artículo que estipula lo siguiente: «Cuando más de un responsable o encargado del tratamiento, o un responsable y un encargado hayan participado en la misma operación de tratamiento y sean, con arreglo a los apartados 2 y 3, responsables de cualquier daño o perjuicio causado por dicho tratamiento, cada responsable o encargado será considerado responsable de todos los daños y perjuicios, a fin de garantizar la indemnización efectiva del interesado».

En estos supuestos, el RGPD permite que los Estados miembros puedan establecer que, si es posible acreditar la contribución causal de cada sujeto a la producción de los daños, sea viable prorratear la indemnización a satisfacer por cada uno de ellos.

---

6 Rubí Puig, A.,...Cit., p. 68.

No obstante, aquel que hubiera satisfecho el pago de la indemnización al perjudicado podrá ejercitar la acción de regreso o repetición contra el resto de corresponsables del daño. Esta previsión viene recogida en el apartado 5 del art. 82 en los siguientes términos: «cuando, de conformidad con el apartado 4, un responsable o encargado del tratamiento haya pagado una indemnización total por el perjuicio ocasionado, dicho responsable o encargado tendrá derecho a reclamar a los demás responsables o encargados que hayan participado en esa misma operación de tratamiento la parte de la indemnización correspondiente a su parte de responsabilidad por los daños y perjuicios causados, de conformidad con las condiciones fijadas en el apartado 2».

2.3. Requisitos que deben acreditarse para solicitar el resarcimiento

Para que prospere una acción de responsabilidad civil por la vía del artículo 82 RGPD, el reclamante habrá de acreditar que concurren los requisitos siguientes: la condición de responsable o encargado del tratamiento del reclamado; una infracción de la normativa sobre protección de datos personales prevista en el RGPD; acreditación de los daños y perjuicios sufridos; y una relación de causalidad entre la infracción de la normativa y el resultado dañoso. Estos elementos deberán probarse en todo caso para que pueda tener lugar el derecho al resarcimiento. A continuación, analizaremos estos requisitos:

En cuanto al primer requisito, la persona a la que se dirige la reclamación debe tener la condición de responsable o encargado del tratamiento de los datos. En el lugar oportuno de este trabajo hemos abordado qué sujetos tienen la consideración de responsable o encargado del tratamiento. Tan sólo en este lugar cabría señalar que, para el reclamante, dependiendo de las circunstancias del caso concreto, le será más fácil o no acreditar a los sujetos responsables. Piénsese, por ejemplo, que si ha prestado consentimiento para el tratamiento de datos puede que se tenga alguna vinculación contractual con el responsable por lo que esta situación favorecerá su identificación. Por el contrario, en otras ocasiones será más ardua esta tarea.

También resulta necesario tener en cuenta un segundo requisito –acción u omisión que infrinja la normativa de protección de datos–. En efecto, ajustándonos a lo declarado en el art. 82 apartado segundo, «cualquier responsable que participe en la operación de tratamiento responderá de los daños y perjuicios causados en caso de que dicha operación no cumpla lo dispuesto por el presente Reglamento». De igual manera, por lo que respecta a la responsabilidad del encargado, aunque se trate de una responsabilidad más limitada, también señala este apartado que «un encargado únicamente responderá de los daños y perjuicios causados por el tratamiento cuando no haya cumplido con las obligaciones del presente Reglamento dirigidas específicamente a los encargados o haya actuado al margen o en contra de las instrucciones legales del responsable».

Así pues, el actor habrá de acreditar que durante el tratamiento de sus datos personales se ha producido por el responsable y/o el encargado una infracción de una de las normas previstas en el RGPD. No obstante, el considerando 146 del RGPD destaca que «un tratamiento en infracción del presente Reglamento también incluye aquel tratamiento que infringe actos delegados y de ejecución adoptados de conformidad con el presente Reglamento y el Derecho de los Estados miembros que especifique las normas del presente Reglamento».

No es necesario, tal y como ya hemos señalado, que la Agencia Española de Protección de Datos previamente se haya manifestado acerca de la existencia de la infracción e impuesto la correspondiente sanción. Sin embargo, esta circunstancia puede ser muy positiva a los efectos probatorios de la infracción en el procedimiento civil de reclamación de daños.

Igualmente, debemos constatar la producción de daños y perjuicios. El actor deberá acreditar la existencia de un efectivo daño provocado por la infracción. Siendo indemnizables tanto los daños materiales o inmateriales como tendremos ocasión de analizar seguidamente. Esto significa que el interesado debe demostrar que ha sufrido un perjuicio real y efectivo como resultado del tratamiento ilícito de sus datos personales.

Puede ocurrir (siendo esta circunstancia bastante habitual en la realidad práctica) que existan supuestos en los que una vulneración del derecho de protección de datos personales a su vez también lleve aparejado una intromisión ilegítima en los derechos al honor, intimidad o propia imagen. Esta situación es posible, por poner algún ejemplo, en el tratamiento de datos personales en un registro de morosos si no se ajusta a lo exigido en la legislación sobre protección de datos[7].

Aunque resulta incuestionable que los derechos al honor, a la intimidad y a la protección de datos de carácter personal, pese a su vinculación, tienen carácter autónomo, no cabe diferenciar el perjuicio causado a cada uno de ellos a efectos de fijar el resarcimiento. Así lo viene contemplando la propia jurisprudencia que afirma que no procede diferenciar la indemnización correspondiente a la infracción de cada uno de los derechos en juego.

Concretamente, en la Sentencia del Tribunal Supremo de 5 de abril de 2016[8] (en adelante, TS) señala que «La conducta ilícita es una, y el daño moral causado es también único. Pese a que la ilicitud provenga de la vulneración de varios derechos, se trata de un concurso ideal con relación a una sola conducta y a un único resultado lesivo que debe ser indemnizado con criterios estimativos. Por lo expuesto, el precepto legal invocado no exige que se fijen indemnizaciones diferentes por cada uno de los derechos vulnerados». No obstante, la citada sentencia también aclara que es posible que puedan darse casos en los que, a pesar de que se haya producido un incumplimiento de la

---

[7] STS de 9 de septiembre de 2021. ECLI:ES:TS:2021:3295.

[8] STS de 5 abril de 2016. ECLI:ES:TS:2016:1280.

normativa en materia de protección de datos, esta circunstancia no implique automáticamente un daño indemnizable[9].

Lo anteriormente manifestado lo observamos en aquellos casos en los que se incumplan determinados deberes expresamente conferidos por la legislación a determinados sujetos responsables pero que, sin embargo, el incumplimiento de tales deberes no lleve aparejada una vulneración del derecho fundamental a la protección de datos y, en consecuencia, no se haya provocado ningún perjuicio que deba ser reparado. A modo ejemplificativo, piénsese en los casos en los que a pesar de no haber adoptado de manera correcta las pertinentes medidas técnicas y organizativas apropiadas para garantizar un nivel de seguridad adecuado al riesgo a las que el responsable y el encargado del tratamiento están obligados[10] (por lo tanto, hay una infracción normativa) ello no ha provocado una brecha de seguridad que haya propiciado una filtración de datos personales de un sujeto ocasionándole serios perjuicios susceptibles de reparación. Por lo tanto, no cabe, a pesar de haberse producido una infracción normativa, ejercitar una acción de responsabilidad por parte del sujeto cuyos datos son objeto de tratamiento si no se ha generado ningún perjuicio. La anterior situación no impide que estos sujetos responsables se enfrenten a una sanción administrativa si, a juicio de la AEPD, las medidas que tienen la obligación de adoptar no han sido las adecuadas.

Por último, también habrá que probarse por el afectado la relación de causalidad entre la infracción y el verdadero daño sufrido. Es decir, se debe demostrar que el daño sufrido por el interesado es directamente atribuible al tratamiento ilícito de sus datos personales. Para acreditar la causalidad entre el tratamiento

---

9 De igual manera, también pueden darse casos en los que sólo quede lesionado el derecho a la protección de datos personales sin que entren en juego otros derechos.

10 Esta obligación viene contemplada en el art. 32.1 del RGPD.

ilícito y el daño, se puede recurrir a diferentes medios de prueba, como informes periciales, testigos o pruebas documentales.

Una vez realizado el análisis de los requisitos que deben acreditarse para solicitar el resarcimiento, consideramos especialmente interesante referirnos a la sentencia del Tribunal de Justicia de la Unión Europea (en adelante, TJUE), en el asunto C-300/21-Österreichische Post, de 4 de mayo de 2023[11], ya que resulta ser una de las primeras resoluciones en la Unión que se pronuncia sobre el derecho a indemnización derivado del artículo 82.1 del RGPD. Esta sentencia no sólo sienta un precedente en esta materia, sino que también proporciona una serie de criterios que sirven de base para determinar el derecho a recibir una indemnización fundamentada en la infracción del RGPD.

El asunto litigioso se debe a una reclamación de un ciudadano austríaco al servicio postal de dicho país (Österreichische Post AG) que consideró vulnerado su derecho a la protección de datos personales. Según los antecedentes del caso, el mencionado servicio postal realizó una recopilación de información algorítmica sobre las afinidades y opiniones políticas de la población austriaca. Al reclamante se le atribuyó una alta afinidad a un partido político de extrema derecha. Dado que esta persona no había prestado su consentimiento para el tratamiento de sus datos para tal fin, argumentó que dicha operación se había realizado de manera ilícita e interpuso una demanda en la que reclamaba un importe de 1000 euros en concepto de indemnización por daño moral al afirmar que se sintió ofendido por el hecho de que se le hubiera atribuido afinidad con ese partido en cuestión señalando «haber sufrido una importante contrariedad, una pérdida de confianza y un sentimiento de humillación» derivado de tal tratamiento de datos personales.

---

11 Sentencia del TJUE de 4 de mayo de 2023, asunto C-300/21-Österreichische Post. ECLI:EU:C:2023:370.

Tanto en primera como en segunda instancia se desestimó la pretensión de indemnización planteada por el demandante llegando el asunto al Tribunal Supremo austríaco que decidió suspender el procedimiento y plantear al Tribunal de Justicia las siguientes cuestiones prejudiciales:1) si para el derecho a una indemnización por daños y perjuicios es necesario probar que el demandante ha sufrido un daño o la mera violación de las disposiciones del RGPD es suficiente por sí misma para tal reconocimiento; 2) si, además de los principios de efectividad y equivalencia, existen otros requisitos del Derecho de la Unión para la cuantificación de la indemnización por daños y perjuicios; 3) si solo cabe la indemnización cuando los daños y perjuicios superen cierto umbral de gravedad.

Respecto a la primera cuestión prejudicial, el TJUE responde que no basta la mera infracción de las disposiciones de dicho Reglamento para reconocer un derecho a indemnización siendo necesario que se cumplan de manera acumulativa los siguientes requisitos: a) una infracción del RGPD, b) ocurrencia de daños y perjuicios como consecuencia de esa infracción, y c) una relación de causalidad entre los daños y perjuicios y la infracción.

En cuanto a la tercera cuestión prejudicial planteada, que el Tribunal examina antes de la segunda, destaca que el derecho a indemnización no está supeditado a que los daños y perjuicios considerados alcancen un determinado umbral de gravedad. Precisamente, el RGPD parte de una acepción amplia del concepto de daños y perjuicios, lo que implica que esta visión se vería contradicha si el referido concepto se limitara únicamente a los daños y perjuicios de cierta gravedad. No obstante, el TJUE incide en que, de todas maneras, corresponderá al afectado probar la existencia de estos daños inmateriales (esto es, daño moral), por mínimos que estos sean.

Por lo que se refiere a la segunda cuestión prejudicial, se analiza la cuestión de la cuantificación de la indemnización de las daños y perjuicios. El TJUE señala que el RGPD no contiene disposiciones sobre este particular por lo que serán los jueces nacionales los que deban aplicar las normas internas de cada Estado miembro relativas al alcance de la reparación pecuniaria, respetando los principios de equivalencia y de efectividad del Derecho de la Unión.

En definitiva, según podemos extraer de la resolución del TJUE comentada, no todas las infracciones del RGPD llevarán consigo que se otorgue automáticamente el derecho a indemnización; además, debe acreditarse daño, pero no se exige un umbral; y, por último, siendo quizás lo que genere mayor incertidumbre, que la cuantificación de la indemnización por daños y perjuicios queda a cargo del ordenamiento jurídico interno de cada Estado miembro.

2.4. Daños indemnizables

Conforme al apartado primero del art. 82 son indemnizables «los daños y perjuicios materiales o inmateriales», por ende, se garantiza una reparación integral ya que se dará cobertura tanto a los daños patrimoniales como a los daños morales.

Concretamente, en el Considerando 146 se reconoce este principio de la reparación integral, al establecer el derecho del perjudicado a recibir «una indemnización total y efectiva por los daños y perjuicios sufridos». Además, se declara que «El concepto de daños y perjuicios debe interpretarse en sentido amplio a la luz de la jurisprudencia del Tribunal de Justicia, de tal modo que se respeten plenamente los objetivos del presente Reglamento».

Queda, por tanto, claramente confirmado que un tratamiento ilícito de datos personales podrá causar daños patrimoniales siendo el actor el que tendrá que probar su existencia y cuantía no presentándose en este tipo de daños mayores dificultades a la hora de delimitar el alcance de la indemnización[12]. También en

---

[12] No podemos olvidar que, dentro de esta remesa indemnizatoria debe incluirse tanto el daño emergente como el lucro cesante, tal y como reconoce nuestro art. 1106 del Código Civil.

la jurisprudencia española, pueden encontrarse indemnizaciones por daño moral derivados de esta materia[13] destacándose que la acreditación en este tipo de daños no son necesarias pruebas objetivas, sobre todo en su aspecto económico, sino que ha de estarse a las circunstancias concurrentes al caso concreto.

Referente al daño moral habría que aclarar qué se entiende por este tipo de daños. Se pueden observar dos orientaciones bien diferenciadas por parte de la jurisprudencia: una posición estricta y otra amplia de lo que debemos entender por daño moral.

Para la concepción estricta[14], el daño moral solamente se produce cuando hay un ataque a bienes de la personalidad, se atenta contra la esfera espiritual del sujeto. Algunas sentencias identifican el daño moral con el impacto, quebranto o sufrimiento psíquico, la impotencia, conmoción, miedo, ansiedad o la angustia; otras hablan de daño psíquico. En estos casos, el daño moral es entendido como lesión de los derechos de la personalidad[15] e igualmente otras sentencias catalogan el referido daño como sinónimo de sufrimiento o dolor psíquico[16].

Por su parte, la concepción amplia[17] incluye dentro del daño moral los casos en los que el bien lesionado tiene naturaleza material o patrimonial. Se habla claramente de esta orientación cuando numerosos pronunciamientos destacan que el daño

---

13 Son numerosos los ejemplos recogidos en la jurisprudencia y tratados en trabajos de algunos autores, tales como Rubí Puig, A. (Cit., p. 75), que destaca realidades diversas como: la inclusión indebida en registros de morosos; infracción del derecho al olvido digital; divulgación no consentida de datos sobre un despido laboral; acceso ilícito a las historias clínicas informatizadas; o inclusión no adecuada de datos personales en ficheros policiales.

14 STS de 15 de junio de 2010. ECLI:ES:TS:2010:4384.

15 STS de 24 de julio de 2012. ECLI:ES:TS:2012:5731.

16 STS de 24 de septiembre de 1999.

17 STS de 31 de mayo de 2000.

moral, como sinónimo de ataque o lesión directos a bienes o derechos extrapatrimoniales o de la personalidad, peca hoy de anticuada y ha sido superada tanto por la doctrina de los autores como de esta Sala. Se mantiene la idea del daño moral, representado por el impacto o sufrimiento psíquico o espiritual que en la persona pueden producir ciertas conductas, actividades, o, incluso, resultados, tanto si implican una agresión directa o inmediata a bienes materiales, cual si el ataque afecta al acervo extrapatrimonial o de la personalidad.

Muy acertadas son las palabras de LINACERO DE LA FUENTE[18] cuando señala que en el escenario actual la aproximación al concepto del daño moral ha generado dos criterios aparentemente contrapuestos. Por un lado, se configura el daño moral en atención a la naturaleza del bien lesionado, identificándolo con la lesión de los bienes de la personalidad, y por otro, se relaciona el daño moral con el sufrimiento que en la persona pueden producir ciertas conductas y actividades con independencia de la naturaleza patrimonial o no patrimonial del bien lesionado.

En definitiva, puede constatarse que, en los momentos actuales, uno de los datos reseñables del llamado daño moral es la confusión existente en torno a su definición y, lo que es más preocupante, la consiguiente falta de rigor en el criterio seguido por recientes resoluciones judiciales que lo han convertido en un concepto comodín, que se utiliza lo mismo para indemnizar la pérdida de un hijo que la pérdida de unas maletas o el retraso de un vuelo.

Desde de nuestro punto de vista, la posición estricta del daño moral es la que debería mantenerse, puesto que en esencia es la que más se ajusta a la verdadera noción de este daño. Cuando se produce una lesión a un bien extrapatrimonial o de la

---

[18] Linacero de la Fuente, M., "Concepto y límites del daño moral: el retorno del Pretium Doloris", *Revista Crítica de Derecho Inmobiliario,* N.° 720, 2010, p.1574.

personalidad y acto seguido como consecuencia de esa lesión hablamos de sentimientos, desasosiego, angustias, zozobra,..., a lo que nos referimos es a situaciones que afectan a la esfera más íntima de la persona y es eso lo debe de entrar a valorarse no incluyendo los posibles daños de carácter económico que pudiera llevar aparejada la lesión puesto que eso sería ya un daño material y como tal debe ser tratado y resarcido.

Una vez aclarado la cuestión conceptual del daño moral y retomando el tema que nos concierne, debemos afirmar que, a diferencia de lo que sucede en la LO 1/1982, de 5 de mayo, de Protección Civil del Derecho al Honor, a la Intimidad Personal y Familiar y a la Propia Imagen en la que existe la presunción iuris et de iure consagrada en el art. 9.3[19] en virtud de la cual si una persona ha sido objeto de una intromisión ilegítima en su honor, intimidad o imagen, se presume que ha sufrido un daño moral, y, por lo tanto, tendrá derecho a ser compensado por ese daño, en el art. 82 del RGPD no se contempla la presunción de la existencia de un perjuicio cuando se acredite la infracción de las normas de este reglamento. La señalada presunción recogida en la LO 1/1982 ha tratado de trasladarse por algún sector de la doctrina al ámbito de la protección de datos. Así pues, a favor de extender esta presunción se pronuncia GRIMALT SERVERA[20] afirmando que «siempre que haya existido un tratamiento ilegítimo se podrá presumir que ha existido un daño». En contra de

---

19 El art. 9.3 estipula lo siguiente: "La existencia de perjuicio se presumirá siempre que se acredite la intromisión ilegítima. La indemnización se extenderá al daño moral, que se valorará atendiendo a las circunstancias del caso y a la gravedad de la lesión efectivamente producida, para lo que se tendrá en cuenta, en su caso, la difusión o audiencia del medio a través del que se haya producido".

20 Grimalt Servera, P., *La responsabilidad civil en el tratamiento automatizado de datos personales*, Comares, Granada,1999, p.140.

esta postura, ABERASTURI GORRIÑO[21] manifiesta que la LOPD (se estaba refiriendo a la Ley de 1999 ya derogada) no establece ninguna presunción de daño, al contrario de lo que hace la LO 1/1982, por lo que «si el legislador no contempló un extremo de tanta importancia no fue precisamente por descuido u olvido, sino porque la aplicación de ese criterio a todos los casos de incumplimiento en materia tan compleja y de casuística casi infinita, podría desembocar en situaciones absurdas».

En lo que aquí interesa, no podemos perder la oportunidad de mencionar la Sentencia del TJUE de 14 de diciembre de 2023[22] puesto que es clave a la hora de determinar la existencia o no de daño moral en la materia objeto de nuestro estudio. El problema que se planteaba era si, como consecuencia de producirse un ciberataque, el temor al uso indebido en el futuro de los datos personales puede constituir un daño o perjuicio inmaterial indemnizable. Para comprender la decisión que toma la referida sentencia, explicaremos someramente los hechos del caso: En 2019, los medios de comunicación búlgaros difundieron la noticia de que se había producido un acceso no autorizado (ciberataque) al sistema informático de la Agencia nacional de recaudación búlgara y que se había publicado en Internet información fiscal y de la seguridad social de millones de personas, tanto nacionales como extranjeros. Como consecuencia de ello, varios afectados interpusieron acciones contra la Agencia de Recaudación reclamando una indemnización por los daños y perjuicios inmateriales sufridos por el temor a un posible uso indebido de sus datos personales.

En la sentencia se deja aclarado que el hecho de que la infracción haya sido cometida por un tercero no constituye en sí

---

21 Aberasturi Gorriño, U., "El derecho a la indemnización en el artículo 19 de la Ley Orgánica de Protección de Datos de Carácter Personal", *Revista Aragonesa de Administración Pública*, N.º 41-42, 2013, p. 184.

22 Sentencia del TJUE de 14 diciembre de 2023, asunto C-340/21. ECLI:EU:C:2023:986.

mismo un motivo para eximir de responsabilidad al responsable del tratamiento, sino que debe demostrarlo. Así lo manifiesta expresamente la sentencia: «(...)el responsable del tratamiento no puede quedar exonerado de la obligación de indemnizar los daños y perjuicios sufridos por una persona, con arreglo al artículo 82, apartados 1 y 2, de dicho Reglamento, por el mero hecho de que esos daños y perjuicios resulten de una comunicación no autorizada de datos personales o de un acceso no autorizado a esos datos por parte de «terceros», a los efectos del artículo 4, punto 10, del mencionado Reglamento, pues ese responsable debe demostrar que no es en modo alguno responsable del hecho que haya causado los daños y perjuicios en cuestión».

En cuanto al concepto de daño moral, se invoca en la sentencia que el temor que experimenta un interesado a un potencial uso indebido de sus datos personales por terceros a raíz de una infracción del RGPD puede constituir, por sí solo, un «daño o perjuicio inmaterial». Ahora bien, se incide en que el órgano jurisdiccional que conozca del asunto deberá comprobar que ese temor puede considerarse fundado[23], habida cuenta de las circunstancias específicas del caso y del interesado.

2.5. Exclusiones de responsabilidad

En cuanto a posibles supuestos de exención de responsabilidad, el apartado tercero del referido art. 82 del RGPD, señala que «el responsable o el encargado del tratamiento estará exento de responsabilidad en virtud del apartado 2 si demuestra que no es en modo alguno responsable del hecho que haya causado los daños y perjuicios».

---

[23] En esta línea, además de la sentencia de 14 de diciembre de 2023 citada, destacamos: la sentencia del TJUE de 20 de junio de 2024, asunto C-590/22. ECLI: EU:C: 2024:536. También la sentencia de 4 de octubre de 2024, asunto C-200/23. ECLI: EU:C: 2024:827.

Existen diferentes posturas en torno a qué tipo de responsabilidad civil se establece a cargo de los responsables y de los encargados de tratamiento de datos personales. A este respecto, podemos encontrar autores que han sostenido una responsabilidad civil subjetiva o por culpa[24] mientras que otros se muestran partidarios en mantener una responsabilidad objetiva[25] sobre esta cuestión.

---

24 Entre quienes están a favor de esta postura destacamos: Nieto Garrido, E., "Derecho a indemnización y responsabilidad" en Piñar (dir.), *Reglamento General de Protección de Datos. Hacia un nuevo modelo de privacidad,* Madrid, Reus, 2016, p. 561; Busto Lago, J. M., "Protección de datos personales y responsabilidad civil", *Derecho de daños 2020, V Congreso Internacional de Derecho de daños,* Francis Lefebvre, Madrid, 2020, pp. 481 y ss; López del Moral Echeverría, J. L., "Derecho al resarcimiento por los perjuicios derivados de infracciones en materia de protección de datos (Comentario al art. 82 RGPD)" en Troncoso Reigada, A. (Dir.), *Comentario al Reglamento General de Protección de Datos y a la Ley Orgánica de Protección de Datos Personales y Garantía de los Derechos Digitales,* Tomo II, Civitas, Pamplona, 2021, p. 3068.

25 Defensores de un criterio de imputación objetiva a la luz del RGPD véase: Rubí Puig, A., Cit., p. 62. Este autor destaca que, aunque en el RGPD el tratamiento de datos se concibe como una actividad generadora de riesgos, "esto no implica sujetar al responsable del tratamiento a una responsabilidad por riesgo, sino que, de hecho, rige una regla de responsabilidad objetiva para la compensación de los daños causados: una vez se haya acreditado una infracción de una de las obligaciones relativas al tratamiento de datos personales prevista en el RGPD como causante de los daños sufridos, el responsable deberá compensar al actor sin que pueda probar que su comportamiento fue diligente o que desconocía y no podía saber que él o el encargado del tratamiento estaban infringiendo el RGPD". Por su parte, Santos Morón, Mª J., "La responsabilidad por incumplimiento de la normativa de datos personales (art. 82 RGPD)", en Arroyo Vendrell, T; Gsell, B.; Kindl, J. (Dirs) *Die Schadensersatzhaftung La Responsabilidad Civil,* Nosmos, Baden (Alemania), 2022, pp. 237-238 hace un interesante planteamiento a la hora de mantener que la responsabilidad derivada del art. 82 RGPD es de carácter objetivo. En tal sentido, argumenta que "el art. 82.3 RGPD en ningún momento dice que el responsable o

A nuestro juicio, atendiendo al apartado tercero que hemos mencionado anteriormente, parece que lo que pretende el Reglamento es un sistema de responsabilidad civil subjetiva con inversión de la carga de la prueba de la culpa, ya que ante una reclamación por parte del perjudicado, la carga de la prueba de que se ha actuado correctamente conforme a las previsiones específicas contenidas en el propio RGPD y también a las contempladas en las normas nacionales de protección de datos personales, recae sobre el responsable o sobre el encargado.

A estos efectos ha de tenerse en cuenta que el art. 82 del RGPD pone a cargo del responsable y del encargado del tratamiento, para que puedan exonerarse de responsabilidad civil derivada de un evento dañoso cuya imputación se pretenda, bien que este evento dañoso resulta imputable a un hecho extraño a su esfera de control y de responsabilidad (hecho de un tercero o supuesto de fuerza mayor), bien que han adoptado todas las medidas normativamente exigidas y técnicamente posibles para evitar que se produjese el daño.

A modo de ejemplo, cuando por causa de un ataque cibernético se produzca una filtración a los datos personales de los individuos que genere un daño, esa actuación tiene que provocar una responsabilidad civil por parte del responsable del tratamiento de datos por no haber adoptado las medidas suficientes para evitar dicha intromisión ilegítima, cuestión distinta será, que el responsable logre demostrar, pues se le reconoce tal derecho, que si adoptó en ese caso en concreto las medidas oportunas para evitarlo.

---

encargado de tratamiento que haya infringido la normativa aplicable puede exonerarse de responsabilidad demostrando que actuó diligentemente. Lo que prevé es que podrán exonerarse si demuestran que no son "responsables" del hecho causante del daño, es decir, que pueden exonerarse si prueban que tal hecho no les es imputable (atribuible)".

2.6. La acción de reclamación de responsabilidad por daños

El apartado 6 del artículo 82 establece dónde debe dirigirse el perjudicado para presentar su reclamación de responsabilidad patrimonial indicando los tribunales competentes de los Estados miembros, con remisión a lo dispuesto en el artículo 79.2 del Reglamento General de Protección de Datos.

El apartado segundo del artículo 79 RGPD dispone que las acciones contra un responsable y/o encargado del tratamiento de datos se interpondrán, en primer lugar, ante los tribunales nacionales competentes donde estos tengan su establecimiento. Pero, además, a continuación, dispone que: «alternativamente tales acciones podrán ejercitarse ante los tribunales del Estado miembro donde el interesado tenga su residencia habitual, a menos que el responsable o el encargado sea una autoridad pública de un Estado miembro que actúe en ejercicio de sus poderes públicos».

En efecto el legislador europeo dispone que el reclamante debe tener la opción de ejercitar las acciones contra los responsables o encargados del tratamiento ante los tribunales de los Estados miembros donde aquellos tengan su establecimiento, o bien, ante los tribunales de los Estados miembros donde el reclamante tenga su domicilio.

Se trata sin duda de un gran avance en la tutela del derecho fundamental a la protección de datos de carácter personal que elimina el obstáculo que suponía para la efectividad del derecho a una indemnización el tener que acudir a reclamar la misma a otro Estado miembro distinto de aquel donde el perjudicado tiene su domicilio porque el responsable o el encargado tenía allí su establecimiento[26].

Sin embargo, esta opción reconocida al reclamante no sería posible en aquellos casos en el que el responsable o encargado del tratamiento sea una autoridad pública de un Estado miembro

[26] Nieto Garrido, E., Cit., pp. 565-566.

que actúe en ejercicio de sus poderes públicos. En este supuesto el reclamante de indemnización por responsabilidad debe presentar su acción ante los tribunales competentes del Estado miembro de la autoridad pública, que son los únicos competentes para conocer de la responsabilidad por daños derivado del tratamiento ilícito de los datos de carácter personal.

En todo caso debemos incidir en que, si el perjudicado ejercita la acción de responsabilidad ante los tribunales españoles, la jurisdicción competente para conocer de la acción de resarcimiento será la civil cuando el causante del daño sea un sujeto privado, mientras que si la lesión proviene de organismos públicos la indemnización se exigirá ante la Jurisdicción contencioso-administrativa[27].

Si bien, resulta innecesario reclamar previamente ante la Agencia Española de Protección de Datos para acudir a los tribunales, ello sin perjuicio de la competencia de dicha autoridad de control para pronunciarse sobre la infracción de la legislación sobre Protección de Datos e imponer, en su caso, las sanciones correspondientes.

Como última cuestión a tratar, resulta interesante resaltar que el RGPD no establece ningún plazo de prescripción para el ejercicio de la acción indemnizatoria del artículo 82 RGPD. Tampoco se establece en el Ordenamiento jurídico español una previsión específica acerca de la prescripción de la acción de daños causados en materia de protección de datos, por lo que, en consecuencia, se aplica el régimen general. A tal efecto, habrá que tener en cuenta la existencia o no de una relación contractual entre el titular de los datos personales y el responsable del tratamiento por lo que, si dicha relación fuera de naturaleza contractual le sería de aplicación el plazo específico de la obligación en cuestión o, en su defecto, el plazo general de 5 años del artículo 1964 CC; si la relación fuera de naturaleza extracontractual el plazo sería el anual del artículo 1968 CC in fine.

---

27 López del Moral Echeverría, J. L., Cit., p. 3073.

III. CONCLUSIONES

Primera. El RGPD en el art. 82 reconoce a los titulares de datos personales una acción indemnizatoria que pueden ejercer contra los responsables y encargados del tratamiento. Regula el derecho a la indemnización, el cual, constituye la base actual del sistema de responsabilidad civil frente a violaciones del derecho fundamental a la protección de datos personales en la legislación comunitaria y, por ende, española, ya que la Ley Orgánica 3/2018, de 5 de diciembre, de Protección de Datos Personales y garantía de los derechos digitales, no introduce ningún precepto sobre la cuestión.

Segunda. Con la entrada en vigor del RGPD se prevé un régimen de responsabilidad de aplicación directa, siempre que el afectado pruebe cuatro requisitos:

- La infracción del marco normativo sobre protección de datos.
- La acreditación de los perjuicios sufridos, que podrán ser patrimoniales y no patrimoniales.
- La condición de responsable y/o encargado del sujeto causante de los daños.
- La concurrencia de nexo de causalidad entre el tratamiento de datos o el incumplimiento de la normativa y el perjuicio producido.

Tercera. La doctrina se encuentra dividida en torno a qué régimen de imputación de responsabilidad civil (subjetiva u objetiva) aparece contemplado en el art. 82 RGPD. Podríamos defender que el Reglamento pretende un sistema de responsabilidad civil subjetiva con inversión de la carga de la prueba de la culpa, ya que, ante una reclamación por parte del perjudicado, la carga de la prueba de que se ha actuado correctamente conforme a las previsiones específicas contenidas en el propio RGPD y también a las contempladas en las normas nacionales de protección de datos personales, recae sobre el responsable o sobre el encargado.

Cuarta. Son indemnizables «los daños y perjuicios materiales o inmateriales», por lo tanto, se garantiza una reparación integral de los perjuicios causados ya que se dará cobertura tanto a los daños patrimoniales como a los daños morales. Se ha discutido por la doctrina si sería posible aplicar, con referencia a los daños morales, la presunción contemplada en el art. 9.3 de la LO 1/1982, de 5 de mayo, de Protección Civil del Derecho al Honor, a la Intimidad Personal y Familiar y a la Propia Imagen también por analogía al derecho a la protección del tratamiento de datos personales. Ciertamente, podemos afirmar que no hay ninguna norma equivalente al art. 9.3 LO 1/82 en el RGPD que presuma dicho daño moral y, si esa era la intención del legislador, podría haberla contemplado.

Quinta. Se presenta como novedad a la hora de ejercitar la acción de reclamación de responsabilidad por daños por parte del perjudicado, que éste pueda optar entre ejercitar las acciones contra los responsables o encargados del tratamiento ante los tribunales de los Estados miembros donde aquellos tengan su establecimiento, o bien, ante los tribunales de los Estados miembros donde el propio reclamante tenga su domicilio. La única excepción sería en aquellos casos en los que el responsable o encargado del tratamiento sea una autoridad pública de un Estado miembro ya que el reclamante debería presentar su acción ante los tribunales competentes del Estado miembro dicha autoridad pública.

IV. REFERENCIAS BIBLIOGRÁFICAS

- ABERASTURI GORRIÑO, U. (2013), «El derecho a la indemnización en el artículo 19 de la Ley Orgánica de Protección de Datos de Carácter Personal», *Revista Aragonesa de Administración Pública*, N.º 41-42, pp. 173-206.
- BUSTO LAGO, J. M. (2020), «Protección de datos personales y responsabilidad civil», *Derecho de daños 2020 (cuestiones actuales)*, Francis Lefebvre, Madrid.
- GRIMALT SERVERA, P. (1999), *La responsabilidad civil en el tratamiento automatizado de datos personales*, Comares, Granada.

- Linacero De la Fuente, M. (2010), «Concepto y límites del daño moral: el retorno del Pretium Doloris», *Revista Crítica de Derecho Inmobiliario,* N.º 720, pp. 1559-1594.
- López Del Moral Echeverría, J. L. (2021), «Derecho al resarcimiento por los perjuicios derivados de infracciones en materia de protección de datos (Comentario al art. 82 RGPD)» en Troncoso Reigada, A. (Dir.), *Comentario al Reglamento General de Protección de Datos y a la Ley Orgánica de Protección de Datos Personales y Garantía de los Derechos Digitales,* Tomo. II, Civitas, Pamplona.
- Murillo De La Cueva, P. L. (1990), *El Derecho a la Autodeterminación Informativa. La Protección de los Datos Personales Frente al Uso de la Informática,* Tecnos, Madrid.
- Nieto Garrido, E., «Derecho a indemnización y responsabilidad» en PIÑAR (dir.), *Reglamento General de Protección de Datos. Hacia un nuevo modelo de privacidad,* Madrid, Reus, 2016.
- Santos Morón, Mª J. (2022), «La responsabilidad por incumplimiento de la normativa de datos personales (art. 82 RGPD)», en Arroyo Vendrell, T.; Gsell, B.; Kindl, J. (Dirs) *Die Schadensersatzhaftung La Responsabilidad Civil,* Nosmos, Baden (Alemania). En línea: https://www.nomos-elibrary.de/10.5771/9783748934820.pdf?download_full_pdf=1&page=1

Capítulo 7
A protecção dos dados pessoais do utilizador-consumidor nos contratos celebrados através de plataformas digitais

MARIA RAQUEL GUIMARÃES[1]
Universidade do Porto

SUMARIO: I. INTRODUÇÃO: DA «ECONOMIA DAS PLATAFORMAS» À «ECONOMIA DE DADOS». II. OS DADOS COMO *CONTRAPRESTAÇÃO* NOS CONTRATOS CELEBRADOS COM CONSUMIDORES. III. A DIRECTIVA 2019/770 E O RGPD. IV. A DIRECTIVA 2019/770 E A DESCONFORMIDADE DOS CONTEÚDOS OU SERVIÇOS DIGITAIS FORNECIDOS: O INCUMPRIMENTO DO RGPD COMO «DESCONFORMIDADE». V. RECOLHA (PASSIVA) DE DADOS PESSOAIS PELAS PLATAFORMAS DIGITAIS E *PROFILING*. VI. *PROFILING, BIG DATA* E DECISÕES AUTOMATIZADAS.VII. SÍNTESE CONCLUSIVA. VIII. BIBLIOGRAFIA

---

1 Professora Associada da Faculdade de Direito da Universidade do Porto. Investigadora do CIJ – Centro de Investigação Interdisciplinar em Justiça, U.Porto. Esta texto insere-se nas actividades do Proyecto de Investigación PID2021-127172NB-I00, «*Big data*, competencia y proteccion de datos», financiado por el Ministerio de Ciencia e Innovación (investigador principal Fernando Cachafeiro García), Universidade da Coruña, Espanha, e do Projecto «'It's a wonderful (digital) world': O direito numa sociedade digital e tecnológica», do CIJ – UIDB/00443/2020, financiado pela Fundação para a Ciência e a Tecnologia (investigadoras principais Rute Teixeira Pedro e Maria Raquel Guimarães), U.Porto, Portugal.

I. INTRODUÇÃO: DA «ECONOMIA DAS PLATAFORMAS» À «ECONOMIA DE DADOS»

Numa sociedade onde as barreiras entre o mundo real e o mundo virtual se tornam cada vez mais fluídas, onde estar *online* significa estar «*onlife*»[2] – e poucos se podem permitir a perda de oportunidade, o inconveniente, ou até o luxo, de estar «*offlife*», quando próprio Estado impõe a digitalização nas suas relações com os contribuintes ou utentes de serviços públicos –, o rasto digital provocado pelo comportamento de cada um de nós torna-se indelével, denunciando uma identidade própria, pessoal e profissional, passível de ser lida, processada e rentabilizada através de meios computacionais adequados.

Uma boa parte desta nossa actividade virtual é levada a cabo através da mediação de plataformas em linha[3], muitas vezes de

---

[2] O neologismo «*onlife*», relativo a uma realidade hiperconectada, na qual já não faz sentido perguntar se se está em linha ou fora de linha, foi utilizado pela *Onlife Iniciative*, desenvolvida pela Comissão Europeia (2011-2013) e foi cunhado na obra *The Onlife Manifesto, Being human in a hyperconnected era*, Luciano Florid (Editor), Heidelberg/New York/Dordrecht/London, Springer, 2014, pp. 1, 7-8, disponível em <https://link.springer.com/chapter/10.1007/978-3-319-04093-6_2> (3.10.2023). Para mais informações sobre a *Onlife Iniciative* e o debate que teve lugar no Parlamento Europeu a 2 de Dezembro de 2014 sobre o tema, ver <https://digital-strategy.ec.europa.eu/en/events/being-human-hyperconnected-era> (3.10.2023).

[3] As «plataformas em linha» são definidas pelo Regulamento (UE) 2022/2065 do Parlamento Europeu e do Conselho, de 19 de outubro de 2022, relativo a um mercado único para os serviços digitais e que altera a Diretiva 2000/31/CE (Regulamento dos Serviços Digitais), *in JO* L 277, 65.° ano, 27.10.2022, artigo 3.°, alínea *i)*, como «um serviço de alojamento virtual que, a pedido de um destinatário do serviço, armazene e difunda informações ao público, a menos que essa atividade seja um elemento menor e meramente acessório de outro serviço ou uma funcionalidade menor do serviço principal e que, por razões objetivas e técnicas, não possa ser utilizado sem esse

muito grande dimensão, incontornáveis nos serviços prestados, com uma capacidade enorme de processamento e de armazenamento de dados. Estas plataformas prestam um «serviço da sociedade da informação», no sentido apontado pela Directiva do comércio electrónico e replicado pelo Regulamento dos Serviços Digitais (RSD)[4], enquadrando-se, para os efeitos do disposto neste Regulamento, nos serviços de *alojamento virtual* (*hosting*, na versão em língua inglesa do Regulamento), que consistem na «armazenagem de informações prestadas por um destinatário do serviço e a pedido do mesmo»[5].

A actividade das plataformas electrónicas encontra-se disseminada por um sem número de áreas distintas, de uma forma tentacular, tendo o legislador europeu, no contexto do Regulamento dos Mercados Digitais (RMD) e para efeitos de aplicação das suas regras, elencado um conjunto de serviços que designou como «serviços essenciais de plataforma», onde se incluem os (i) serviços de intermediação em linha, (ii) motores de pesquisa em linha, (iii) serviços de redes sociais em linha, (iv) serviços de

---

outro serviço, e que a integração desse elemento ou dessa funcionalidade no outro serviço não constitua uma forma de contornar a aplicabilidade do presente regulamento».

4 Cfr. o artigo 2.º, alíneas *a)* e *b)*, da Directiva 2000/31/CE do Parlamento Europeu e do Conselho de 8 de Junho de 2000 relativa a certos aspectos legais dos serviços da sociedade de informação, em especial do comércio electrónico, no mercado interno («Directiva sobre o comércio electrónico»), *in JO* L 178, 17.7.2000, pp. 1-16. Cfr., também, o artigo 3.º, alínea *a)*, do Regulamento dos Serviços Digitais (RSD), que remete, quanto a esta noção, para o artigo 1.º, n.º 1, alínea *b)*, da Diretiva (UE) 2015/1535 do Parlamento Europeu e do Conselho, de 9 de setembro de 2015, relativa a um procedimento de informação no domínio das regulamentações técnicas e das regras relativas aos serviços da sociedade da informação, *in JO* L 241, 17.9.2015, pp. 1-15: «qualquer serviço prestado normalmente mediante remuneração, à distância, por via eletrónica e mediante pedido individual de um destinatário de serviços».

5 Cfr. a alínea *g)*, iii), e a alínea *i)*, do artigo 3.º do RSD.

plataforma de partilha de vídeos, (v) serviços de comunicações interpessoais independentes do número, (vi) sistemas operativos, (vii) navegadores *Web*, (viii) assistentes virtuais, (ix) serviços de computação em nuvem e (x) serviços de publicidade em linha[6].

A omnipresença das plataformas digitais no mundo *online* não obedece, ainda assim, a um modelo único de intervenção. Uma categorização tripartida, simplificada, dos modelos de negócios que são desenvolvidos através das plataformas em linha permite distinguir para além das *plataformas de negócios*, que prestam serviços de intermediação em linha, concretamente entre a oferta e a procura, também as *plataformas prestadoras directas de bens ou serviços*, que fornecem bens ou serviços em nome próprio aos seus utilizadores, e as *plataformas «não negociais»*, nas quais aparentemente não há qualquer conexão entre os utilizadores-

---

6 Cfr. o artigo 2.º, n.º 2, do Regulamento (UE) 2022/1925 do Parlamento Europeu e do Conselho, de 14 de setembro de 2022, relativo à disputabilidade e equidade dos mercados no setor digital e que altera as Diretivas (UE) 2019/1937 e (UE) 2020/1828 (Regulamento dos Mercados Digitais), *in JO* L 265, 65.º ano, 12.10.2022, p. 1 ss. Estes serviços não esgotam todas as possibilidades de serviços de plataforma, ficando de fora, p. ex., as plataformas de serviços de *streaming* e as plataformas industriais B2B, argumentando a Comissão Europeia no sentido de que estas ou não apresentam as características de um mercado multilateral (p. ex., os serviços de *video-on-demand* e de *streaming*), ou não apresentam, ainda, a forte assimetria negocial que se verifica nas plataformas que fazem a intermediação entre consumidores e empresas (nas plataformas industriais B2B o poder negocial dos utilizadores é mais equilibrado): SWD(2020) 363 final, p. 38. Sobre o tema, ver, também, Esther Arroyo Amayuelas em «El derecho de las plataformas en la Unión Europea», *in Servicios en plataforma, Estrategias regulatorias*, Esther Arroyo Amayuelas, Yolanda Martínez Mata, Mariola Rodríguez Font, Marc Tarrés Vives, Madrid, Marcial Pons, 2021, p. 32.

-consumidores e os utilizadores-fornecedores ou profissionais, nem qualquer troca de bens ou serviços remunerada[7].

As *plataformas prestadoras directas de bens ou serviços* não assumem um papel de intermediação mas são partes – «parceiros contratuais directos», na expressão dúbia adoptada pelas Directivas 2019/770 e 2019/771[8] – nos contratos celebrados com os seus utilizadores (consumidores ou não). Aqui, a actividade da plataforma electrónica apenas se distingue dos fornecimentos de bens e serviços tradicionais pela utilização de um canal electrónico, à distância, de comunicação com os seus utilizadores[9]. A utilização de meios

---

7 Seguimos de perto, quanto a estes «modelos de negócio», o que dissemos em «As plataformas 'colaborativas' enquanto 'prestadoras de serviços da sociedade de informação': reflexões à luz da Lei do comércio electrónico e desenvolvimentos recentes», *in Economia colaborativa*, Maria Miguel Carvalho, Anabela Gonçalves (coords.), Braga, JusGov/Universidade do Minho Editora, 2023, pp. 467-498, disponível em <https://ebooks.uminho.pt/index.php/uminho/catalog/view/100/154/2352-1> (19.09.2023), pp. 475-480, acompanhando Marcin Betkier, *Privacy online, law and the effective regulation of online services*, Cambridge, Intersentia, 2019, pp. 46-54. Na doutrina portuguesa, José Engrácia Antunes, «Os contratos eletrónicos B2C», *in RED – Revista Electrónica de Direito*, vol. 32, n.º 3, Outubro, 2023, pp. 59-60, disponível em <https://cij.up.pt//client/files/0000000001/3-engracia-antunes_2286.pdf> (18.11.2023), distingue dois modelos de plataformas: as plataformas electrónicas «próprias ou internas» e as «intermediadas ou externas», correspondentes aos dois primeiros tipos que apontamos no texto.

8 Referimo-nos, respectivamente, aos considerandos 18 e 23 da Diretiva (UE) 2019/770 do Parlamento Europeu e do Conselho de 20 de Maio de 2019 sobre certos aspetos relativos aos contratos de fornecimento de conteúdos e serviços digitais, e da Diretiva (UE) 2019/771 do Parlamento Europeu e do Conselho de 20 de Maio de 2019 relativa a certos aspetos dos contratos de compra e venda de bens que altera o Regulamento (UE) 2017/2394 e a Diretiva 2009/22/CE e que revoga a Diretiva 1999/44/CE, *in JO* L 136 de 22/5/2019, pp. 3 e 23.

9 Estas plataformas serão, nestes casos, consideradas como *profissionais* para efeitos de aplicação das regras das Diretivas 2019/770 (considerando 18),

de comunicação electrónicos permite, porém, às plataformas desenvolverem uma actividade, para além do fornecimento de bens e serviços, de recolha e tratamento de dados dos seus utilizadores, de análise de perfis de comportamentos e de consumo[10]. Esta actividade é comum a todas as plataformas electrónicas mas surge aqui evidenciada na medida em que permite distanciar este modelo de negócio do fornecimento de bens e serviços tradicional[11]. Os dados pessoais necessários ao cumprimento do contrato são recolhidos – dependendo do contrato em concreto,

---

e 2019/771 (considerando 23). De acordo com este último considerando 23, «os operadores de plataformas podem ser considerados vendedores nos termos da presente diretiva se atuarem para fins relacionados com a sua própria empresa e agirem como parceiro contratual direto do consumidor para a compra e venda de bens». A Directiva 2011/83/UE do Parlamento Europeu e do Conselho, de 25 de Outubro de 2011 relativa aos direitos dos consumidores, que altera a Directiva 93/13/CEE do Conselho e a Directiva 1999/44/CE do Parlamento Europeu e do Conselho e que revoga a Directiva 85/577/CEE do Conselho e a Directiva 97/7/CE do Parlamento Europeu e do Conselho, *JO* L 304 de 22/11/2011, já dizia, por sua vez, que as «plataformas em linha» integram o «sistema de vendas ou prestação de serviços vocacionado para o comércio à distância», na medida em que sejam usadas pelo profissional e não se traduzam em meros sítios da Internet onde apenas sejam disponibilizadas informações sobre o profissional, os seus bens e/ou serviços e os seus contactos (considerando 20), p. 66.

10 Como salienta Paloma de Barrón Arniches, «La pérdida de privacidad en la contratación electrónica (entre el Reglamento de protección de datos y la nueva Directiva de suministro de contenidos digitales)», *in Cuadernos europeos de Deusto*, n.º 61, 2019, p. 45, a actividade destas plataformas vai muito além da mera venda dos seus produtos, na medida em que, ao mesmo tempo que realizam transacções electrónicas, fazem verdadeiros estudos de mercado.

11 São exemplos destes modelos as plataformas de comércio electrónico dos comerciantes que também actuam no comércio tradicional, presencial, e as plataformas de prestação de serviços de entretenimento, como a Netflix e a Spotify. Assim, Marcin Betkier, *Privacy online, law and the effective regulation of online services*, cit., pp. 46-48.

dados como o nome, morada, endereço electrónico, telefone, IP, dados bancários, idade. Mas estes dados são também objecto de um tratamento «interno» no sentido de avaliar o perfil dos utilizadores e de, em futuros acessos, melhorar a qualidade do serviço prestado e de oferecer «experiências personalizadas de consumo»[12]. O utilizador retirará vantagens do serviço melhorado que resulta deste tratamento de dados – a par das vantagens óbvias para o prestador de serviço de permitir a realização de campanhas de *marketing* dirigido e consequente melhor colocação dos seus produtos e serviços –, tratamento que será lícito sempre que assente no seu consentimento, devidamente informado quanto aos dados recolhidos e às finalidades prosseguidas[13].

---

[12] Comissão Europeia, *Comunicação da Comissão ao Parlamento Europeu, ao Conselho, ao Comité Económico e Social Europeu e ao Comité Das Regiões, As plataformas em linha e o mercado único digital: Oportunidades e desafios para a Europa*, COM(2016) 288 final, Bruxelas, 25.06.2016, pp. 2-3. Stefan Grundmann e Philipp Hacker, «The digital dimension as a challenge to European contract law – The architecture», *in European contract law in the digital age*, Stefan Grundmann (ed.), Cambridge/Antwerp/Portland, Intersentia, 2018, pp. 27-28, 41, chamam também a atenção para este tratamento de dados pelas plataformas, que cria um «novo produto comercial».

[13] Ver, neste sentido, o considerando 68 do RSD, bem como o artigo 6.º, n.º 1, alínea *a)*, e o artigo 4.º, n.º 11, do RGPD [Regulamento (UE) 2016/679 do Parlamento Europeu e do Conselho, de 27 de abril de 2016, relativo à proteção das pessoas singulares no que diz respeito ao tratamento de dados pessoais e à livre circulação desses dados e que revoga a Diretiva 95/46/CE (Regulamento Geral sobre a Proteção de Dados), *in JO* L 119 de 4.5.2016, pp. 1-88]. Salvaguardam-se os demais fundamentos de licitude do tratamento de dados previsto no artigo 6.º do mesmo Regulamento, sobretudo os casos em que o tratamento «é necessário para a execução de um contrato no qual o titular dos dados é parte», da alínea *b)* do n.º 1 do mesmo artigo 6.º. As plataformas que utilizam os dados dos seus utilizadores apenas para melhorarem os seus serviços não são, porém, a regra mas sim a excepção: European Parliamentary Research Service (EPRS), *Liability of online platforms*, Brussels, European Union, 2021, pp. 20-21.

As *plataformas de negócios* desempenham uma função de intermediação nas trocas ou de intermediação «social», proporcionando um «espaço comum», um mercado, onde se encontram os diferentes grupos de utilizadores, com interesses convergentes. Aqui, o fornecedor dos bens ou serviços não é a própria plataforma mas um terceiro utilizador, que aí contacta com os destinatários dos seus bens e serviços. Integram este modelo as plataformas de leilões, como a eBay, os chamados «market places», como a OLX, e a generalidade das plataformas da dita «economia colaborativa»[14]. O grau de intervenção da plataforma e o nível do controlo exercido por esta nos negócios que são celebrados entre os seus diferentes grupos de utilizadores pode, ainda assim, variar significativamente.

Na perspectiva do utilizador/cliente, eventualmente um consumidor, os riscos associados a este modelo de plataformas são aqueles já assinalados para as plataformas prestadoras directas de bens ou serviços mas agora potenciados pela dimensão que estas plataformas podem alcançar e pelo facto de os dados serem recolhidos dos dois lados do mercado: do lado dos clientes e do lado dos fornecedores, terceiros em relação à plataforma[15]. Acresce que, apesar da maior ou menor identificação da plataforma com o fornecimento do bem ou serviço, o facto de esta não ser parte no contrato celebrado levará, em princípio, à sua

---

[14] Marcin Betkier, *Privacy online, law and the effective regulation of online services*, cit., p. 50. A Amazon funciona simultaneamente como uma plataforma prestadora directa de serviços, fornecedora de bens e serviços próprios, e como «market place», intermediando as trocas entre fornecedores terceiros e os seus utilizadores: Tomàs García-Micó, «La responsabilidad de Amazon por los daños sufridos por consumidores como consecuencia de los productos defectuosos ofrecidos por usuarios profesionales», *in La digitalización del derecho de contratos en Europa*, Lídia Arnau Raventós (dir.), Barcelona, Atelier, 2022, p. 216.

[15] Marcin Betkier, *Privacy online, law and the effective regulation of online services*, cit., p. 50.

desresponsabilização pela sorte do seu cumprimento, em concreto, pelo seu incumprimento ou cumprimento defeituoso[16].

Nas *plataformas «não negociais»* não existe uma relação, ostensiva, entre os utilizadores da plataforma e o mercado, não havendo uma oferta *onerosa* bens ou serviços realizada por profissionais[17]. O modelo de negócio assenta aqui na captação massiva de utilizadores, através da prestação de um serviço aparentemente *gratuito*, com vista à recolha dos seus dados pessoais. Não existe uma relação directa entre o serviço prestado – de pesquisa, rede social,

---

16 Felix Maultzsch, «Contractual liability of online platform operators: European proposals and established principles», *European Review of Contract Law*, Vol. 14, 3/2018, pp. 3, 21-22. Esta é uma questão que o legislador europeu não tratou, como é salientado pelo European Parliamentary Research Service, *Liability of online platforms*, p. 67. O projecto de directiva apresentado pelo Research group on the Law of Digital Services, «Discussion Draft of a Directive on Online Intermediary Platforms», *EuCML*, Issue 4/2016, p. 168, previa, no entanto, este aspecto, nos seus artigos 16.º, 1, e 18.º, tal como as *Model Rules on Online Platforms* propostas pelo ELI – European Law Institute, Viena, ELI, 2019, disponíveis em <https://www.europeanlawinstitute.eu/fileadmin/user_upload/p_eli/Publications/ELI_Model_Rules_on_Online_Platforms.pdf> (16.11.2023), pp. 34, 39-40, artigos 13.º, 19.º e 20.º. Sobre o tema, ver Esther Arroyo Amayuelas, «El derecho de las plataformas en la Unión Europea», cit., pp. 49-55, em especial, p. 53, e sobre a intervenção do legislador português nesta matéria, nos artigos 44.º e 45.º do Decreto-Lei n.º 84/2021, 18 de Outubro, no sentido da responsabilização das plataformas que prestam serviços de mercado em linha em função relação de «influência dominante na celebração do contrato» que se pode estabelecer entre a plataforma *e o terceiro vendedor/fornecedor de conteúdos ou serviços digitais*, ver Jorge Morais Carvalho, «La incorporación de las directiva (UE) 2019/770 y 2019/771 al ordenamento jurídico portugués», *in La digitalización del derecho de contratos en Europa*, Lídia Arnau Raventós (dir.), Barcelona, Atelier, 2022, pp. 198, 206-208.

17 Marcin Betkier, *Privacy online, law and the effective regulation of online services*, cit., p. 50.

localização, informação[18] – e os ganhos da plataforma, que advêm da publicidade exibida e, eventualmente, da alienação dos dados dos seus utilizadores[19]. Os serviços prestados são publicitados como serviços *gratuitos* e o utilizador fornece voluntariamente os seus dados para a aceder ao serviço, ainda que sem a consciência de realizar uma *contraprestação*. Em alguns casos, porém, poderá mesmo desconhecer que os seus dados são recolhidos ou, pelo menos, desconhecer que dados são efectivamente recolhidos e qual o seu destino, não tendo qualquer controlo sobre o seu tratamento. E, muitas vezes, não terá reais alternativas à utilização destes serviços, dada a sua omnipresença no «mundo» *online*, a inexistência de concorrência credível (também «gratuita») e a sua generalizada aceitação pelos utilizadores.

As plataformas «não negociais» são «alimentadas», por um lado, pelos dados recolhidos dos seus utilizadores e, por outro, pelo preço pago pelos profissionais que adquirem esses dados para melhorarem os seus negócios ou por *brokers* de dados[20]. Por detrás de uma concepção romântica no sentido de proporcionar aos consumidores um serviço de qualidade pago pelo mercado, temos um fluxo cada vez maior de dados dos utilizadores que é recolhido, permitindo a criação de perfis de consumo, e de comportamen-

---

18 Cabem aqui os motores de busca da Google ou do Yahoo!, o Facebook, o Instagram, o YouTube, o Google Maps, o Waze, entre muitas outras plataformas.

19 Marcin Betkier, *Privacy online, law and the effective regulation of online services*, cit., p. 50, e Axel Metzger, «Un modelo de mercado para los datos personales: estado de la cuestión a partir de la nueva Directiva sobre contenidos y servicios digitales», *in El derecho privado en el nuevo paradigma digital*, Esther Arroyo Mayuelas, Sergio Cámara Lapuente (dirs.), Madrid, Colegio Notarial de Cataluña/Marcial Pons, 2020, p. 133.

20 Sobre as actividades dos *brokers* de dados, ver Luz M. Martinez Velencoso, Marina Sancho López, «El nuevo concepto de onerosidad en el mercado digital: ¿Realmente es gratis la App?», *in Indret: Revista para el Análisis del Derecho*, n.º 1, 2018, p. 21.

to em geral, muito rigorosos, o que leva, consequentemente, à possibilidade de manipular e dirigir os comportamentos destes utilizadores em benefício do mercado ou de outros poderes[21].

As novas tecnologias utilizadas pelos operadores de plataformas permitem controlar a experiência humana e transformar essa experiência em dados comportamentais, traduzíveis em linguagem computacional[22]. Com a *datificação* como novo motor da economia, a gerar cada vez maiores ingressos à custa da limitação da privacidade, e sem qualquer retorno para os titulares dos dados, verdadeiramente os utilizadores das plataformas digitais transformam-se na «mercadoria» transaccionada[23].

II. OS DADOS COMO CONTRAPRESTAÇÃO NOS CONTRATOS CELEBRADOS COM CONSUMIDORES

A recolha de dados parece constituir hoje uma *inevitabilidade* que decorre do recurso a prestadores de serviços digitais. O controlo dos dados pessoais é um factor-chave para a actividade destes prestadores de serviços de plataforma, funcionando não só como um instrumento necessário para o sucesso do *marketing* realizado mas também como um activo estratégico para a prestação de melhores serviços, para obter maiores ganhos e atrair mais utili-

---

21 Marcin Betkier, *Privacy online, law and the effective regulation of online services*, cit., p. 53; European Parliamentary Research Service (EPRS), *Liability of online platforms*, cit., pp. 20-21.

22 Marisa Meli, «GDPR e diritto dei consumatori: qualche spunto critico», *in Rivista critica del diritto privato*, anno XLI, n. 3, settembre 2023, p. 391.

23 Em sentido próximo, Paloma de Barrón Arniches, «La pérdida de privacidad en la contratación electrónica...», cit., p. 37, e Luz M. Martinez Velencoso, Marina Sancho López, «El nuevo concepto de onerosidad en el mercado digital...», cit., pp. 20-21. A expressão «datificação» (*«datificazione»*) é utilizada por Marisa Meli em «GDPR e diritto dei consumatori: qualche spunto critico», cit., p. 391.

zadores[24]. Quantos mais fornecedores utilizam uma plataforma, mais clientes são atraídos para ela e, quantos mais clientes existem maior é a captação dos fornecedores, em resultado de um «efeito multiplicador da rede» ou «efeito de rede indirecto», que gera uma gigantesca quantidade de dados dos vários utilizadores[25].

Os dados têm um valor económico inquestionável para as plataformas – ainda que dificilmente avaliável pelos utilizadores-consumidores[26] – e, nessa medida, as prestações de serviços

---

24 Marcin Betkier, *Privacy online, law and the effective regulation of online services*, cit., pp. 41-45. Na mesma linha, Rui Filipe Gordete Almeida, «Os dados pessoais como contraprestação nos contratos de consumo – a necessidade para a execução do contrato como fundamento de licitude do tratamento», *in RED – Revista electrónica de direito*, vol. 31, n.º 2, Junho, 2023, disponível em <https://cij.up.pt/client/files/0000000001/2-rui-almeida_2163.pdf> (15.11.2023), p. 9, Andrej Savin, *The EU Digital Services Act: Towards a More Responsible Internet* (February 16, 2021), Copenhagen Business School, CBS LAW Research Paper No. 21-04, *in Journal of Internet Law*, disponível em <https://ssrn.com/abstract=3786792> (26.09.2023), p. 2, e Paloma de Barrón Arniches, «La pérdida de privacidad en la contratación electrónica...», cit., p. 33.

25 A expressão «efeito multiplicador da rede», é utilizada por Esther Arroyo Amayuelas em «El derecho de las plataformas en la Unión Europea», cit., p. 25. Referindo-se a este fenómeno como um «efeito de rede indirecto» (*«indirect network effect»*), ver Carmen Herrero Suárez, «The Amazon Market Place case: The risks of being a judge and party», *in RED – Revista electrónica de direito*, vol. 32, n.º 3, Outubro, 2023, disponível em <https://cij.up.pt//client/files/0000000001/7-carmen-herrero_2291.pdf> (15.11.2023), p. 150, e Christian Twigg-Flesner, «Online intermediary platforms and English contract law», *in Intermediaries in commercial law*, Paul S. Davies, Tan Cheng-Han SC (eds.), Oxford/New York, Hart, 2022, p. 178 (*«positive indirect network effect»*).

26 Sobre esta dificuldade de avaliação do valor dos dados pessoais e sobre as diferenças existentes entre a percepção desse valor pelos titulares dos dados e o seu valor comercial, ver Luz M. Martinez Velencoso, Marina Sancho López, «El nuevo concepto de onerosidad en el mercado digital...», cit., pp. 23-24.

realizadas mediante o fornecimento de dados do utilizador não podem ser consideradas gratuitas[27]. Na Directiva 2019/770 o legislador europeu reconheceu a importância dos dados nos contratos celebrados com consumidores, tal como a reconheceu a Directiva 2011/83/UE relativa aos direitos dos consumidores, em resultado das alterações que lhe foram introduzidas pela Directiva «Omnibus» 2019/2161[28].

---

27 Assim, Rui Filipe Gordete Almeida, «Os dados pessoais como contraprestação nos contratos de consumo...», cit., pp. 33-35. Sobre o tema da *monetização* dos dados, ver o trabalho monográfico de Patrícia Filipa Pereira Carneiro, «A "coisificação" dos dados pessoais enquanto objecto contratual», dissertação de mestrado, Porto, FDUP, 2019 (inédita), bem como as considerações de Maria Elena Lippi, «Enclosing data. Rights and control over personal data on digital platforms», *in A contractual law for the age of digital platforms?*, Elena Bargelli, Valentina Calderai (eds.), Pisa, Pacini Giuridica, 2021, pp. 49-66, e de Paloma de Barrón Arniches, «La pérdida de privacidad en la contratación electrónica ...», cit., pp. 31-32.

28 Cfr. o artigo 3.º, n.º 1, da Directiva 2019/770, e o artigo 1.º-A da Directiva 2011/83/UE relativa aos direitos dos consumidores, que revogou a Directiva 85/577/CEE, de 20 de Dezembro de 1985, relativa à proteção dos consumidores no caso de contratos negociados fora dos estabelecimentos comerciais, *in JO* L 372, de 31.12.1985, p. 31 ss., introduzido pela Directiva (UE) 2019/2161 do Parlamento Europeu e do Conselho de 27 de novembro de 2019 que altera a Diretiva 93/13/CEE do Conselho e as Diretivas 98/6/CE, 2005/29/CE e 2011/83/UE do Parlamento Europeu e do Conselho a fim de assegurar uma melhor aplicação e a modernização das regras da União em matéria de defesa dos consumidores (Directiva «Omnibus»), *in JO* L 328, 18.12.2019, pp. 7-28. A relevância do fornecimento de dados pessoais como contraprestação era já reconhecida pela *Proposta de Regulamento do Parlamento Europeu e do Conselho relativo a um direito europeu comum da compra e venda (CESL)*, de 11 de Outubro de 2011, COM(2011) 635 final, Bruxelas, 11.10.2011, da Comissão Europeia (ver considerando 18 e artigo 5.º, *b)*), entretanto abandonada. A recuperação desta realidade e a sua consideração pelo legislador europeu é tida como um dos aspectos mais inovadores da Directiva

Os dados pessoais foram incorporados no contrato, foram «contratualizados», sujeitando-se a uma *lógica negocial*, sem, no entanto, perder a sua dimensão de protecção enquanto direito da personalidade[29]. Ainda assim, não foi dado o passo de considerar esta contraprestação em dados como um *preço*, nem sequer foi assumida a utilização da palavra *contraprestação* ou *contrapartida* em relação à disponibilização de dados pelo consumidor em troca do fornecimento efectuado. O legislador europeu recuou face à posição adoptada em 2015 na proposta que antecedeu a Directiva 2019/770[30]. No considerando 13 desta Proposta apresentada pela Comissão Europeia dizia-se:

> «Na economia digital, as informações sobre os indivíduos são muitas e cada vez mais vezes consideradas pelos participantes no mercado como tendo um valor comparável ao do dinheiro. Os conteúdos digitais são frequentemente fornecidos não por um preço, mas sim por uma contrapartida que não dinheiro, ou seja, pela concessão de acesso a dados pessoais ou outros dados».

2019/770. Sobre o tema, ver Axel Metzger, «Un modelo de mercado para los datos personales: estado de la cuestión a partir de la nueva Directiva sobre contenidos y servicios digitales», cit., pp. 121-123, Josef Drexl, «Legal challenges of the changing role of personal and non-personal data in the data economy», *in Digital revolution – New challenges for law*, De Franceschi, Schulze (eds.), München/Baden-Baden, Beck/Nomos, 2019, pp. 36-37, Maria Elena Lippi, «Enclosing data. Rights and control over personal data on digital platforms», cit., pp. 57-58, e Rosa M.ª García Pérez, «Interacción entre protección del consumidor y protección de datos personales en la Directiva (UE) 2019/770: licitud del tratamiento y conformidad de contenidos y servicios digitales», *in El derecho privado en el nuevo paradigma digital*, Esther Arroyo Mayuelas, Sergio Cámara Lapuente (dirs.), Madrid, Colegio Notarial de Cataluña/Marcial Pons, 2020, p. 177.

29 Assim, Paloma de Barrón Arniches, «La pérdida de privacidad en la contratación electrónica...», cit., p. 46.

30 Referimo-nos à *Proposta de Diretiva do Parlamento Europeu e do Conselho sobre certos aspetos relativos aos contratos de fornecimento de conteúdos digitais*, COM(2015) 634 final, Bruxelas, 9.12.2015.

Acrescentava-se ainda:

> «Introduzir uma diferenciação dependendo da natureza da contrapartida constituiria uma discriminação entre os vários modelos de negócios; iria fornecer um incentivo injustificado para as empresas passarem a oferecer conteúdos digitais em troca de dados».

A Proposta pretendia aplicar-se a «qualquer contrato em que o fornecedor fornece ao consumidor conteúdos digitais ou se compromete a fazê-lo e, em contrapartida, é pago um preço *ou o consumidor fornece ativamente outra contrapartida que não dinheiro, sob a forma de dados pessoais ou quaisquer outros dados*»[31]. Diferentemente, o artigo 3.º, n.º 1, da Directiva 2019/770 prevê a sua aplicação «sempre que o profissional forneça ou se comprometa a fornecer conteúdos ou serviços digitais ao consumidor *e o consumidor faculte ou se comprometa a facultar dados pessoais* ao profissional», para além de se aplicar aos contratos em que é pago um preço[32]. No considerando 24 da directiva, admite-se que «os conteúdos ou serviços digitais são (...) frequentemente fornecidos em situações em que o consumidor não paga um preço, mas faculta dados ao operador», mas, no considerando seguinte, o legislador evitou referir-se-lhes como contratos em que a *contrapartida* surge sob a forma de dados pessoais, utilizando a fórmula negativa: contratos em que «os conteúdos ou serviços digitais não forem fornecidos ou prestados em contrapartida de um preço». Os dados pessoais nunca aparecem referidos no texto da directiva como *contrapartida* do fornecimento de conteúdos ou serviços digitais, mas antes se menciona os conteúdos ou serviços digitais facultados *sem a*

---

31 Artigo 3.º, COM(2015) 634 final (itálico nosso).

32 Não está aqui em causa a disponibilização de dados pessoais necessários apenas para fornecer os conteúdos ou serviços digitais ou para o profissional cumprir com os requisitos legais a que está sujeito: cfr. o artigo 3.º, n.º 1, *in fine*, da Directiva 2019/770, bem como o seu considerando 25 (itálico nosso).

contrapartida de um preço. Os dados pessoais não são, por outro lado, na linguagem da directiva, *fornecidos* pelo consumidor, mas sim *facultados* por este, afastando-se, o legislador, da designação utilizada para identificar a prestação realizada pelo profissional e para identificar o próprio contrato em causa, de *fornecimento* de conteúdos e serviços digitais. Na medida em que o diploma apenas se aplica a contratos de fornecimento mediante um preço e mediante dados, as referências aos contratos em que os conteúdos ou serviços digitais são fornecidos *sem a contrapartida de um preço* são dirigidas aos contratos em que a contrapartida se traduz em dados pessoais.

A cautela assumida na utilização das palavras surge em consequência do Parecer 4/2017 da Autoridade Europeia para a Protecção de Dados (AEPD), relativo à proposta de diretiva sobre certos aspetos relativos aos contratos de fornecimento de conteúdos digitais[33]. A AEPD afirmou neste parecer, de uma forma expressa, «que se deve evitar o termo 'dados como contrapartida'», considerando este aspecto como «problemático» e alertando «contra qualquer nova disposição que introduza a ideia de que as pessoas podem pagar com os seus dados da mesma forma que fazem com dinheiro»[34]. Acrescentou ainda

---

[33] Cfr. EDPS, *Opinion 4/2017 on the Proposal for a Directive on certain aspects concerning contracts for the supply of digital content,* 14 March 2017, disponível, em https://www.edps.europa.eu/sites/default/files/publication/17-03-14_opinion_digital_content_en_1.pdf (15.11.2023). Cfr. AEPD, *Síntese do Parecer relativo à proposta de diretiva sobre certos aspetos relativos aos contratos de fornecimento de conteúdos digitais, in JO* C/200, 23.6.2017, pp. 10-13.

[34] EDPS, *Opinion 4/2017,* cit., «Executive summary», p. 3 e n.ºs 28 e 83. Utilizamos aqui as palavras textuais da *Síntese do Parecer relativo à proposta de diretiva sobre certos aspetos relativos aos contratos de fornecimento de conteúdos digitais...,* cit. Note-se, porém, que o Grupo de Trabalho do artigo 29, que antecedeu a AEPD, na sua Opinião 6/2014, referiu-se expressamente aos contextos em que os clientes aderem a serviços em linha ditos «gratuitos» mas em que, efectivamente, «'pagam' por esses serviços ao permitirem a utilização dos seus dados pessoais»:

a AEPD que «os direitos fundamentais, tais como o direito à proteção dos dados pessoais não podem ser reduzidos a simples interesses dos consumidores e os dados pessoais não podem ser considerados uma mera mercadoria»[35].

III. A DIRECTIVA 2019/770 E O RGPD

A Directiva 2019/770 estabelece que o RGPD é aplicável a quaisquer dados pessoais tratados no âmbito dos contratos por ela abrangidos e que em caso de conflito entre as suas regras e o direito da União em matéria de protecção de dados pessoais, deverá prevalecer este último[36]. Esta foi, desde logo, a posição também adoptada pela AEPD, que chamou a atenção para o facto de caber ao RGPD regular a utilização de dados pessoais na economia digital, devendo ser evitada a duplicação de normas e de regimes sobre a licitude do tratamento dos dados, o consentimento dos titulares e sua revogação e sobre os direitos que a estes assistem em caso de cessação do contrato, sob pena de se poderem gerar dúvidas sobre o regime aplicável a estes casos[37].

Article 29 Working Party, *Opinion 6/2014 on the notion of legitimate interests of the data controller under Article 7 of Directive 95/46/EC*, WP 217, 9.04.2014, p. 47 (tradução nossa).

35 EDPS, *Opinion 4/2017*, cit., «Executive summary», p. 3. Para uma análise mais profunda desta posição da AEPD, ver Matilde Lopes Bettencourt, «A proteção do consumidor em contratos digitais: análise dos contratos celebrados com dados pessoais como contraprestação», *in Anuário do Nova Consumer Lab*, Ano 3, 2021, pp. 400-403, e Rui Filipe Gordete Almeida, «Os dados pessoais como contraprestação nos contratos de consumo...», cit., pp. 19-20.

36 Cfr. os considerandos 37-38 da Directiva 2019/770, bem como o seu artigo 3.º, n.º 8.

37 EDPS, *Opinion 4/2017*, cit., «Executive summary», p. 3, n.ºs 56, 66, 70, 71-78.

Ainda assim, a preterição do disposto no RGPD, nomeadamente no que respeita aos requisitos do consentimento do titular para o tratamento de dados, não pode afastar a aplicação do regime da Directiva 2019/770 – e do Decreto-Lei n.º 84/2021, de 18 de Outubro, que em Portugal, transpôs este diploma –, sob pena de se desproteger o consumidor e premiar o profissional responsável pelo tratamento dos dados em resultado do seu próprio incumprimento[38]. A invalidade do consentimento prestado para o tratamento dos dados e, portanto, a ilicitude do seu tratamento, parecem não por em causa, por si sós, a aplicação do disposto quanto à desconformidade dos conteúdos ou serviços digitais fornecidos, havendo que distinguir o plano do contrato do destino do consentimento[39].

O titular dos dados deverá manifestar a sua vontade negocial, com o conteúdo de uma proposta ou aceitação, de uma forma independente e autónoma relativamente ao consentimento («específico») necessário para o tratamento dos seus dados pessoais, ainda que este «duplo consentimento» se traduza num duplo «click» em campos pré-determinados para o efeito[40]. Por outro lado, a celebração do contrato não deverá estar dependente do

---

38 Assim, Axel Metzger, «Un modelo de mercado para los datos personales: estado de la cuestión a partir de la nueva Directiva sobre contenidos y servicios digitales», cit., pp. 128, 134, e Rosa M.ª García Pérez, «Interacción entre protección del consumidor y protección de datos personales en la Directiva (UE) 2019/770...», cit., pp. 191-192. No mesmo sentido, cfr. Matilde Lopes Bettencourt, «A proteção do consumidor em contratos digitais...», cit., pp. 439-443.

39 Neste sentido, Matilde Lopes Bettencourt, «A proteção do consumidor em contratos digitais...», cit., p. 438.

40 O n.º 2 do artigo 7.º do RGPD manda que o consentimento do titular dos dados deva ser autonomizado de «outros assuntos» que possam ser incluídos numa mesma declaração, de «modo inteligível e de fácil acesso». Assim, Matilde Lopes Bettencourt, «A proteção do consumidor em contratos digitais...», cit., p. 438.

fornecimento de dados pessoais e, portanto, do consentimento para o seu tratamento. A liberdade do consentimento do titular dos dados e um maior equilíbrio entre as partes serão mais facilmente assegurados quando o profissional proporcione uma alternativa de fornecimento de serviços que não implique a recolha de dados[41].

No entanto, à luz do artigo 7.º, n.º 4, do RGPD, dir-se-ia que a subordinação da execução do contrato ao consentimento para o tratamento de dados não evidencia, forçosamente, um estado de necessidade ou falta de liberdade do titular dos dados, sempre que este possa recorrer a serviços concorrentes (o que poderá não ser fácil quando as plataformas assumem posições de domínio no mercado) ou até prescindir da prestação do serviço que não seja essencial[42]. Note-se que o que decorre deste normativo não é a proibição absoluta do condicionamento da execução do contrato ao consentimento para o tratamento de dados, mas a necessidade de «verificar com a máxima atenção» («utmost account shall be taken», na versão em inglês, mas já «tendrá en cuenta en la mayor medida posible», na versão em espanhol) se a liberdade do consentimento ainda se verifica nestes casos[43]. «Ter em conta» ou em consideração, e mesmo

---

41 Assim, Article 29 Working Party, *Opinion 6/2014*, cit., p. 47.

42 Axel Metzger, «Un modelo de mercado para los datos personales: estado de la cuestión a partir de la nueva Directiva sobre contenidos y servicios digitales», cit., pp. 128, 134, e, na mesma linha, Rui Filipe Gordete Almeida, «Os dados pessoais como contraprestação nos contratos de consumo...», cit., pp. 17-18. A EDPS, na sua *Opinion 4/2017*, cit., n.ºs 59-60, manda ter em conta, para aferir da liberdade do consentimento do titular dos dados para o seu tratamento, o (des)equilíbrio existente das posições contratuais das partes bem como a existência de reais alternativas à contratação do serviço, oferecidas por terceiros, o que dependerá da posição que o fornecedor tiver no mercado.

43 Em sentido diferente parece pronunciar-se Paloma de Barrón Arniches, «La pérdida de privacidad en la contratación electrónica...», cit, p. 56, afirmando que o artigo 7.º, n.º 4, do RGPD, «estabelece que não pode subordinar-se a execução do contrato, ou seja, a entrega do bem ou a

«verificar com a máxima atenção», não implica banir uma determinada prática. Não obstante, no considerando 43 do RGPD afirma-se que se presume «que o consentimento não é dado de livre vontade (...) se a execução de um contrato, incluindo a prestação de um serviço, depender do consentimento apesar de o consentimento não ser necessário para a mesma execução». O articulado da lei não incorporou, porém, esta presunção, ainda que tenha levantado uma forte suspeição sobre a liberdade do consentimento prestado nos termos aí apontados[44].

Nestes contratos em que o consumidor fornece os seus dados pessoais haverá que ter em consideração o disposto no RGPD não só em matéria de licitude do tratamento mas também no que toca aos princípios que regem esse tratamento, enquanto *regime*

---

prestação do serviço contratado, a que o afectado consinta no tratamento de dados *não necessários* para a execução do contrato» (tradução nossa).

44 Com uma interpretação distinta, entendendo que o RGPD incorpora uma presunção no sentido de que o consentimento não é livremente prestado pelo titular dos dados nestes casos, cabendo ao responsável pelo tratamento o ónus da prova em sentido contrário, cfr., no contexto em apreço, EDPS, *Opinion 4/2017*, cit., n.ºs 55, 57, 62. Martin Schmidt-Kessel, «Consent for the processing of personal data and its relationship to contract», *in Digital revolution – New challenges for law*, De Franceschi, Schulze (eds.), München/Baden-Baden, Beck/Nomos, 2019, pp. 76-77, advoga uma interpretação restritiva do artigo 7.º, n.º 4, do RGPD, entendendo que este não proíbe um contrato sinalagmático em que os dados são a contraprestação uma vez que, nesses casos, o tratamento de dados é necessário para o «funcionamento» do contrato, devendo a contraparte esclarecer o titular dos dados nesse sentido e este consentir na utilização. Posição próxima é equacionada por Rui Filipe Gordete Almeida, «Os dados pessoais como contraprestação nos contratos de consumo...», cit., pp. 22 ss., 46. De todo o modo, de acordo com Axel Metzger, «Un modelo de mercado para los datos personales: estado de la cuestión a partir de la nueva Directiva sobre contenidos y servicios digitales», cit., p. 129, a falta de liberdade do consentimento não acarretaria, nestas hipóteses, o afastamento automático do regime previsto na Directiva 2019/770.

geral de protecção de dados, conjugado com as regras particulares que os diplomas que regulam directamente a actividade das plataformas em linha incluem[45]. Assim acontece, por exemplo, com o artigo 9.º do Regulamento 2019/1150, onde se procura introduzir maior transparência no tratamento de dados pessoais levado a cabo pelas plataformas em linha, nas relações que se estabelecem entre estas e os seus utilizadores profissionais[46].

De todo o modo, a Directiva 2019/770 não resolve nem sequer se debruça sobre alguns dos principais problemas que o fenóme-

---

45 Esta conjugação pode, porém, nem sempre ser fácil. Sobre as discrepâncias existentes entre o RGPD e a Proposta que esteve na base da Directiva 2019/770, ver Stefan Grundmann e Philipp Hacker, «The digital dimension as a challenge to European contract law – The architecture», cit., pp. 42-44, Axel Metzger, «Un modelo de mercado para los datos personales: estado de la cuestión a partir de la nueva Directiva sobre contenidos y servicios digitales», cit., pp. 134-135, e Rosa M.ª García Pérez, «Interacción entre protección del consumidor y protección de datos personales en la Directiva (UE) 2019/770...», cit., p. 192: veja-se, entre outros aspectos, o disposto quanto ao consentimento para o tratamento de dados dos menores no artigo 8.º do RGPD (e no artigo 16.º da Lei n.º 58/2019, de 8 de Agosto, que assegura a sua execução, na ordem jurídica portuguesa), e a capacidade negocial plena pressuposta na Directiva 2019/770 (e no Decreto-Lei n.º 84/2021), que leva a afastar as suas regras de protecção do consumidor sempre que este, sendo menor, não tenha sido representado pelos seus pais no contrato «de serviços da sociedade da informação» celebrado com a plataforma em linha. De acordo com o considerando 24 da Directiva 2019/770, «os Estados-Membros deverão continuar a ser livres de determinar se estão preenchidos os requisitos previstos pelo direito nacional para a formação, existência e validade de um contrato».

46 Regulamento (UE) 2019/1150 do Parlamento Europeu e do Conselho, de 20 de junho de 2019, relativo à promoção da equidade e da transparência para os utilizadores profissionais de serviços de intermediação em linha, *in JO* L 186, 11.7.2019, pp. 57-79. No n.º 3 deste artigo 9.º esclarece-se que «(o) disposto no presente regulamento não prejudica a aplicação do Regulamento (UE) 2016/679 (...)».

no do «pagamento» com dados levanta, nomeadamente quanto à sorte do contrato em caso de revogação do consentimento para o tratamento dos dados, deixando a questão aos legisladores nacionais[47]. A lei espanhola que incorporou a directiva no Texto refundido de la Ley General para la Defensa de los Consumidores y Usuarios tratou da questão, estabelecendo que o exercício pelo consumidor do direito de retirar o seu consentimento ou de se opor ao tratamento de dados pessoais permitirá ao profissional rescindir o contrato desde que o fornecimento dos conteúdos ou serviços digitais seja contínuo ou consista numa série de actos individuais e ainda não tenha sido completamente cumprido, não incorrendo o consumidor em qualquer penalização pelo exercício do direito de revogação do consentimento[48].

Para além da revogação do consentimento para o tratamento dos dados e do seu impacto no contrato celebrado, outras questões não abordadas pelo legislador europeu têm sido apontadas pela doutrina, como a problemática do desequilíbrio contratual das

---

47 Cfr., a Directiva 2019/770, considerando 40. Ver, também, Rui Filipe Gordete Almeida, «Os dados pessoais como contraprestação nos contratos de consumo...», cit., pp. 13-14, Jorge Morais Carvalho, «La incorporación de las directiva (UE) 2019/770 y 2019/771 al ordenamento jurídico portugués», cit., p. 197, e Paloma de Barrón Arniches, «La pérdida de privacidad en la contratación electrónica...», cit, p. 60.

48 Cfr o artigo 119 *ter*, n.º 7, do Texto refundido de la Ley General para la Defensa de los Consumidores y Usuarios, Real Decreto Legislativo 1/2007, de 16 de noviembre, introduzido pelo Real Decreto-ley 7/2021, de 27 de abril. Esta solução da resolução do contrato pelo profissional tem vindo a ser defendida pela doutrina, perante a revogação do consentimento para o tratamento dos dados pelo titular, com base nas «regras do direito contratual»: Axel Metzger, «Un modelo de mercado para los datos personales: estado de la cuestión a partir de la nueva Directiva sobre contenidos y servicios digitales», cit., p. 129, Em sentido próximo, ver Rosa M.ª García Pérez, «Interacción entre protección del consumidor y protección de datos personales en la Directiva (UE) 2019/770...», cit., p. 190.

partes e do potencial de exploração do titular dos dados, enquanto parte mais fraca, e da sua discriminação baseada em *profiling*[49].

IV. A DIRECTIVA 2019/770 E A DESCONFORMIDADE DOS CONTEÚDOS OU SERVIÇOS DIGITAIS FORNECIDOS: O INCUMPRIMENTO DO RGPD COMO «DESCONFORMIDADE»

Nos contratos de fornecimento de conteúdos ou serviços digitais a consumidores, as plataformas digitais deverão assegurar-se que estes conteúdos ou serviços digitais cumprem os requisitos *subjectivos* e *objectivos* de conformidade com o contrato, se integram correctamente no ambiente digital do consumidor e que não sejam onerados por direitos de terceiros[50].

Para aferir da conformidade dos conteúdos ou serviços digitais fornecidos será determinante o seu confronto com a descrição que deles é feita no contrato que em concreto foi celebrado, em termos de quantidade, qualidade, características, finalidades específicas acordadas entre o consumidor e o profissional até à sua celebração, acessórios, instruções, apoio ao cliente e actualização[51], pelo que a sua verificação está fortemente relacionada com os deveres de informação que se impõem ao profissional, relativos à delimitação do objecto do contrato[52]. Como se afirma no considerando 48 da Directiva 2019/770, o incumprimento de

---

49 Assim, Stefan Grundmann e Philipp Hacker, «The digital dimension as a challenge to European contract law – The architecture», cit., pp. 29, 42. Cfr., *infra*, n.º 6, o que dizemos sobre a actividade de *profiling*.

50 Artigos 6.º-10.º da Directiva 2019/770.

51 Cfr. o artigo 7.º da Directiva 2019/770.

52 Estes requisitos de informação decorrem de vários diplomas aqui aplicáveis, como a Directiva do comércio electrónico, a Directiva relativa aos direitos dos consumiodres, e o RSD.

princípios basilares do RGPD, como o princípio da minimização dos dados, protecção de dados «by design» e «by default», pode dar lugar a uma desconformidade subjectiva dos conteúdos ou serviços digitais. Isso poderá acontecer, nomeadamente, como se refere no mesmo considerando, se o profissional assume no contrato, e incumpre, deveres que lhe são impostos pelo RGPD enquanto responsável pelo tratamento de dados[53].

A conformidade dos conteúdos e serviços digitais passa ainda por um crivo de «normalidade» ou de «habitualidade», sendo relevante atender às utilizações a que os conteúdos ou serviços digitais do mesmo tipo normalmente se destinam, à sua quantidade, qualidade, características habituais, acessórios e instruções, correspondentes às expectativas razoáveis que o consumidor possa ter[54]. Podem caber nestas expectativas as configurações de segurança da plataforma, que deverão assegurar a protecção dos dados do consumidor e, também aqui, o seu direito à minimização dos dados, constituindo uma desconformidade objectiva a violação deste princípio ou a utilização de um *software* que permite a apropriação indevida dos dados do consumidor, nomeadamente dos seus dados de pagamento[55]. Assim, a observância dos princípios

---

53 Sobre o tema, ver Rosa M.ª García Pérez, «Interacción entre protección del consumidor y protección de datos personales en la Directiva (UE) 2019/770...», cit., pp. 203-205, e Matilde Lopes Bettencourt, «A proteção do consumidor em contratos digitais...», cit., pp. 442-443. Na mesma linha, ver Maria Elena Lippi, «Enclosing data. Rights and control over personal data on digital platforms», cit., pp. 60-61.

54 Cfr. o artigo 8.º, n.º 1, alíneas *a), b)* e *c)*, da Directiva 2019/770.

55 Cfr. o considerando 48 da Directiva 2019/770, bem como Esther Arroyo Amayuelas, «Spain», *in Harmonizing digital contract law, The impact of EU Directives 2019/770 and 2019/771 and the regulation of online platformas, A handbook,* De Franceschi and Schulze (editors), Baden-Baden/München/Oxford, Nomos/Beck/Hart, 2023, p. 627, e «Las nuevas directivas sobre digitalización del derecho de contratos», *in La digitalización del derecho de contratos en Europa,* Lídia Arnau Raventós (dir.), Barcelona, Atelier, 2022, p. 28; Rosa M.ª García Pérez, «Interacción entre protec-

do RGPD pode ser compreendida, no que respeita aos requisitos objectivos de conformidade, nas expectativas razoáveis do consumidor quanto às qualidades do serviço fornecido[56].

Deverão ser atendidas, para esta avaliação, as declarações públicas realizadas pelo profissional – neste caso, a plataforma, ou em nome desta –, ainda que em momentos anteriores da cadeia contratual, e, em particular, através de publicidade ou rotulagem, para além das versões de teste ou pré-visualizações dos conteúdos ou serviços digitais, que sejam proporcionadas pela plataforma antes da celebração do contrato[57]. Acrescenta-se que, salvo acordo em contrário das partes, os conteúdos ou serviços digitais devem ser fornecidos na versão mais recente disponível no momento da celebração do contrato e, portanto, também mais segura e fiável em termos de tratamento de dados[58].

A plataforma em linha responde por qualquer falta de conformidade que exista no momento do fornecimento, nos contratos em que seja estipulado um único acto de fornecimento e naqueles em que o fornecimento se traduza numa série de actos individuais, durante o prazo de dois anos, hipótese talvez menos comum no que toca ao fornecimento dos serviços de intermediação[59].

A plataforma em linha responde ainda pelas faltas de conformidade que ocorram ou se manifestem no período durante o

---

ción del consumidor y protección de datos personales en la Directiva (UE) 2019/770...», cit., pp. 203-207, e Matilde Lopes Bettencourt, «A proteção do consumidor em contratos digitais...», cit., pp. 442, 447.

56 Assim, Rosa M.ª García Pérez, «Interacción entre protección del consumidor y protección de datos personales en la Directiva (UE) 2019/770...», cit., pp. 205-207. Cfr. o artigo 8.º, n.º 1, alínea *b)*, da Directiva 2019/770.

57 Cfr. o artigo 8.º, n.º 1, alíneas *b)* e *d)*, da Directiva 2019/770, bem como o disposto em matéria de actualizações, nos n.ºs 2 e 3 do mesmo artigo.

58 Cfr. o artigo 8.º, n.º 6, da Directiva 2019/770.

59 Cfr. o artigo 11.º, n.º 2, da Directiva 2019/770.

qual os conteúdos ou serviços digitais devam ser fornecidos, nos contratos em que seja estipulado um fornecimento contínuo, como será mais consentâneo com o fornecimento de serviços de plataforma[60]. Podem estar aqui em causa a interrupção do serviço, a impossibilidade de aceder a todos os menus disponíveis, de usufruir de todos os serviços proporcionados, nomeadamente sem restrições geográficas, mas também a recolha, conservação ou outros tratamentos de dados do utilizador por si não autorizados, durante o período de fornecimento[61].

Os remédios postos à disposição do consumidor em caso de desconformidade, ainda que variando consoante haja ou não lugar ao pagamento de um preço, são a reposição da conformidade dos conteúdos ou do serviço, a redução proporcional do

---

60 Cfr. o artigo 11.º, da Directiva 2019/770, que permite aos Estados-Membros introduzirem nestes casos prazos máximos (nunca inferiores a dois anos) dentro dos quais as desconformidades se devem manifestar, possibilidade aproveitada pelo legislador português para os casos de fornecimentos que se traduzem num acto único ou numa série de actos individuais (artigo 32.º, n.º 2, alínea *b)*, do Decreto-Lei n.º 84/2021).

61 Intimamente relacionadas com o disposto em matéria de responsabilidade do profissional encontram-se as regras relativas à distribuição do ónus da prova pelas partes no contrato, prevendo-se, que a prova da conformidade dos fornecimentos – únicos e periódicos – quando as desconformidades se manifestem no prazo de um ano recai sobre o profissional, bem como, nos fornecimentos contínuos, durante o tempo de vigência do contrato: ver o considerando 59 e o artigo 12.º, n.ºs 2 e 3, da Directiva 2019/770. *A contrario*, recairá sobre o consumidor o ónus da prova das desconformidades que se verifiquem relativamente a conteúdos e serviços digitais fornecidos num acto único ou em sucessivos actos individuais, no ano seguinte, ou seja, no segundo ano de fornecimento. O que significa, em última instância, que, na impossibilidade de fazer prova quanto à conformidade ou desconformidade dos conteúdos ou serviços digitais fornecidos, sempre a plataforma responderá no primeiro ano após o fornecimento, e, nos fornecimentos contínuos, durante todo o período de vigência do contrato.

preço, sempre que o contrato preveja o pagamento de um preço como contraprestação, ou a resolução do contrato[62].

A reposição da conformidade surge em primeira linha, como o «remédio» favorecido pelo legislador, salvo nas hipóteses em que se verificar impossível ou impuser ao profissional custos desproporcionados, e devendo ser efectivada num «prazo razoável», desde o momento em que o profissional foi informado da falta de conformidade pelo consumidor, gratuitamente e sem grave inconveniente para este consumidor[63]. A ponderação da desproporcionalidade dos custos é particularmente relevante nos casos em que não se estabelece no contrato uma contrapartida monetária ao fornecimento mas antes o consumidor se obriga a facultar ao profissional os seus dados pessoais. O valor dos dados não pode ser desprezado e a inexistência de um preço não pretere, sem mais, a possibilidade de o consumidor exigir a reposição da conformidade do serviço, que poderá significar a adequação do tratamento dos dados do consumidor ao RGPD incluindo o seu apagamento.

O recurso à redução proporcional do preço – possibilidade que aqui não se abre, pela não fixação de um preço – e à resolução do contrato surgem, em regra, em segunda linha, quando foi incumprida a obrigação de reposição da conformidade do serviço ou conteúdo digital, esta seja impossível ou implique

---

62 Cfr. o artigo 14.º, n.º 1, da Directiva 2019/770. Chama a atenção para a inexistência de um regime único em caso de desconformidades, mas variando consoante o consumidor pague um preço ou forneça os seus dados pessoais, Rosa M.ª García Pérez, «Interacción entre protección del consumidor y protección de datos personales en la Directiva (UE) 2019/770...», cit., p. 200.

63 Cfr. o artigo 14.º, n.ºs 2 e 3, da Directiva 2019/770. A utilização do conceito indeterminado «prazo razoável», em vez da fixação de um prazo certo, é justificada no considerando 64 da directiva em virtude da diversidade dos conteúdos ou serviços digitais, que sempre levaria a que o prazo determinado pelo legislador pudesse ser demasiado curto ou demasiado longo, em função do caso concreto.

custos desproporcionados, ou ainda em caso de recusa categórica do devedor em solucionar o problema[64].

Diferentemente, nas hipóteses em que a plataforma em linha fornece o serviço de intermediação e o consumidor faculta, a título de contraprestação, dados pessoais ao profissional, o desfecho da resolução do contrato abre-se uma vez esgotada ou afastada a possibilidade de reposição da conformidade dos conteúdos ou serviços digitais fornecidos, e com independência da extensão ou importância da desconformidade verificada[65].

Resolvido o contrato, o consumidor deverá devolver os conteúdos digitais, sempre que fornecidos num suporte material, a expensas do profissional e sem demora indevida, devendo a devolução ser solicitada pelo profissional no prazo de 14 dias a contar do momento em que este é informado da resolução do contrato pelo consumidor[66]. Nos demais casos, resolvido o contrato, o consumidor dever-se-á abster de voltar a utilizar os conteúdos ou serviços digitais, bem como de os fornecer a terceiros[67].

No que respeita aos dados pessoais que tenham sido facultados pelo consumidor, a directiva limita-se a remeter, sem mais especificações, para o disposto no RGPD, que sempre se aplica-

---

64 Cfr. o artigo 14.°, n.° 4, alíneas *a)-b), e)*, da Directiva 2019/770. As soluções da redução do preço e da resolução do contrato só surgem em primeira linha, como uma primeira solução, nas hipóteses em que a *gravidade* da falta de conformidade as justifique (artigo 14.°, n.° 4, alínea *d)*, da Directiva 2019/770). Também nos casos em que a conformidade foi reposta mas a desconformidade reapareceu o consumidor poderá recorrer à resolução do contrato, não tendo que insistir numa solução que preserve o contrato *tale quale*: cfr. o artigo 14.°, n.° 4, alínea *c)*, da Directiva 2019/770.

65 Cfr., neste sentido, o considerando 67 da Directiva 2019/770.

66 Cfr. o artigo 17.°, n.° 2, da Directiva 2019/770.

67 Cfr. o artigo 17.°, n.° 1, da Directiva 2019/770.

ria[68]. Daqui decorre, nomeadamente, o reconhecimento de um «direito ao esquecimento», ou apagamento dos dados pessoais do consumidor, entre outros dados necessários para o cumprimento do contrato pelo profissional, mas também dados pessoais adicionais facultados como contraprestação pelo serviço prestado, dados gerados pelo consumidor, dados comportamentais e ambientais obtidos pela plataforma em resultado da utilização do serviço e dados inferidos pela própria plataforma dos anteriores[69].

Especifica-se ainda que o profissional dever-se-á abster de utilizar dados não pessoais, facultados ou criados pelo consumidor, no contexto da utilização do serviço digital – em formato de imagens digitais, ficheiros de vídeo e áudio, nomeadamente criados em dispositivos móveis[70] – excepto nos casos em que esses conteúdos «não tenham utilidade fora do contexto dos conteúdos ou serviços digitais fornecidos pelo profissional, encontrando-se relacionados apenas com a atividade do consumidor, tendo sido agregados a outros dados pelo profissional e não possam ser desagregados, ou apenas com esforços desproporcionados, ou tendo

---

68 Cfr. o artigo 16.º, n.º 2, da Directiva 2019/770. Também o considerando 69 da directiva em causa se limita a remeter para o disposto no RGPD.

69 Cfr. o artigo 17.º do RGPD. Para mais desenvolvimentos sobre o tema, ver Sergio Cámara Lapuente, «Resolución contractual y destino de los datos y contenidos generados por los usuários de servicios digitales», *in El derecho privado en el nuevo paradigma digital*, Esther Arroyo Mayuelas, Sergio Cámara Lapuente (dirs.), Madrid, Colegio Notarial de Cataluña/Marcial Pons, 2020, pp. 141-174. Paloma de Barrón Arniches, «La pérdida de privacidad en la contratación electrónica...», cit., p. 45, e Luz M. Martinez Velencoso, Marina Sancho López, «El nuevo concepto de onerosidad en el mercado digital...», cit., p. 15, referem-se, neste contexto, aos dados obtidos mediante a «triangulação» e organização da informação recolhida directamente do titular, e que podem corresponder ou não à sua realidade.

70 Considerando 69 da Directiva 2019/770.

sido gerados conjuntamente pelo consumidor e por terceiros, e outros consumidores possam continuar a fazer uso deles»[71].

O acesso a estes dados ou conteúdos deve, porém, ser assegurado ao consumidor, de forma gratuita, num prazo razoável e «num formato de dados de uso corrente e de leitura automática», de modo a não pôr em causa o exercício do seu direito de resolução, podendo posteriormente o profissional impedir o seu acesso ao consumidor, mediante, nomeadamente, a desactivação da sua conta[72].

O conjunto de remédios especificados, postos à disposição do consumidor em caso de falta de conformidade dos conteúdos ou serviços digitais fornecidos por um profissional, não prejudica o direito de aquele ser ressarcido, nos termos gerais, pelos danos sofridos[73].

V. RECOLHA (PASSIVA) DE DADOS PESSOAIS PELAS PLATAFORMAS DIGITAIS E PROFILING

Como já referimos, a interacção dos utilizadores-consumidores com as plataformas permite a obtenção de um conjunto de dados importante para além daqueles facultados de forma activa, *consciente*, por estes utilizadores com vista a aceder aos serviços de plataforma ou necessários para o cumprimento de um contrato. Estes dados advêm da utilização de plataformas eletrónicas enquanto intermediárias entre a oferta e a procura, enquanto redes sociais, motores de busca e fornecedoras directas de bens e serviços, e são eventualmente recolhidos e tratados sem que os utilizadores se apercebam e tenham expressamente consentido nesse tratamento.

---

71 *Idem*. Cfr. o artigo 16.º, n.º 3, da Directiva 2019/770.

72 Cfr. os considerandos 70 e 71, e o artigo 16.º, n.ºs 4 e 5, da Directiva 2019/770.

73 Cfr. o considerando 73 da Directiva 2019/770.

Os dados assim recolhidos são depois objecto de processamento através de algoritmos que procuram padrões de comportamentos, correlações, gerando informação com um valor económico importante e que poderá ser utilizada bem para além do objectivo anunciado de «melhorar a experiência do utilizador», nomeadamente para efeitos de publicidade personalizada, mas, eventualmente também, para a conformação ou manipulação da conduta dos visados.

O considerando 69 do RSD refere-se, de uma forma expressiva, aos «anúncios publicitários baseados em técnicas de direcionamento otimizadas para corresponder aos (...) interesses [dos destinatários dos serviços] e apelar potencialmente às suas vulnerabilidades» como «técnicas manipuladoras» que «podem ter um impacto negativo em grupos inteiros e amplificar os danos sociais, por exemplo contribuindo para campanhas de desinformação ou discriminando determinados grupos». Os perigos para a pessoa associados ao modelo das plataformas assente no tratamento de *big data* e definição de perfis, cada vez mais apurados com o crescente uso de inteligência artificial, levando a que o fornecimento de conteúdos explore as debilidades dos consumidores e gere tratamentos discriminatórios, têm vindo também a ser denunciados pela doutrina[74]. O legislador português consagrou, por sua

---

[74] Sobre o tema, com desenvolvimento, v. Inês da Silva Costa, «A proteção da pessoa na era dos *big data*: a opacidade do algoritmo e as decisões automatizadas», *RED – Revista Electrónica de Direito*, vol. 24, n.º 1, Fevereiro 2021, pp. 38-40, 42-44, disponível em <https://cije.up.pt//client/files/0000000001/4-ines-costa_1677.pdf> (4.12.2023). Cfr. também, entre outros, Monika Namyslowska e Agnieszka Jablonowska, «Artificial intelegence and platform services: EU consumer (contract) law and new regulatory developments», *in Contracting and contract law in the age of artificial intelligence*, Martin Ebers, Cristina Poncibò, Mimi Zou (eds.), Oxford/ New York, Hart, 2022, pp. 224, 226-227, 229. Sobre o potencial de discriminação associado ao tratamento algorítmico dos dados pessoais, ver Cristina Argelich Comelles, «Towards a european regulation on the liability of online platforms

vez, de uma forma expressa, um «direito à protecção do perfil» no domínio específico da utilização de plataformas digitais[75].

A recolha de dados com vista à elaboração de perfis pode contender entre outros, com os direitos à imagem, à palavra, à reserva da vida privada e ao carácter dos seus titulares, bem como com os seus direitos à igualdade e liberdade[76], para além do direito à protecção de dados, configurando a actividade de *profiling* um tratamento de dados[77].

---

for algorithmic discrimination in consumer contracts», *in Journal of European Consumer and Market Law*, Volume 12, Issue 5, 2023, pp. 196-197, e Maria Raquel Guimarães, «Inteligência artificial, *profiling* e direitos de personalidade», *in Inteligência artificial e robótica. Desafios para o direito do século XXI*, Eva Sónia Moreira, Pedro Freitas (coords.), Coimbra, Gestlegal, 2022, pp. 209-211. Cfr. também, *infra*, n.º 6.

75 Cfr. a alínea *c)* do n.º 1 do artigo 14.º da Carta portuguesa de direitos humanos na era digital, aprovada pela Lei n.º 27/2021, de 17 de Maio. Assim, na utilização de plataformas digitais, todos têm o direito de «proteção do seu perfil, incluindo a sua recuperação se necessário, bem como de obter cópia dos dados pessoais que lhes digam respeito nos termos previstos na lei».

76 Para uma análise dos possíveis direitos de personalidade afectados pela actividade de *profiling*, ver o nosso texto «Inteligência artificial, *profiling* e direitos de personalidade», cit., pp. 196-211.

77 O RGPD utiliza a expressão «definição de perfis» no sentido de «qualquer forma de tratamento automatizado de dados pessoais que consista em utilizar esses dados pessoais para avaliar certos aspetos pessoais de uma pessoa singular, nomeadamente para analisar ou prever aspetos relacionados com o seu desempenho profissional, a sua situação económica, saúde, preferências pessoais, interesses, fiabilidade, comportamento, localização ou deslocações». Incidentalmente, o considerando 24 do mesmo diploma acrescenta que «(a) fim de determinar se uma atividade de tratamento pode ser considerada 'controlo do comportamento' de titulares de dados, deverá determinar-se se essas pessoas são seguidas na Internet e a potencial utilização subsequente de técnicas de tratamento de dados pessoais que consistem em definir o perfil de uma pessoa singular, especial-

O tratamento de dados para estes fins será lícito sempre que o titular dos dados tenha consentido nesse tratamento, nos termos previstos no RGPD, e sempre que se verifiquem os requisitos aí previstos em matéria de lealdade e transparência no tratamento dos dados, limitação das finalidades e limitação da conservação, exactidão e segurança, e minimização dos dados[78]. O consentimento tem que ser livre e esclarecido, o que só acontecerá quando, desde logo, o titular dos dados não desconheça que os seus dados são alvo de recolha e de tratamento[79]. Por outro lado, o titular deverá manter o controlo dos dados recolhidos no contexto de um contrato específico, não podendo estes ser utilizados para novas finalidades ou cedidos a terceiros[80].

Verifica-se, porém, que o consentimento em que assenta a licitude do tratamento muitas vezes corresponde a um simples

---

mente para tomar decisões relativas a essa pessoa ou analisar ou prever as suas preferências, o seu comportamento e as suas atitudes».

78 Cfr. os artigos 5.º e 6.º do RGPD, bem como o seu «considerando» 39. Também a Carta portuguesa de direitos humanos na era digital, prevê no n.º 2 do seu artigo 8.º, com a epígrafe «Direito à privacidade em ambiente digital», o direito à proteção de dados pessoais, «incluindo o controlo sobre a sua recolha, o registo, a organização, a estruturação, a conservação, a adaptação ou alteração, a recuperação, a consulta, a utilização, a divulgação por transmissão, difusão ou qualquer outra forma de disponibilização, a comparação ou interconexão, a limitação, o apagamento ou a destruição», numa espécie de súmula do disposto no RGPD.

79 De acordo com o Grupo de Trabalho do artigo 29, o utilizador só dará o seu consentimento de forma livre para efeitos de *marketing* dirigido se o seu consentimento for prestado com independência da possibilidade de aceder ao serviço de rede social associado: Article 29 Working Party, *Opinion 15/2011 on the definition of consent*, WP 187, 13.07.2011, p. 18. Cfr., *supra*, na mesma linha, nota 38.

80 Assim, Marcin Betkier, *Privacy online, law and the effective regulation of online services*, cit., pp. 46-48, e Stefan Grundmann e Philipp Hacker, «The digital dimension as a challenge to European contract law – The architecture», cit., p. 28.

«click» numa «janela» onde se lê «I agree/Aceito», sem que o titular dos dados verdadeiramente tenha consciência do tratamento de dados de que está a ser alvo[81]. Na medida em que este consentimento seja prestado num contexto contratual, aplicar-se-ão as regras previstas em sede de contratos não negociados ou condições gerais do contrato da Directiva 93/13/CEE relativa às cláusulas abusivas nos contratos celebrados com consumidores, quanto à clareza da redacção e comunicação dos «termos e condições» praticados, nomeadamente em matéria de processamento de dados, bem como o disposto quanto à boa fé e ao desequilíbrio significativo das prestações em detrimento do consumidor e exclusão de cláusulas abusivas[82].

Noutros casos poderão os utilizadores não chegar sequer a emitir um simulacro de consentimento, sendo certo que o consentimento, tal como previsto no RGPD, não pode ser *presumido*

---

81 Frederik Zuiderveen Borgesius, *Improving Privacy Protection in the Area of Behavioural Targeting* (PhD. thesis), Amesterdam, University of Amesterdam, 2014, pp. 11, 394. No mesmo sentido, Paloma de Barrón Arniches, «La pérdida de privacidad en la contratación electrónica...», cit, pp. 50, 54, 56.

82 Cfr. os artigos 3.º, n.ºs 1 e 3, 5.º e 6.º, n.º 1, da Directiva 93/13/CEE do Conselho, de 5 de Abril de 1993, relativa às cláusulas abusivas nos contratos celebrados com os consumidores, *in JO* L 95 de 21.4.1993, pp. 29-34. Para mais desenvolvimentos, ver Paloma de Barrón Arniches, «La pérdida de privacidad en la contratación electrónica...», cit, pp. 54-55, 58-59. Não discutiremos, neste contexto, a natureza contratual dos termos e condições praticados pelas plataformas digitais; sobre o tema, ver Przemyslaw Jacek Palka, «Terms of service are not contracts – Beyond contract law in the regulation of online platforms», *in European contract law in the digital age*, Stefan Grundmann (ed.), Cambridge/Antwerp/Portland, Intersentia, 2018, p. 135 ss., Dan Jerker B. Svantesson, «Digital contracts in global surroundings», *in European contract law in the digital age*, Stefan Grundmann (ed.), Cambridge/Antwerp/Portland, Intersentia, 2018, pp. 56-57, e Joana Campos Carvalho, *Os contratos celebrados através de plataformas digitais*, Coimbra, Almedina, 2023, pp. 79-80.

do simples acesso e navegação pelos conteúdos disponibilizados, quando há uma grande assimetria social, económica, informacional e de controlo entre os titulares dos dados e as plataformas digitais[83]. A relevância de um consentimento presumido contrariaria de forma ostensiva o disposto nos artigos 6.º, n.º 1, alínea *a)*, e 4.º, n.º 11, do RGPD, que exigem, para o efeito, um consentimento traduzido numa declaração de vontade específica e inequívoca[84].

Um fundamento alternativo para justificar o tratamento dos dados pessoais do utilizador-consumidor de uma plataforma digital seria o «interesse legítimo» do responsável pelo tratamento[85]. Nos termos do considerando 47 do RGPD, os «interesses legítimos» do responsável pelo tratamento podem constituir um

---

[83] No sentido de que não se deverá poder considerar existir um consentimento tácito do titular dos dados, para a sua recolha e tratamento, pelo simples facto de este navegar numa plataforma que oferece um serviço digital, ver Esther Arroyo Amayuelas, «Las nuevas directivas sobre digitalización del derecho de contratos», cit., pp. 25-26.

[84] Nas palavras de Inês Camarinha Lopes, «Drones, proteção de dados pessoais e direitos conexos», *in RED – Revista Electrónica de Direito*, n.º 2, Junho, 2021, p. 233, disponível em <https://cij.up.pt//client/files/0000000001/9-ines-lopes_1744.pdf> (15.11.2023), «a vontade inequívoca poderá resultar de qualquer ato ou comportamento positivo que permita concluir pela intencionalidade do declarante de consentir no tratamento, encontrando-se, por isso, excluídos como meios de prestar consentimento as *pre-ticket boxes*, o silêncio e qualquer forma que implique a inatividade do declarante».

[85] Cfr. o artigo 6.º, n.º 1, alínea *f)*, do RGPD. Quanto ao fundamento da alínea *b)* do mesmo normativo, ver os desenvolvimentos tecidos por Rui Filipe Gordete Almeida, «Os dados pessoais como contraprestação nos contratos de consumo...», cit., pp. 27-28, sobre a posição do Comité Europeu de Protecção de Dados – CEPD que, em regra, o afasta como base de licitude para o tratamento de dados que está na base da publicidade comportamental, mesmo que esta seja a fonte de financiamento que permita o fornecimento «gratuito» do serviço ao titular dos dados. O Autor não descarta, porém, a viabilidade deste fundamento de licitude do tratamento dos dados pessoais do

fundamento de licitude para o tratamento, «desde que não prevaleçam os interesses ou os direitos e liberdades fundamentais do titular, tomando em conta as expectativas razoáveis dos titulares dos dados baseadas na relação com o responsável», e requerendo uma «avaliação cuidada»[86]. No mesmo considerando 47 prevê-se que pode integrar estes interesses legítimos o tratamento de dados para fins de «comercialização directa». Por sua vez, o Grupo de Trabalho do artigo 29, na sua Opinião n.º 6/2014, afirmou que o tratamento de dados para fins de publicidade e *marketing* directo poderia constituir um interesse legítimo do responsável, ainda que o impacto da prossecução destes interesses na sociedade possa não ser claro ou ser controverso[87].

Tem, no entanto, sido advogada uma interpretação restrita deste fundamento de licitude do tratamento de dados, uma vez que, em regra, os direitos fundamentais do titular, e os seus direitos de personalidade, deverão prevalecer sobre os interesses económicos do responsável pelo tratamento[88], sob pena de os cuidados que rodeiam o consentimento como fundamento primeiro de licitude de tratamento serem facilmente contornados por estes interesses legítimos de natureza económica.

O próprio Grupo de Trabalho do artigo 29 alertou para o facto de o fundamento do tratamento baseado nos «interesses legítimos» do responsável não justificar todo o tipo de trata-

---

utilizador para efeitos de *marketing*, remetendo para o «teste» que o próprio CEPD propõe, nas suas Diretrizes 2/2019 (pp. 26-28).

86 Para uma perspectiva crítica da formulação adoptada por este considerando 47, caracterizando-a como «vaga e algo teórica», cfr. Paloma de Barrón Arniches, «La pérdida de privacidad en la contratación electrónica...», cit, p. 42.

87 Article 29 Working Party, *Opinion 6/2014*, cit., pp. 24-25. Afirma-se também aqui que os interesses legítimos que justificam um tratamento de dados têm que ser lícitos, específicos, reais e presentes.

88 EDPS, *Opinion 4/2017*, cit., n.º 64.

mento de dados para fins de *marketing* personalizado, excluindo as seguintes actividades do âmbito dos «interesses legítimos»:

> «monitorizar indevidamente as actividades em linha ou fora de linha dos seus clientes, combinar grandes quantidades de dados sobre eles provenientes de diferentes fontes que foram inicialmente recolhidos noutros contextos e para diferentes fins, e criar – e, por exemplo, com o intermédio de corretores de dados, também comercializar – perfis complexos das personalidades e preferências dos clientes sem o seu conhecimento, um mecanismo viável de objeção e muito menos consentimento informado. Uma tal atividade de definição de perfis é suscetível de constituir uma intrusão significativa na privacidade do cliente e, nesse caso, o interesse do responsável pelo tratamento seria sobreposto pelos interesses e direitos da pessoa em causa»[89].

A realidade acima descrita corresponde a um cenário que hoje se adivinha comum na economia das plataformas digitais. Nestes casos, parece ser clara a preterição dos interesses das plataformas responsáveis pelo tratamento de dados pela necessidade de protecção dos direitos de personalidade dos utilizadores, desde logo ao carácter e à reserva da vida privada, para além do direito à protecção de dados.

VI. *PROFILING, BIG DATA* E DECISÕES AUTOMATIZADAS

Independentemente do fundamento de licitude do tratamento, a actividade de *profiling* alimenta-se de *big data* o que coloca, como já assinalámos, dificuldades sérias no que respeita ao cumprimento dos princípios estabelecidos no RGPD[90]. O princípio

---

89 Article 29 Working Party, *Opinion 6/2014*, cit., p. 26.

90 Sobre o conceito de *big data*, v. Inês da Silva Costa, «A proteção da pessoa na era dos *big data*: a opacidade do algoritmo e as decisões automatizadas», cit., p. 38. Na doutrina estrangeira, ver, entre ou-

da limitação das finalidades para as quais os dados são fornecidos impede a sua utilização para outros fins encobertos e, desde logo, para a avaliação do perfil do seu titular, não especificada aquando da recolha. E, sobretudo, o princípio da minimização dos dados, com o conteúdo da necessária adequação e limitação dos dados às finalidades definidas para o tratamento, «vive mal» com a ideia de *big data*[91]. Os algoritmos de *profiling* que integram IA funcionam como uma caixa negra que se alimenta de dados e infere dados novos dos dados fornecidos, sem que se conheça à partida quais os dados que irão ser recolhidos e que serão suficientes para os resultados a alcançar e mesmo que resultados serão alcançados e se corresponderão aos resultados previamente considerados pelo programador.

Nos termos do artigo 22.º do RGPD, «o titular dos dados tem o direito de não ficar sujeito a nenhuma decisão tomada exclusivamente com base no tratamento automatizado, incluindo a definição de perfis, que produza efeitos na sua esfera jurídica ou que o afete significativamente de forma similar»[92]. O le-

---

tros, Luz M. Martinez Velencoso, Marina Sancho López, «El nuevo concepto de onerosidad en el mercado digital...», cit., pp. 14-15, 20, e Marcin Betkier, *Privacy online*..., cit., pp. 13-14, referindo-se ao «modelo dos 3Vs» para caracterizar os *big data*: volume, variedade e velocidade (estendido para «5Vs», incluindo valor e veracidade, de acordo com alguns autores). Seguiremos de perto, quanto a este ponto, o que dissemos em «Inteligência artificial, *profiling* e direitos de personalidade», cit., p. 207 ss.

91 A expressão é de Lourenço Noronha dos Santos, «§ 12. Inteligência artificial e privacidade», *in* Manuel Lopes Rocha e Rui Soares Pereira (coords.), *Inteligência artificial & Direito*, Coimbra, Almedina, 2020, p. 152. No mesmo sentido, ver Paloma de Barrón Arniches, «La pérdida de privacidad en la contratación electrónica ...», cit., pp. 34, 41.

92 O considerando 71 do RGPD exemplifica estas consequências relevantes das decisões automatizadas com «a recusa automática de um pedido de crédito por via eletrónica ou práticas de recrutamento eletrónico sem qualquer intervenção humana». Para mais desenvolvimentos sobre

gislador europeu associou, desta forma, a criação de perfis às decisões automatizadas, pelo risco acrescido que advém para o titular dos dados da conjugação destes dois fenómenos, ainda que eles não andem necessariamente associados, não obstante a criação de perfis tenda a resultar em decisões automatizadas e estas tenham, normalmente, por base a definição de perfis[93].

O RGPD prevê, ainda assim, excepções a esta proibição geral de ficar sujeito a decisões automatizadas, nomeadamente nos casos em que o titular dos dados tenha dado o seu consentimento *explícito*. Isto significa que a pessoa não pode ficar sujeita a uma decisão tomada sem qualquer controlo ou intervenção humana – que não seja meramente aparente, de ratificação de uma tomada de posição processada de forma automatizada[94] – em

---

esta questão, ver Alba Soriano Arnanz, *Data protection for the prevention of algorithmic discrimination*, Cizur Menor, Aranzadi, 2021, pp. 142-144, e Gabriele Mazzini, «Q. A system of governance for artificial intelligence through the lens of emerging intersections between AI and EU law», *in Digital Revolution – New challenges for Law*, De Franceschi, Schulze, München/Baden-Baden, Beck/Nomos, 2019, pp. 286-287.

93 De acordo com Inês da Silva Costa, «A proteção da pessoa na era dos *big data*: a opacidade do algoritmo e as decisões automatizadas», cit., p. 56, «[m]uito embora a definição de perfis não se confunda com as decisões automatizadas, a verdade é que não é fácil imaginar a existência de uma atividade de definição de perfis que não culmine numa decisão automatizada e, por outro lado, a maioria das decisões automatizadas surge como consequência de uma atividade de definição de perfis. Por este motivo, o legislador optou pela sua regulamentação conjunta». Em sentido próximo, Alba Soriano Arnanz, *Data protection for the prevention of algorithmic discrimination*, cit., p. 137, e Mafalda Miranda Barbosa, *Inteligência artificial. Entre a utopia e a distopia, alguns problemas jurídicos*, Coimbra, Gestlegal, 2021, p. 141.

94 As hipóteses em que a intervenção humana se limita a «carimbar» a decisão automatizada (a expressão é de Gabriele Mazzini, «Q. A system of governance for artificial intelligence through the lens of emerging intersections between AI and EU law», cit., p. 285) são, assim, tomadas como decisões sem intervenção humana. Neste sentido,

resultado de uma avaliação do seu perfil, não legitimada pelo seu consentimento prévio. Excepcionam-se, também, as hipóteses de a decisão automatizada ser «necessária para a celebração ou a execução de um contrato entre o titular dos dados e um responsável pelo tratamento», ou ser «autorizada pelo direito da União ou do Estado-Membro a que o responsável pelo tratamento estiver sujeito», devendo, neste último caso, estar «igualmente previstas medidas adequadas para salvaguardar os direitos e liberdades e os legítimos interesses do titular dos dados», não podendo, em ambas as hipóteses, estar em causa o tratamento de dados sensíveis, conforme o disposto nos n.ºs 2 e 4 do artigo 22.º do RGPD[95].

E, mesmo nos casos em que a decisão automatizada é lícita, o titular dos dados tem o direito de ser informado relativamente à sua existência bem como «à lógica subjacente» ao algoritmo e ainda quanto às consequências de tal tratamento na sua esfera jurídica[96].

O mesmo princípio de transparência justifica a necessidade de as plataformas digitais – em concreto, os mercados em linha – informarem os consumidores «sobre os principais parâmetros

---

ver também, Inês da Silva Costa, «A proteção da pessoa na era dos *big data*: a opacidade do algoritmo e as decisões automatizadas», cit., p. 58, com indicações (nota 172), Lourenço Noronha dos Santos, «§ 12. Inteligência artificial e privacidade», cit., p. 154, e Mafalda Miranda Barbosa, *Inteligência artificial...*, cit., pp. 143-144.

95 Sobre estas excepções, v. Alba Soriano Arnanz, *Data protection for the prevention of algorithmic discrimination*, cit., pp. 137-139, e Lourenço Noronha dos Santos, «§ 12. Inteligência artificial e privacidade», cit., pp. 154-156. Ver, também, o considerando 71 do RGPD.

96 Cfr. os artigos 13.º, n.º 2, alínea *f)*, e 14.º, n.º 2, alínea *g)*, do RGPD. Também o legislador português foi sensível a esta necessidade de informação nestes casos, prevendo no n.º 2 do artigo 9.º da Carta portuguesa de direitos humanos na era digital, que «[a]s decisões com impacto significativo na esfera dos destinatários que sejam tomadas mediante o uso de algoritmos devem ser comunicadas aos interessados, sendo suscetíveis de recurso e auditáveis, nos termos previstos na lei».

automáticos que determinam a classificação das ofertas apresentadas aos consumidores em resultado da pesquisa em linha e a sua importância relativa em comparação com outros parâmetros»[97]. As informações prestadas sobre estes parâmetros automáticos utilizados devem indicar «quaisquer critérios gerais, processos, sinais específicos incorporados em algoritmos ou outros mecanismos de ajuste ou de despromoção utilizados no âmbito da classificação»[98].

Também aos motores de pesquisa em linha se impõe um dever análogo, no sentido de «estabelecer os principais parâmetros que sejam individual ou coletivamente mais importantes para determinar a classificação, bem como a importância relativa desses parâmetros», devendo disponibilizar, no próprio motor de busca, uma descrição, «redigida de forma clara e inteligível», facilmente acessível e actualizada dos referidos parâmetros[99].

A classificação das ofertas e dos resultados das pesquisas apresentadas pode ter por base a definição do perfil do consumidor, em função da sua conduta *online*, anteriores compras, pesquisas, localização geográfica, dispositivos utilizados, entre muitos outros dados pessoais recolhidos pela plataforma, que denunciam as suas preferências de consumo, condição económica, e até as suas convicções religiosas, políticas, e o seu estado de saúde. Não estando nestes casos em causa uma «decisão automatizada» que produza efeitos na esfera jurídica do consumidor ou «que o afete significativamente de forma similar», para os efeitos do artigo 22.º, n.º 1, do RGPD – não sendo, nesta medida, uma actividade proibida[100] –, ainda assim a classificação dos resultados proporcionados importa uma certa conformação (e, nessa medida, deformação)

---

97 Cfr. o considerando 22 da Directiva 2019/2161.

98 *Idem*. Cfr. o artigo 6.º-A, n.º 1, alínea *a)*, da Directiva 2011/83/UE, introduzido pela Directiva 2019/2161.

99 Cfr. o artigo 5.º, n.º 2, do Regulamento 2019/1150.

100 Assim, Christian Twigg-Flesner, «Online intermediary platforms and English contract law», cit., p. 189.

do mercado e do mundo, tendo por base algoritmos que não podem ser opacos. Porém, como se afirma no considerando 23 da Directiva 2019/2161, as plataformas não são obrigadas a «divulgar o funcionamento pormenorizado dos seus mecanismos de classificação, incluindo os algoritmos», o que de pouco serviria para o consumidor médio[101]. Impõe-se-lhes, no entanto, «uma descrição geral dos principais parâmetros que determinam a classificação», a sua explicação e a sua «importância relativa em comparação com outros parâmetros», ainda que não personalizada[102].

---

101 Cfr. o n.º 6 do artigo 5.º do Regulamento 2019/1150. A redacção deste normativo não nos parece unívoca. Quando se diz que «os prestadores de serviços de intermediação em linha e os fornecedores de motores de pesquisa em linha não são obrigados a divulgar algoritmos ou quaisquer informações que, com um grau de certeza razoável, induziriam em erro ou prejudicariam os consumidores através da manipulação dos resultados das pesquisas», pode questionar-se se o prejuízo e a manipulação referidos se reportam à divulgação dos algoritmos ou se são um efeito da utilização desses mesmos algoritmos que, ainda assim, não devem ser divulgados. Neste último sentido parece ir Cristina Argelich Comelles, «Towards a european regulation on the liability of online platforms for algorithmic discrimination in consumer contracts», cit., pp. 194, 198. Ver, porém, o que é dito na nota seguinte, *in fine*.

102 Chiara Sartoris, «Business users of digital platforms and new challenges of protection», *in A contractual law for the age of digital platforms?*, Elena Bargelli, Valentina Calderai (eds.), Pisa, Pacini Giuridica, 2021, p. 42, critica o artigo 5.º do Regulamento 2019/1150, considerando que este não impõe deveres específicos e não clarifica o que deve ser entendido por «principais parâmetros», pondo em causa o cumprimento dos deveres de transparência impostos às plataformas. Ainda assim, a Comissão Europeia, na sua *Comunicação da Comissão, Orientações sobre a transparência da classificação nos termos do Regulamento (UE) 2019/1150 do Parlamento Europeu e do Conselho* (2020/C 424/01), *in JO* C 424, 8.12.2020, pp. 1-26, vem esclarecer que «(a)s descrições fornecidas pelos prestadores em conformidade com o artigo 5.º devem constituir, efetivamente, uma mais-valia para os utilizadores em causa» (n.º 22), alertando para o risco de desinformação associado ao excesso de informações, notando que as plataformas não deverão

A imposição deste dever de transparência denota a preocupação do legislador face aos perigos da actividade de classificação associada ao *profiling*, de deformação da realidade e circunscrição do mercado, e que podem resultar no confinamento do consumidor a uma «bolha» que este toma pelo mundo e que se reduz, apenas, ao «seu mundo» ou a mundo que se pretende que seja o seu[103]. Como afirmou o legislador europeu no RSD, os sistemas de classificação e recomendação desempenham um papel importante «na amplificação de determinadas mensagens, na difusão viral da informação e no estímulo do comportamento em linha»[104]. Nesta medida, devem ser tomadas medidas para «prevenir ou minimizar os enviesamentos que conduzem à discriminação de pessoas em situações vulneráveis», impondo-se mesmo às plataformas em linha e aos motores de pesquisa em linha de muito grande dimensão opções alternativas de classificação e recomendação que não se baseiem na definição de perfis[105].

De todo o modo, o cumprimento dos deveres de informação impostos às plataformas no que respeita à sua actividade de classificação não permite *branquear* a definição de perfis, quando esta lhe esteja subjacente, e justificar o tratamento de dados pessoais sem o consentimento livre e esclarecido do seu titular, nos termos exigidos pelo RGPD.

«sobrecarregar os utilizadores com descrições muito longas ou complexas, ou descrições de outros parâmetros que não os principais», e acrescentando que «(n)ão fornecer pormenores excessivos deve também ajudar a evitar o risco de induzir em erro ou prejudicar os consumidores, como referido no artigo 5.º, n.º 6» (n.º 25).

103 Sobre o tema, ver Cristina Argelich Comelles, «Towards a european regulation on the liability of online platforms for algorithmic discrimination in consumer contracts», cit., p. 196.

104 Considerando 70 do RSD.

105 Considerando 98 e artigo 38.º do RSD.

VII. SÍNTESE CONCLUSIVA

A importância económica dos dados pessoais na economia das plataformas – não obstante a dificuldade em aferir o real valor desses dados, sentida pelo seu titular – é hoje inquestionável. O próprio legislador europeu integra, na Directiva 2019/770, a circulação dos dados num contexto de mercado, ainda que sem abdicar dos princípios estruturantes da protecção de dados previstos no RGPD. Não obstante o cuidado na linguagem evidenciado na Directiva 2019/770, não restam quaisquer dúvidas quanto à intenção de equiparar os contratos de fornecimento de conteúdos e serviços digitais mediante um preço àqueles em que o consumidor faculta os seus dados pessoais como contraprestação, para efeitos de aplicação do regime correspondente em caso de verificação de desconformidades.

O problema do «duplo consentimento» – «específico», «inequívoco» / livre – necessário à celebração destes contratos sem preço não esgota, porém, as dificuldades de compatibilização do RGPD com esta nova realidade negocial. O fluxo de dados recolhidos em consequência das interacções – negociais ou não negociais – dos consumidores com as plataformas digitais não se reduz àqueles voluntariamente facultados como contrapartida para aceder aos serviços de plataforma mas antes é ampliado por um conjunto enorme de dados comportamentais e ambientais captados sem a colaboração do consumidor e mesmo sem que este tenha consciência dessa captação.

O tratamento massivo destes dados leva-nos a questionar os modelos de protecção consagrados, baseados no consentimento do titular, mas também na minimização dos dados, quando há uma grande assimetria social, económica, informacional e de controlo entre os titulares dos dados e as plataformas digitais. Parece ser claro que a manutenção do paradigma individualista da privacidade não dá resposta aos principais problemas que se levantam neste contexto de protecção dos consumidores.

Não obstante a dimensão personalista do RGPD em sede de protecção de dados, na verdade o que se verifica é uma realidade paralela de tratamento de dados de uma forma massificada e subterrânea que escapa completamente aos princípios aí consagrados.

Cabe ao RGPD acolher estes fenómenos próprios de uma «economia de dados» e adaptar os seus mecanismos de protecção dos consumidores-titulares de dados ou, em alternativa, manter-se inalterado e desfasado da realidade.

VIII. BIBLIOGRAFIA

- Almeida, Rui Filipe Gordete, «Os dados pessoais como contraprestação nos contratos de consumo – a necessidade para a execução do contrato como fundamento de licitude do tratamento», *in RED – Revista electrónica de direito*, vol. 31, n.º 2, Junho, 2023, disponível em <https://cij.up.pt/client/files/0000000001/2-rui-almeida_2163.pdf> (15.11.2023), pp. 4-51.
- Antunes, José Engrácia, «Os contratos eletrónicos B2C», *in RED – Revista Electrónica de Direito*, vol. 32, n.º 3, Outubro, 2023, pp. 59-60, disponível em <https://cij.up.pt//client/files/0000000001/3-engracia-antunes_2286.pdf> (18.11.2023).
- Argelich Comelles, Cristina, «Towards a european regulation on the liability of online platforms for algorithmic discrimination in consumer contracts», *in Journal of European Consumer and Market Law*, Volume 12, Issue 5, 2023, pp. 193-198.
- Arroyo Amayuelas, Esther, «Spain», *in Harmonizing digital contract law, The impact of EU Directives 2019/770 and 2019/771 and the regulation of online platformas, A handbook*, De Franceschi and Schulze (editors), Baden-Baden/München/Oxford, Nomos/Beck/Hart, 2023, pp. 625-647.
- Arroyo Amayuelas, Esther, «Las nuevas directivas sobre digitalización del derecho de contratos», *in La digitalización del derecho de contratos en Europa*, Lídia Arnau Raventós (dir.), Barcelona, Atelier, 2022, pp. 19-46.
- Arroyo Amayuelas, Esther, «El derecho de las plataformas en la Unión Europea», *in Servicios en plataforma, Estrategias regulatorias*, Esther Arroyo Amayuelas, Yolanda Martínez Mata, Mariola Rodríguez Font, Marc Tarrés Vives, Madrid, Marcial Pons, 2021, pp. 21-69.

- AEPD, *Síntese do Parecer relativo à proposta de diretiva sobre certos aspetos relativos aos contratos de fornecimento de conteúdos digitais*, *in JO* C/200, 23.6.2017, pp. 10-13.
- ARTICLE 29 WORKING PARTY, *Opinion 6/2014 on the notion of legitimate interests of the data controller under Article 7 of Directive 95/46/EC*, WP 217, 9.04.2014.
- ARTICLE 29 WORKING PARTY, *Opinion 15/2011 on the definition of consent*, WP 187, 13.07.2011.
- BARBOSA, MAFALDA MIRANDA, *Inteligência artificial. Entre a utopia e a distopia, alguns problemas jurídicos*, Coimbra, Gestlegal, 2021.
- BARRÓN ARNICHES, PALOMA DE, «La pérdida de privacidad en la contratación electrónica (entre el Reglamento de protección de datos y la nueva Directiva de suministro de contenidos digitales)», *in Cuadernos europeos de Deusto*, nº 61, 2019, pp. 29-65.
- BETKIER, MARCIN, *Privacy online, law and the effective regulation of online services*, Cambridge, Intersentia, 2019.
- BETTENCOURT, MATILDE LOPES, «A proteção do consumidor em contratos digitais: análise dos contratos celebrados com dados pessoais como contraprestação», *in Anuário do Nova Consumer Lab*, Ano 3, 2021, pp. 387-476.
- BORGESIUS, FREDERIK ZUIDERVEEN, *Improving Privacy Protection in the Area of Behavioural Targeting* (PhD. thesis), Amesterdam, University of Amesterdam, 2014.
- CÁMARA LAPUENTE, SERGIO, «Resolución contractual y destino de los datos y contenidos generados por los usuários de servicios digitales», *in El derecho privado en el nuevo paradigma digital*, Esther Arroyo Mayuelas, Sergio Cámara Lapuente (dirs.), Madrid, Colegio Notarial de Cataluña/ Marcial Pons, 2020, pp. 141-174.
- CARNEIRO, PATRÍCIA FILIPA PEREIRA, «A "coisificação" dos dados pessoais enquanto objecto contratual», dissertação de mestrado, Porto, FDUP, 2019 (inédita).
- CARVALHO, JOANA CAMPOS, *Os contratos celebrados através de plataformas digitais*, Coimbra, Almedina, 2023.
- CARVALHO, JORGE MORAIS, «La incorporación de las directiva (UE) 2019/770 y 2019/771 al ordenamento jurídico portugués», *in La digitalización del derecho de contratos en Europa*, Lídia Arnau Raventós (dir.), Barcelona, Atelier, 2022, pp. 195-212.
- COMISSÃO EUROPEIA, *Comunicação da Comissão, Orientações sobre a transparência da classificação nos termos do Regulamento (UE) 2019/1150 do Parlamento Europeu e do Conselho* (2020/C 424/01), *in JO* C 424, 8.12.2020.

- Comissão Europeia, *Comunicação da Comissão ao Parlamento Europeu, ao Conselho, ao Comité Económico e Social Europeu e ao Comité Das Regiões, As plataformas em linha e o mercado único digital: Oportunidades e desafios para a Europa,* COM(2016) 288 final, Bruxelas, 25.06.2016.
- Comissão Europeia, *Proposta de Diretiva do Parlamento Europeu e do Conselho sobre certos aspetos relativos aos contratos de fornecimento de conteúdos digitais,* COM(2015) 634 final, Bruxelas, 9.12.2015.
- Comissão Europeia, *Proposta de Regulamento do Parlamento Europeu e do Conselho relativo a um direito europeu comum da compra e venda (CESL),* de 11 de Outubro de 2011, COM(2011) 635 final, Bruxelas, 11.10.2011.
- Costa, Inês da Silva, «A proteção da pessoa na era dos *big data*: a opacidade do algoritmo e as decisões automatizadas», *in RED – Revista Electrónica de Direito,* vol. 24, n.º 1, Fevereiro 2021, pp. 33-82, disponível em <https://cije.up.pt//client/files/0000000001/4-ines-costa_1677.pdf> (4.12.2023).
- Drexl, Josef, «Legal challenges of the changing role of personal and non-personal data in the data economy», *in Digital revolution – New challenges for law,* De Franceschi, Schulze (eds.), München/Baden-Baden, Beck/Nomos, 2019, pp. 19-41.
- EDPS, *Opinion 4/2017 on the Proposal for a Directive on certain aspects concerning contracts for the supply of digital content,* 14 March 2017, disponível, em https://www.edps.europa.eu/sites/default/files/publication/17-03-14_opinion_digital_content_en_1.pdf (15.11.2023).
- ELI – European Law Institute, *Model rules on online platforms, Report of the European Law Institute,* Viena, ELI, 2019, disponível em <https://www.europeanlawinstitute.eu/fileadmin/user_upload/p_eli/Publications/ELI_Model_Rules_on_Online_Platforms.pdf> (16.11.2023).
- European Parliamentary Research Service (EPRS), *Liability of online platforms,* Brussels, European Union, 2021
- Florid, Luciano (Editor), *The Onlife Manifesto, Being human in a hyperconnected era,* , Heidelberg/New York/Dordrecht/London, Springer, 2014, pp. 1, 7-8, disponível em <https://link.springer.com/chapter/10.1007/978-3-319-04093-6_2> (3.10.2023).
- García-Micó, Tomàs, «La responsabilidad de Amazon por los daños sufridos por consumidores como consecuencia de los productos defectuosos ofrecidos por usuarios profesionales», *in La digitalización del derecho de contratos en Europa,* Lídia Arnau Raventós (dir.), Barcelona, Atelier, 2022, pp. 213-238.

- García Pérez, Rosa M.ª, «Interacción entre protección del consumidor y protección de datos personales en la Directiva (UE) 2019/770: licitud del tratamiento y conformidad de contenidos y servicios digitales», *in El derecho privado en el nuevo paradigma digital,* Esther Arroyo Mayuelas, Sergio Cámara Lapuente (dirs.), Madrid, Colegio Notarial de Cataluña/Marcial Pons, 2020, pp. 175-208.
- Guimarães, Maria Raquel, «Inteligência artificial, *profiling* e direitos de personalidade», *in Inteligência artificial e robótica. Desafios para o direito do século XXI,* Eva Sónia Moreira, Pedro Freitas (coords.), Coimbra, Gestlegal, 2022, pp. 187-211, <https://repositorium.sdum.uminho.pt/bitstream/1822/80752/1/Ebook%20Inteligencia%20Artificial%20e%20Robotica.pdf> (26.09.2023).
- Guimarães, Maria Raquel, «As plataformas 'colaborativas' enquanto 'prestadoras de serviços da sociedade de informação': reflexões à luz da Lei do comércio electrónico e desenvolvimentos recentes», *in Economia colaborativa,* Maria Miguel Carvalho, Anabela Gonçalves (coords.), Braga, JusGov/Universidade do Minho Editora, 2023, pp. 467-498, disponível em <https://doi.org/10.21814/uminho.ed.100.19>, <https://ebooks.uminho.pt/index.php/uminho/catalog/view/100/154/2352-1> (19.09.2023).
- Grundmann, Stefan / Hacker, Philipp, «The digital dimension as a challenge to European contract law – The architecture», *in European contract law in the digital age,* Stefan Grundmann (ed.), Cambridge/Antwerp/Portland, Intersentia, 2018, pp. 3-45.
- Herrero Suárez, Carmen, «The Amazon Market Place case: The risks of being a judge and party», *in RED – Revista electrónica de direito,* vol. 32, n.º 3, Outubro, 2023, pp. 147-163, disponível em <https://cij.up.pt//client/files/0000000001/7-carmen-herrero_2291.pdf> (15.11.2023).
- Lippi, Maria Elena, «Enclosing data. Rights and control over personal data on digital platforms», *in A contractual law for the age of digital platforms?,* Elena Bargelli, Valentina Calderai (eds.), Pisa, Pacini Giuridica, 2021, pp. 49-67.
- Lopes, Inês Camarinha, «Drones, proteção de dados pessoais e direitos conexos», *in RED – Revista Electrónica de Direito,* n.º 2, Junho, 2021, pp. 210-236, disponível em <https://cij.up.pt//client/files/0000000001/9-ines-lopes_1744.pdf> (15.11.2023).
- Martinez Velencoso, Luz M. / Sancho López, Marina, «El nuevo concepto de onerosidad en el mercado digital: ¿Realmente es gratis la App?», *in Indret: Revista para el Análisis del Derecho,* nº. 1, 2018, pp. 14-15.

- Maultzsch, Felix, «Contractual liability of online platform operators: European proposals and established principles», *European Review of Contract Law*, Vol. 14, 3/2018, pp. 209-240.
- Mazzini, Gabriele, «Q. A system of governance for artificial intelligence through the lens of emerging intersections between AI and EU law», *in Digital Revolution – New challenges for Law*, De Franceschi, Schulze, München/Baden-Baden, Beck/Nomos, 2019, pp. 245-297.
- Metzger, Axel, «Un modelo de mercado para los datos personales: estado de la cuestión a partir de la nueva Directiva sobre contenidos y servicios digitales», *in El derecho privado en el nuevo paradigma digital*, Esther Arroyo Mayuelas, Sergio Cámara Lapuente (dirs.), Madrid, Colegio Notarial de Cataluña/Marcial Pons, 2020, pp. 121-139.
- Namyslowska, Monika / Jablonowska, Agnieszka, «Artificial intelegence and platform services: EU consumer (contract) law and new regulatory developments», *in Contracting and contract law in the age of artificial intelligence*, Martin Ebers, Cristina Poncibò, Mimi Zou (eds.), Oxford/New York, Hart, 2022, pp. 221-247.
- Palka, Przemyslaw Jacek, «Terms of service are not contracts – Beyond contract law in the regulation of online platforms», *in European contract law in the digital age*, Stefan Grundmann (ed.), Cambridge/Antwerp/Portland, Intersentia, 2018, pp. 135-161.
- Research group on the Law of Digital Services, «Discussion Draft of a Directive on Online Intermediary Platforms», *EuCML*, Issue 4/2016, pp. 164-169.
- Rocha, Manuel Lopes / Pereira, Rui Soares (coords.), *Inteligência artificial & Direito*, Coimbra, Almedina, 2020.
- Sartoris, Chiara, «Business users of digital platforms and new challenges of protection», *in A contractual law for the age of digital platforms?*, Elena Bargelli, Valentina Calderai (eds.), Pisa, Pacini Giuridica, 2021, pp. 31-48.
- Savin, Andrej, *The EU Digital Services Act: Towards a More Responsible Internet* (February 16, 2021), Copenhagen Business School, CBS LAW Research Paper No. 21-04, *in Journal of Internet Law*, disponível em <https://ssrn.com/abstract=3786792> (26.09.2023).
- Schmidt-Kessel, Martin, «Consent for the processing of personal data and its relationship to contract», *in Digital revolution – New challenges for law*, De Franceschi, Schulze (eds.), München/Baden-Baden, Beck/Nomos, 2019, pp. 75-83.

- SORIANO ARNANZ, ALBA, *Data protection for the prevention of algorithmic discrimination*, Cizur Menor, Aranzadi, 2021.
- SVANTESSON, DAN JERKER B., «Digital contracts in global surroundings», *in European contract law in the digital age*, Stefan Grundmann (ed.), Cambridge/Antwerp/Portland, Intersentia, 2018, pp. 49-86.
- TWIGG-FLESNER, CHRISTIAN, «Online intermediary platforms and English contract law», *in Intermediaries in commercial law*, Paul S. Davies, Tan Cheng-Han SC (eds.), Oxford/New York, Hart, 2022, pp. 171-192.

Capítulo 8
Profili penalmente rilevanti in materia di protezione dei dati personali: la questione data retention nell'ordinamento italiano

MARIA ELENA CASTALDO
Università degli Studi di Roma LINK

SOMMARIO: I. PREMESSA. II. IL DECRETO LEGGE 30 SETTEMBRE 2021, N. 132 CONVERTITO CON LEGGE 23 NOVEMBRE 2021, N. 178. III. IL CODICE DELLA PRIVACY. IV. LE CORREZIONI IN SEDE DI CONVERSIONE DEL DECRETO LEGGE: LA DISCIPLINA INTERTEMPORALE. V. LE PRONUNCE DELLA CORTE DI GIUSTIZIA NEL 2022. VI. CONCLUSIONI

I. PREMESSA

La *data retention* – locuzione con la quale nel contesto giuridico penale si fa riferimento alla acquisizione e conservazione dei c.d. dati esterni del traffico telefonico e telematico[1] finalizzata all'accertamento dei reati – costituisce una tematica assai delicata e controversa.

---

[1] Ad esempio, autori, tempo, luogo e durata della interlocuzione. Cfr. V. Tartara, «*La Corte di Giustizia conferma il divieto di conservazione*

Basti pensare che, nell'ordinamento domestico, la *sedes materiae* della stessa – l'art. 132 D.lgs. n. 196/2003 (c.d. *Codice della Privacy*) – è stata rimaneggiata dal legislatore in ben undici occasioni, da ultimo con la riforma del settembre 2021.

Occasioni di intervento, queste, che rendono palese un atteggiamento pendolare del decisore pubblico[2], evidentemente sorretto da un continuo mutamento di sensibilità rispetto alle garanzie dei diritti inviolabili della persona, di certo incisi dalla *data retention*: primo fra tutti il diritto alla riservatezza, tutelato tanto a livello sovranazionale (si pensi, ad esempio, all'art. 8 CDFUE), quanto a livello nazionale (artt. 2 e 15 Cost.).

Del resto, il tema della *data retention* reca con sé la costante esigenza di bilanciare due fondamentali poli: da un lato, la prevenzione e repressione della criminalità e dall'altro la tutela della riservatezza individuale relativamente ai sistemi di comunicazione.

II. IL DECRETO LEGGE 30 SETTEMBRE 2021, N. 132 CONVERTITO CON LEGGE 23 NOVEMBRE 2021, N. 178

L'ultimo intervento in materia di tabulati telefonici si è avuto con il decreto legge 30 settembre 2021, n. 132, poi convertito con legge 23 novembre 2021, n. 178.

---

generalizzata e indiscriminata dei dati relativi al traffico delle comunicazioni elettroniche per finalità preventive di contrasto alla criminalità. Possibili ricadute nell'ordinamento italiano», in *Riv. Sistema Penale*, 12/2022, p. 174.

2 L'atteggiamento ondivago del legislatore è testimoniato, per esempio, dall'assegnazione del potere di procedere all'acquisizione del traffico dati, ora all'autorità giudiziaria in generale, ora al giudice, ora al pubblico ministero e al giudice, ora al pubblico ministero in via esclusiva, infine al giudice in via esclusiva.

In tale occasione, il legislatore si è concentrato sui requisiti giuridici che consentono la *data retention*[3] (dunque, l'acquisizione dei tabulati, siano essi telefonici o telematici), fissando criteri puntuali sulla scorta della giurisprudenza resa dalla Corte di Giustizia dell'Unione Europea, nonché – in sede di conversione e previa segnalazione della dottrina – si è curato di introdurre una disciplina particolareggiata per tutti quei dati acquisiti anteriormente all'entrata in vigore della novella.

In questa direzione, onde comprendere il senso e la portata della riforma pare utile soffermarsi, innanzitutto, sui coefficienti che hanno concorso all'emersione della sua impellenza.

In particolare, gli elementi cui assegnare natura di fattore determinante sono stati: da un canto, la nota «*Sentenza Prokuratuur*» (CGUE, 2 marzo 2021, Prokuratuur c. H.K., C-746/18), dall'altro, la natura non *self executing* della Direttiva 2002/58/CE del Parlamento europeo e del Consiglio.

La citata sentenza, nonostante abbia avuto ad oggetto un episodio non riguardante direttamente il nostro ordinamento[4], ha funto da vero e proprio propulsore per la formulazione del D.l. n. 132/2021. In effetti, in quella sede – richiamandosi all'art. 15, paragrafo 1, della Direttiva 2002/58/CE[5] – la CGUE ha affermato due importanti principi.

---

3 Naturalmente, la *data retention* presa in esame dal legislatore è stata pur sempre quella relativa ai cc.dd. dati esterni. Di contro, i cc.dd. dati interni (dunque, il contenuto dei medesimi) non hanno costituito oggetto di intervento.

4 La pronuncia, infatti, è originata a partire da un rinvio pregiudiziale sollevato dalla Corte Suprema estone. Per un approfondimento si rinvia a https://www.giurisprudenzapenale.com/wp-content/uploads/2021/05/CGUE-C-74618.pdf

5 Relativa al trattamento dei dati personali e alla tutela della vita privata nel settore delle comunicazioni elettroniche.

In primo luogo, secondo la Grande Sezione, l'acquisizione e conservazione dei c.d. dati esterni deve ammettersi solo a fronte di forme gravi di criminalità o per la prevenzione di gravi minacce alla sicurezza pubblica, dovendosi pertanto ritenere in contrasto con la Direttiva 2002/58/CE qualunque normativa nazionale che consenta alle autorità pubbliche di conservare in modo generalizzato ed indifferenziato i dati relativi al traffico telefonico e telematico, senza che ciò sia circoscritto al contrasto di crimini dotati di manifesta e rilevante gravità[6].

In secondo luogo, nell'ottica della Grande Sezione, la Direttiva 2002/58/CE non consentirebbe alle normative nazionali neppure di assegnare il potere di autorizzare la *data retention* esclusivamente e direttamente al soggetto il cui compito è quello di indagare ed eventualmente esercitare l'azione penale, senza un contestuale controllo da parte di un giudice o di altra autorità amministrativa indipendente[7].

---

6 «*1) L'articolo 15, paragrafo 1, della direttiva 2002/58/CE del Parlamento europeo e del Consiglio, del 12 luglio 2002, relativa al trattamento dei dati personali e alla tutela della vita privata nel settore delle comunicazioni elettroniche (direttiva relativa alla vita privata e alle comunicazioni elettroniche), come modificata dalla direttiva 2009/136/CE del Parlamento europeo e del Consiglio, del 25 novembre 2009, letto alla luce degli articoli 7, 8 e 11 nonché dell'articolo 52, paragrafo 1, della Carta dei diritti fondamentali dell'Unione europea, deve essere interpretato nel senso che esso osta ad una normativa nazionale, la quale consenta l'accesso di autorità pubbliche ad un insieme di dati relativi al traffico o di dati relativi all'ubicazione, idonei a fornire informazioni sulle comunicazioni effettuate da un utente di un mezzo di comunicazione elettronica o sull'ubicazione delle apparecchiature terminali da costui utilizzate e a permettere di trarre precise conclusioni sulla sua vita privata, per finalità di prevenzione, ricerca, accertamento e perseguimento di reati, senza che tale accesso sia circoscritto a procedure aventi per scopo la lotta contro le forme gravi di criminalità o la prevenzione di gravi minacce alla sicurezza pubblica, e ciò indipendentemente dalla durata del periodo per il quale l'accesso ai dati suddetti viene richiesto, nonché dalla quantità o dalla natura dei dati disponibili per tale periodo*». CGUE 2 marzo 2021, Prokuratuur c. H.K., C–746/18.

7 «*2) L'articolo 15, paragrafo 1, della direttiva 2002/58, come modificata dalla direttiva 2009/136, letto alla luce degli articoli 7, 8 e 11 nonché dell'articolo*

In sintesi, a tenore dell'orientamento formulato dalla CGUE, la *data retention* – visto l'art. 15, paragrafo 1, della Direttiva 2002/58/CE – non potrebbe essere applicata indiscriminatamente (dovendo essere piuttosto circoscritta a gravi forme di criminalità) e il potere di autorizzarla non dovrebbe essere attribuito unicamente in capo al soggetto titolare dell'azione penale (dovendo essere semmai conferito ad una figura terza e imparziale, di modo che sia scongiurato qualunque spettro di abuso).

In senso contrario a quanto statuito dalla Grande Sezione, naturalmente, si è riconosciuto l'ordinamento italiano.

Difatti, in passato, l'art. 132 D.lgs. n. 196/2003 (c.d. *Codice della Privacy*): per un verso, riconosceva al P.M. il potere di acquisire i dati relativi al traffico telefonico *sic et simpliciter* mediante proprio decreto motivato, senza che fosse necessario un provvedimento autorizzativo da parte del GIP; per altro verso, non esisteva alcun catalogo di reati per i quali fosse consentito l'impiego della *data retention.* Da ciò ne è discesa la maturazione – in seno al Parlamento italiano – dell'esigenza di un intervento correttivo.

Qui si asside il secondo coefficiente testé citato.

Precisamente, la Sentenza *Prokuratuur*, nonostante la sua importanza, non avrebbe potuto incidere immediatamente sugli ordinamenti interni, in quanto riferita ad una Direttiva non *self-executing*, che, per sua natura, non può riceve applicazione se non in forza di apposita procedura di adattamento. Ecco, allora, giustificato l'intervento del settembre 2021: recepire le indicazioni della CGUE, tratte dalla Direttiva 2002/58/CE, mediante specifico procedimento.

52, paragrafo 1, della Carta dei diritti fondamentali, deve essere interpretato nel senso che esso osta ad una normativa nazionale, la quale renda il pubblico ministero, il cui compito è di dirigere il procedimento istruttorio penale e di esercitare, eventualmente, l'azione penale in un successivo procedimento, competente ad autorizzare l'accesso di un'autorità pubblica ai dati relativi al traffico e ai dati relativi all'ubicazione ai fini di un'istruttoria penale». *Ibidem*

III. IL CODICE DELLA PRIVACY

Il legislatore italiano, pertanto, è intervenuto sull'art. 132 cod. priv., inserendovi il nuovo terzo comma[8], operando su un duplice fronte: l'uno soggettivo, l'altro oggettivo.

Sul piano soggettivo, si è mosso nel senso di giurisdizionalizzare la procedura di acquisizione dei dati, prevedendo che gli stessi possano accedere al processo – e ancor prima al procedimento – penale soltanto con decreto motivato del giudice procedente (su richiesta del P.M. o su istanza del difensore dell'imputato, della persona sottoposta ad indagini, della persona offesa e delle altre parti private), fatta salva l'ipotesi in cui l'acquisizione si riveli urgente (nel qual caso essa può essere disposta dal P.M. con proprio decreto, sebbene debba essere convalidata con decreto del giudice competente entro le quarantotto ore successive).

---

8 «*[...] All'articolo 132 del decreto legislativo 30 giugno 2003, n. 196, sono apportate le seguenti modificazioni:*
a*) il comma 3 e' sostituito dal seguente:*
«3. Entro il termine di conservazione imposto dalla legge, se sussistono sufficienti indizi di reati per i quali la legge stabilisce la pena dell'ergastolo o della reclusione non inferiore nel massimo a tre anni, determinata a norma dell'articolo 4 del codice di procedura penale, e di reati di minaccia e di molestia o disturbo alle persone col mezzo del telefono, quando la minaccia, la molestia e il disturbo sono gravi, ove rilevanti (per l'accertamento dei fatti), i dati sono acquisiti (previa autorizzazione rilasciata dal giudice con decreto motivato) su richiesta del pubblico ministero o su istanza del difensore dell'imputato, della persona sottoposta a indagini, della persona offesa e delle altre parti private»
b) dopo il comma 3 sono inseriti i seguenti:
«3-bis. Quando ricorrono ragioni di urgenza e vi e' fondato motivo di ritenere che dal ritardo possa derivare grave pregiudizio alle indagini, il pubblico ministero dispone la acquisizione dei dati con decreto motivato che e' comunicato immediatamente, e comunque non oltre quarantotto ore, al giudice competente per il rilascio dell'autorizzazione in via ordinaria. Il giudice, nelle quarantotto ore successive, decide sulla convalida con decreto motivato. [...]».

Sul piano oggettivo, il legislatore ha provveduto a circoscrivere l'uso della *data retention*, utilizzando il requisito della gravità del reato come contrappeso dell'incisione sul diritto alla riservatezza. Così, la *data retention* è stata limitata a quei reati puniti con l'ergastolo o la reclusione non inferiore a tre anni e ad alcune altre fattispecie tassativamente indicate (minaccia, molestia o disturbo delle persone col mezzo del telefono, quando la minaccia, molestia o il disturbo sono gravi).

In sostanza, al netto del nuovo comma 3 dell'art. 132 cod. priv., i requisiti che permettono l'acquisizione dei tabulati sono oggi i seguenti[9].

a) Occorre che la presenza di «*sufficienti indizi*» di reati connotati da una certa gravità.

b) I reati in questione sono solo quelli per cui la legge prevede «*la pena dell'ergastolo o della reclusione non inferiore nel massimo a tre anni, determinata a norma dell'art. 4 del codice di procedura penale*», nonché i reati di *minaccia e di molestia o di disturbo alle persone col mezzo del telefono*», purché risultino gravi.

c) È necessario che i dati da acquisire siano «*rilevanti per l'accertamento dei fatti*».

d) Da ultimo, l'acquisizione è possibile «*entro il termine di conservazione imposto dalla legge*».

Ove tali requisiti siano soddisfatti, deve essere proposta istanza di acquisizione dei tabulati al giudice procedente (procedura ordinaria). Tuttavia, qualora vi siano ragioni di urgenza e ricorra il fondato motivo di ritenere che dal ritardo possa derivare grave pregiudizio per le indagini, l'acquisizione può essere disposta direttamente dal P.M., salvo poi essere convalidata dal giudice competente (procedura eccezionale).

---

[9] P. Tonini–C. Conti, «*I tabulati telefonici*», in «*Manuale breve di diritto processuale penale*», GIUFFRè, Milano, 2023.

IV. LE CORREZIONI IN SEDE DI CONVERSIONE DEL DECRETO LEGGE: LA DISCIPLINA INTERTEMPORALE

Ora, nonostante la nobiltà d'intento, il D.l. n. 132/2021 presentava un problema di non poco momento.

Di certo, esso ha risolto le questioni sollevate dalla CGUE – attraverso l'individuazione di un catalogo di reati e mediante l'assegnazione al GIP del potere di procedere alla *data retention* – tuttavia, le soluzioni predisposte sono state concepite con valenza solo pro futuro[10]. Le risposte del legislatore, per contro, non si curavano di tutte quelle acquisizioni di dati intervenute antecedentemente alla novella (e alla Sentenza *Prokuratuur*), le quali, proprio perché precedenti, non rispettavano il maggior livello di garanzie prospettato.

Con altre parole, il D.l. n. 132/2021 – nella versione definitiva[11] – nulla disponeva in ordine ai dati acquisiti in assenza delle predette garanzie.

Nell'ordinamento domestico, come è noto, il rimedio ad un simile problema può essere di due tipologie.

La prima – preferibile perché maggiormente ossequiosa del principio di legalità nella sua accezione di prevedibilità della norma – è fornita dall'introduzione di una disciplina intertemporale.

La seconda – che opera in assenza della prima – consiste invece nel far ricorso ai principi generali in materia di successione delle leggi nel tempo.

---

10 Cfr. M. Buffa, «*Data retention e diritto transitorio: un possibile punto fermo giurisprudenziale*», in *Riv. Questione Giustizia*, 2022.

11 In realtà, la bozza del decreto conteneva una previsione al riguardo, salvo poi essere stata stralciata in sede di pubblicazione in Gazzetta Ufficiale. Cfr. D. Albanese, «*La Corte di Cassazione sulla legittimità della disposizione transitoria relativa alla nuova disciplina in materia di data retention*», in *Riv. Sistema Penale*, 2022.

Il D.l. n. 132/2021, dal canto suo, non conteneva una norma intertemporale. Pertanto, giurisprudenza e dottrina, da un lato hanno prospettato il ricorso ai principi generali (richiamando in particolare quello del *tempus regit actum*[12]), dall'altro lato, hanno auspicato un apposito correttivo da parte del legislatore, evidenziando l'indispensabilità di un intervento deputato all'introduzione – per l'appunto – di una disciplina transitoria che colmasse il vuoto.

Tale ultimo auspicio ha trovato accoglimento in sede di conversione del D.l. n. 132/2021. Difatti, la L. n. 178/2021 ha introdotto il comma 1 *bis* nell'art. 1 del medesimo decreto[13], al netto del quale, l'utilizzazione dei dati esteriori acquisiti antecedentemente all'entrata in vigore della novella può essere tollerato a patto che ricorrano le seguenti due condizioni.

In primo luogo, i dati possono essere utilizzati solo unitamente ad altri elementi di prova (cioè, con dei cc.dd. riscontri).

In secondo luogo, tali dati possono essere impiegati esclusivamente per l'accertamento di determinate fattispecie: vale a dire, come anticipato, quelle per cui la legge stabilisce la pena dell'ergastolo o della reclusione non inferiore a tre anni e per i reati di minaccia, molestia o disturbo delle persone col mezzo del telefono (quando tali attività risultino gravi).

---

12 Sebbene, tale postulato risulterebbe di complessa applicazione nella materia di cui si tratta, posto che la *data retention* è un meccanismo basato su una pluralità di sequenze (acquisizione–conservazione–utilizzazione), con ciò comportando serie difficoltà in punto di individuazione dell'esatto momento in cui far valere il citato principio.

13 «*1-bis. I dati relativi al traffico telefonico, al traffico telematico e alle chiamate senza risposta, acquisiti nei procedimenti penali in data precedente alla data di entrata in vigore del presente decreto, possono essere utilizzati a carico dell'imputato solo unitamente ad altri elementi di prova ed esclusivamente per l'accertamento dei reati per i quali la legge stabilisce la pena dell'ergastolo o della reclusione non inferiore nel massimo a tre anni, determinata a norma dell'articolo 4 del codice di procedura penale, e dei reati di minaccia e di molestia o disturbo alle persone con il mezzo del telefono, quando la minaccia, la molestia o il disturbo sono gravi*».

Naturalmente, la disciplina transitoria così delineata ha trovato pronto risvolto interpretativo, essendo stata chiamata la Suprema Corte di Cassazione a confrontarvisi in tempi relativamente brevi.

Emblematica in tal senso è stata la pronuncia del 16 febbraio 2022 (Cass. Pen., Sez. III, n. 11993/2022), relativa alla questione circa l'utilizzabilità dei tabulati acquisiti in periodi anteriori all'entrata in vigore della L. n. 178/2021.

In tale occasione, il ricorrente (imputato a norma degli artt. 609 *bis* e 609 *octies* c.p.) articolava l'impugnazione chiedendo la disapplicazione della normativa nazionale (poiché reputata contraria ai canoni enucleati dalla CGUE in occasione della Sentenza *Prokuratuur*) e lamentando due ordini di illegittimità: l'uno costituzionale (ritenendo irragionevole l'utilizzabilità dei tabulati acquisiti sotto la disciplina previgente) e l'altro eurounitario (sottolineando che, comunque, la norma intertemporale consenta di utilizzare i dati acquisiti unilateralmente dal P.M., in violazione dell'art. 15, paragrafo 1, della Direttiva 2002/58/CE).

La Suprema Corte – muovendo dalla Sentenza *Prokuratuur* – ha evidenziato, contrariamente alle prospettazioni del ricorrente, la piena giustezza della novella del settembre 2021 e della succedanea disciplina transitoria predisposta dalla legge di conversione.

In particolare, secondo la Corte di Cassazione, la Sentenza *Prokuratuur* non accenna, in nessun punto, ad una assoluta e perentoria inutilizzabilità dei tabulati reperiti in violazione dell'art. 15, paragrafo 1, della Direttiva 2002/58/CE. Piuttosto, per i giudici di Lussemburgo, la normativa europea in commento avrebbe accordato agli Stati membri la possibilità di rimediare alla situazione tramite tre alternative: «*i) inutilizzabilità tout court dei dati acquisiti; ii) previsione di limiti ultronei alla valutazione della prova; iii) valutazione in punto di dosimetria della prova*»[14].

---

[14] Così, M. Buffa, «*Data retention e diritto transitorio*», cit., p. 6

In secondo luogo, la Corte di Cassazione ha osservato che, tra le tre alternative, il legislatore italiano abbia optato per la seconda, avendo stabilito che i c.d. dati esteriori acquisiti precedentemente all'intervento del 2021 possano essere impiegati soltanto rispettando determinati limiti, consistenti nell'accertamento di reati gravi (come quello del tipo attribuito al ricorrente) e nella trattazione congiunta con altri elementi di prova (nel caso di specie, tale requisito è stato considerato soddisfatto, visto l'utilizzo, da parte dei giudici di merito, delle dichiarazioni rese dalla persona offesa e delle dichiarazioni rese dall'imputato medesimo).

V. LE PRONUNCE DELLA CORTE DI GIUSTIZIA NEL 2022

Considerati gli sviluppi sinora descritti, si potrebbe concludere che l'ordinamento domestico si sia finalmente conformato agli orientamenti sviluppati in sede eurounitaria. Eppure, una simile conclusione sarebbe vera soltanto in parte.

In effetti, sul tema della *data retention* non sono mancate successive pronunce della CGUE e il dato che emerge, malgrado i buoni propositi del legislatore del 2021, è quello di una significativa – e purtroppo perdurante – asimmetria tra la disciplina attualmente vigente nell'ordinamento domestico e i principi affermati dalla giurisprudenza europea, ormai consolidata.

Tale affermazione trae spunto, in particolare, dalla sentenza del 20 settembre 2022 – resa dalla CGUE in relazione alle cause riunite C-339/20 e C-397/20 – la quale palesa una profonda disarmonia tra diritto europeo e diritti nazionali (tra cui, naturalmente, quello italiano) in punto di «trattamento generalizzato e indifferenziato» dei dati.

La sentenza in parola origina da due domande pregiudiziali proposte nel 2020 dalla Corte di Cassazione francese nell'ambito di procedimenti penali instaurati per i reati di abuso di informazioni privilegiate, favoreggiamento, corruzione e riciclaggio[15].

Delle due domande pregiudiziali, ai fini della presente analisi, rileva principalmente la prima[16], con la quale si chiedeva alla CGUE di chiarire in che misura – alla luce della normativa eurounitaria – un ordinamento nazionale possa e debba disciplinare il contenuto e la portata dell'obbligo di conservazione dei dati afferenti al traffico telematico e telefonico e di quelli afferenti all'ubicazione degli utenti (imposto in capo ai prestatori di servizi relativi alle comunicazioni elettroniche).

---

15 La premessa delle domande pregiudiziali proposte dalla Corte di Cassazione francese è la seguente. I ricorrenti–imputati sulla base dei dati di traffico telefonico raccolti dall'Autorità dei mercati finanziari francese (AMF)–proposero ricorso dinanzi alla Corte d'appello francese deducendo la violazione dell'art. 15, paragrafo 1, della Direttiva 2002/58/CE, poiché l'AMF, onde procedere alla raccolta dei dati, si sarebbe basata su una normativa nazionale (segnatamente, gli artt. L. 621-10 del CMF e L. 34-1 del CPCE) incompatibile con il diritto dell'Unione, in quanto sancente una «conservazione generalizzata e indiscriminata» dei dati. I giudici d'appello respingevano l'impugnazione dei ricorrenti e questi, dal canto loro, insistevano sulla questione adendo la Corte di Cassazione.

16 Con la seconda domanda pregiudiziale si chiedeva alla CGUE di chiarire se un giudice nazionale possa limitare nel tempo gli effetti di una declaratoria di invalidità della normativa interna–rispetto al diritto europeo–che imponga una conservazione generalizzata e indiscriminata dei dati ai prestatori/fornitori di servizi di comunicazione elettronica e, al contempo, consenta la comunicazione di tali dati all'autorità competente senza previa autorizzazione di un organo giurisdizionale o un'autorità amministrativa indipendente. La CGUE, al riguardo, ha ribadito il principio di primazia del diritto dell'Unione sul diritto degli Stati membri, in ossequio del quale soltanto alla Corte medesima spetta il potere di concedere un'eventuale sospensione provvisoria della declaratoria di invalidità del diritto interno, dovendo e potendo il giudice nazionale solo disapplicarla, senza chiedere o attendere una sua rimozione.

Ebbene, nell'affrontare tale quesito, la CGUE ha rimarcato – quale limite insuperabile per le normative nazionali – il principio di proporzionalità, in forza di cui la compressione dei diritti fondamentali non può spingersi oltre quanto sia necessaria per perseguire lo scopo prefissato.

In questa direzione, oggetto della *data retention* sarebbero tutti quei dati attraverso cui è possibile ricostruire, in ultima analisi, un vero e proprio profilo dell'utente: vale a dire, un tipo di informazioni tali da consentire una cognizione piena della vita privata altrui in ogni sua sfaccettatura (e.g. abitudini, spostamenti, cerchia di familiari e amici ecc.). Di talché, secondo la Grande Sezione, la regolamentazione dell'obbligo di conservazione – da parte dei legislatori nazionali – deve avvenire, in ogni caso, alla luce del principio di proporzionalità: ossia, tale obbligo, anche se per finalità di contrasto dei reati, deve pur sempre essere regolato secondo il criterio dello «stretto necessario», di modo che venga governata quella ingerenza, di per sé già imponente, nella vita privata e familiare.

In altri termini, la CGUE ha affermato il «divieto di conservazione generalizzata e indiscriminata»: essa, cioè, ha bandito – in quanto contrario alla normativa eurounitaria – quel tipo di *data retention* che non faccia distinzioni ed eccezioni, inglobando qualsivoglia interazione del singolo, nello svolgimento della vita associata, che passi attraverso mezzi di comunicazione telefonici e/o telematici.

La normativa italiana (come quella francese, sottoposta all'attenzione della CGUE nel caso di specie), dal canto suo, non pare affatto conforme a tale divieto: del resto, la novella del settembre 2021 è intervenuta sui soli profili procedurali della conservazione e acquisizione dei dati (limitandone l'applicazione nei procedimenti penali concernenti gravi reati e attribuendo il potere autorizzativo all'autorità giudiziaria, salvo i casi urgenti), ma non anche sui profili sostanziali.

Se si osserva l'attuale versione dell'art. 132 cod. priv. si intuisce immediatamente l'assenza del parametro dello «stretto necessario».

Ciò è possibile, in particolare, con riguardo a due aspetti: da un lato, la durata della conservazione, dall'altro lato, l'identificazione dei soggetti i cui dati sono oggetto di acquisizione.

Quanto al primo aspetto, l'art. 132 cod. priv. contempla due tipologie di termini di conservazione, l'uno ordinario e l'altro straordinario. Il termine ordinario è di trenta giorni (con riferimento alle chiamate senza risposta) e dodici o ventiquattro mesi (con riferimento, rispettivamente, ai dati del traffico telematico e agli altri dati del traffico telefonico). Il termine straordinario, invece, è di settantadue mesi (cioè, sei anni) ed entra in funzione qualora sussistano esigenze di accertamento e repressione di gravi reati (segnatamente, le fattispecie di cui agli artt. 51, comma 3 *quater* e 407, comma 2, lett. a) c.p.p.).

Quanto al secondo aspetto, l'art. 132 cod. priv. contempla un regime di conservazione che è inequivocabilmente «generalizzato e indifferenziato», essendo riferita – la conservazione – all'insieme dei mezzi di comunicazione elettronica e a tutti gli utenti di tali mezzi, senza che sia operata al riguardo alcuna distinzione o eccezione.

Pertanto, è evidente – come si anticipava – la profonda disarmonia sostanziale tra tale disposizione e il divieto di conservazione generalizzata e indifferenziata enucleato dalla CGUE: tanto il termine di settantadue mesi quanto la mancanza di un preventivo discrimine tra i soggetti i cui dati possono essere acquisiti in sede penale, cozzano irrimediabilmente con i parametri di proporzionalità e stretta necessità esigiti dall'Unione.

È per tale ragione che ammettere la perfetta aderenza dell'ordinamento italiano agli orientamenti europeistici sarebbe attività alquanto fuorviante ove non si tenesse conto dei più recenti approdi della CGUE.

VI. CONCLUSIONI

In tali ultimi termini, risulta altrettanto evidente l'impellenza di un nuovo correttivo in materia di *data retention.*

É indubitabile che il legislatore italiano, onde superare il contrasto, dovrà integrare l'attuale tessuto normativo dell'art. 132 cod. priv. sancendo una conservazione «mirata» dei dati di traffico telefonico e telematico.

Dunque, una disciplina differenziata che si basi su elementi oggettivi (e.g. la sussistenza di gravi indizi di colpevolezza relativamente a violazioni previste dall'art. 132 cod. priv.) e che – in termini di individuazione dei soggetti i cui dati possono essere acquisiti ai fini dell'accertamento e repressione dei reati – consenta un preventivo discernimento per categoria (e.g. indagati, recidivi ecc.) o ubicazione geografica (e.g. residenza in località connesse con il delitto per cui si procede).

Solo in questo modo, con sufficiente probabilità, l'ordinamento domestico potrà dirsi finalmente conforme agli orientamenti della CGUE e al diritto UE.

Capítulo 9
Aspectos Gerais de Proteção de Dados no Brasil

ANA CLÁUDIA S. SCALQUETTE[1]
LARA ROCHA GARCIA[2]

---

1 Doutora em Direito Civil pela Universidade de São Paulo (USP). Mestre em Direito Político e Econômico pela Universidade Presbiteriana Mackenzie (UPM). Professora de Direito Civil da Faculdade de Direito da Universidade Presbiteriana Mackenzie (UPM). Titular da cadeira n. 68 da Academia Paulista de Letras Jurídicas (APLJ). Titular da cadeira n. 33 da Academia Mackenzista de Letras (AML). Líder do Grupo de Pesquisa CNPq Gbio. Autora do Anteprojeto de Lei n. 115/2015 que institui o Estatuto da Reprodução Assistida que tramita na Câmara dos Deputados em Brasília/DF. Pequisadora Internacional do Osservatorio sui Diritti Umani, Bioetica, Salute, Ambiente, vinculado à Università Degli Studi di Salerno/Italia. Professora Visitante da Università degli Studi di Salerno/Italia. Conselheira Estadual da OABSP e Presidente da Comissão Permanente de Estágios e Exame de Ordem da OABSP. Membro-consultor da Comissão de Juristas para Revisão e Atualização do Código Civil–CJCODCIVIL. Site: scalquette.com.br

2 Doutora e Mestre em Direito Político e Econômico pela Universidade Presbiteriana Mackenzie (UPM), com foco em Inovação, Saúde, Proteção de Dados e Inteligência Artificial. Graduação em Comunicação Social pela Universidade Estadual Paulista (UNESP). *Visiting Scholar* pela *Columbia Law School (CLS-EUA).* Especialista em Inovação e Empreendedorismo por *Stanford Graduate School of Business (GSBS–EUA).* Professora e Advogada de Direito Digital, Inovação, Compliance e Proteção de Dados. Foi Gerente de Inovação do Hospital Israelita Albert Einstein e liderou a área de produtos do Dr.Consulta. *Data Protection Officer* (DPO) Edenred Brasil.

SUMÁRIO: I. INTRODUÇÃO. II. PANORAMA EVOLUTIVO DA LEI GERAL DE PROTEÇÃO DE DADOS NO BRASIL. III. PRINCIPAIS ASPECTOS DA LEGISLAÇÃO BRASILEIRA. IV. AVANÇOS E DESAFIOS DA PROTEÇÃO DE DADOS NO BRASIL. V. CONSIDERAÇÕES FINAIS. VI. REFERÊNCIAS BIBLIOGRÁFICAS

I. INTRODUÇÃO

Indiscutível o quão conectado o mundo se encontra. Caminho este irrefreável. Indubitável que, para tal conexão, sejam necessárias novas arquiteturas de solução, inclusive, novos arranjos jurídicos.

Velocidade, variabilidade e volume são características intrínsecas às novas relações conectadas que podem ser realizadas por múltiplos canais, simultaneamente, com intensidade. As pessoas físicas podem ser enxergadas por meio de seus dados pessoais, como informações multifacetadas de um mesmo todo, utilizadas em produtos, serviços, arranjos, relações em abundância.

Pela análise de dados pessoais é possível descobrir a pessoa? Por inteiro ou em partes? Ao fazê-lo, quais os riscos de enxergá-la de forma simplista ou, pior, discriminatória ou enviesada?

Extirpar os avanços se torna impossível, portanto, há que se conviver com eles. Como proteger as pessoas físicas, sua integridade, sua privacidade, sua intimidade e os direitos humanos a elas inerentes e evitar que, neste mundo conectado, haja um retrocesso?

Da mesma forma, se o caminho é mesmo irrefreável, como dizer para as pessoas jurídicas, empresas, instituições, organizações, como seguir neste caminho?

O espírito da Proteção de Dados reside neste encontro: reconhecer a realidade fática, balancear interesses, promover segurança jurídica e impedir retrocessos na medida que protege a pessoa física.

Neste artigo, discutiremos a evolução da proteção de dados sob a ótica jurídico-regulatória brasileira, analisando seus passos nestes cinco anos de publicação e desafios ainda existentes. São detalhados conceitos, relacionados com as atuações administrativas e os receios (e riscos) ainda inerentes a uma atuação tão recente e, ao mesmo tempo, tão efervescente.

Este artigo oferece um recorte temporal e territorial, cujo objetivo geral permite que se possa entender o cenário brasileiro, contratempos, provocações e resultados colhidos até então. Certamente, oferece um convite à análise de correspondências, afinidades e simetrias, bem como a continuar a acompanhar tal evolução.

II. PANORAMA EVOLUTIVO DA LEI GERAL DE PROTEÇÃO DE DADOS NO BRASIL

O problema da proteção de dados é antigo, mas foi agravado com a universalização do acesso à internet e com o estabelecimento de redes globais de comunicação.

O sigilo de correspondência, garantido constitucionalmente no artigo 5°, inciso XII da CF, os protocolos impressos, os termos de consentimento em meio físico já demonstravam que antes mesmo do surgimento da chamada «revolução digital», a proteção de dados deveria ser garantida.

O tratamento dos dados pessoais, no entanto, em época anterior à rede mundial de computadores e às redes globais de comunicação, realidade que se vivencia, parecia ser mais estável. A preocupação era, por exemplo, com cópias indevidas de documentos e arquivos, falsificação, com acesso à informação sem permissão, enfim, situações que pareciam poder ser mais restritas e específicas por ainda não terem o volume, o fluxo e a rapidez de circulação que se tem atualmente.

Os antídotos para possíveis ações que pudessem vir a colocar em risco a proteção de dados, inicialmente idealizados, restringiam-se a ações que visavam à reação, ou seja, «corrigir brechas» de procedimentos e protocolos para assegurar a proteção. Não havia processos de governança estruturados especificamente para a proteção de dados pessoais.

As discussões sobre o tema, além de buscar reforçar medidas preventivas, objetivavam remediar danos, com o reforço de medidas que comporiam um sistema legal sólido de responsabilização civil e até mesmo penal.

Um exemplo que se assemelha ao desafio da Proteção de Dados foi o da Industria Nacional que passou por um programa revolucionário de Qualidade Total para reforçar a segurança de produção em massa, no qual foi necessário criar estratégias e metodologias capazes de garantir a qualidade de produtos industrializados. O sistema de proteção de dados, da mesma forma, ensejou um novo olhar e um novo método, não só jurídico, mas também estratégico e organizacional.

O arcabouço legal da proteção de dados no Brasil engloba, além da Constituição Federal de 1988, a Lei 8.078/1990, que instituiu o Código de Defesa do Consumidor, e a Lei 12.965/2014, conhecida como Marco Civil da Internet, na qual já se podia identificar uma preocupação com a privacidade e, consequentemente, com a idealização de dispositivos que se tornaram parte daquilo que se conhece hoje como direito à proteção de dados. Há, ainda, a chamada Lei do Cadastro Positivo (Lei 12.414/2011) que disciplina a formação e consulta a bancos de dados com informações de adimplemento, de pessoas naturais ou de pessoas jurídicas, para formação de histórico de crédito, na qual há a preocupação de se trabalhar com dados pessoais de forma a evitar discriminação, ao mesmo tempo em que se protege o sistema econômico e financeiro nacional.

Até que chegássemos à proteção conferida pela Lei 13.709/2018 (LGPD), criada com uma estrutura específica para Proteção de Dados, foi um longo e «confuso» caminho em virtude dos inúmeros interesses, discussões conceituais e a inclusão de novos institutos jurídicos sobre este tema. Imagine-se que, depois da LGPD, é preciso ter finalidade, motivo e justificativa legal em um rol restrito de opções, situações que modificam a forma com que qualquer ente, público ou privado, lida com o tema.

Os debates foram iniciados, em 2011, no Ministério da Justiça, em razão do Anteprojeto de Lei de Proteção de Dados. O texto deste projeto foi submetido a diversas consultas públicas, durante 4 (quatro) anos, até que chegasse à sua versão original, em 2015.

Na época, ainda vigorava na União Europeia a Diretiva 95/46, que já estava sofrendo um movimento de reforma. Durante a reforma do Direito Comunitário Europeu, várias áreas da sociedade brasileira como a academia, lideranças políticas e pessoas do próprio mercado se debruçaram sobre o Projeto de Lei Geral de Proteção de Dados, em especial o PL n. 5.276-A de 2016, de iniciativa da Presidência da República, proposta que teve clara inspiração no *General Data Protection Regulation – GDPR* (Regulation 2016/679). Inclusive, quando o GDPR é publicado, em 2016, com *vacatio legis* até 2018, tal ato reverbera no Brasil. Isso porque, tanto a GDPR quanto a LGPD, em seus artigos sobre transferência internacional de dados pessoais, exigem que o país de origem tenha proteção federal igual ou maior do que o diploma legislativo regente. Além desta exigência, caberia a autoridade nacional de cada país proferir uma lista com países autorizados a receber os dados pessoais.

Após a publicação da GDPR, percebemos um movimento global dos países em publicar seus diplomas, tendo-a como referência, inclusive para evitar embargos ou sanções. A proibição de transferir dados pessoais significa, em última análise, restrições econômicas entre os países, afinal, difícil imaginar qualquer produto que não trate, de alguma forma, de dados pessoais.

Entre idas e vindas, discussões e atrasos, em 14 de agosto de 2018, o Brasil aprovou sua lei específica para proteção de dados, tornando-se conhecida como LGPD – Lei Geral de Proteção de Dados. Desde sua publicação até a sua efetiva entrada em vigor vivemos tempos confusos.

Seguindo os passos de sua referência, a LGPD também foi publicada com *vacatio legis*, com previsão para a entrada em vigor em fevereiro de 2020, mas, no seu texto original, todas as menções à criação e funcionamento da Autoridade Nacional de Proteção de Dados Pessoais (ANPD) foram retiradas. Dessa maneira, o texto publicado se tornava, em alguns pontos, incoerente. Havia a menção de fiscalização e sanção administrativa, mas não se previa quem seria o órgão com tais competências.

Ainda em 2018, a Medida Provisória nº 869, de 2018, convertida na Lei nº 13.853, de 08 de julho de 2019, editada pelo então presidente Michel Temer, traz novamente os artigos que tinham sido suprimidos quando da publicação da LGPD referente a ANPD. Com isso, a *vacatio legis* se extende até agosto de 2020.

A importância do período de *vacatio legis,* nos mesmos moldes do europeu, consiste em permitir que os agentes de tratamento de dados pessoais (sejam pessoas físicas ou pessoas jurídicas de direito público ou privado) se preparassem para as alterações institucionais para estar em conformidade com as novas determinações legais. Por exemplo, na União Europeia, 26% das empresas previram 4 (quatro) anos para estar em perfeita conformidade com a regulação. os famosos «projetos de adequação»[3]. No Brasil, após 2 anos da entrada em vigor, pesquisa realizada pelo Comitê Gestor da Internet (CGI.br), aponta que apenas 35% das empresas fizeram tais projetos.[4]

---

3 Brodin, M., A Framework for GDPR Compliance for Small- and Medium-Sized Enterprises.*Eur J Secur Res* **4**, 243–264 (2019). https://doi.org/10.1007/s41125-019-00042-z

4 Privacidade e proteção de dados pessoais 2021 [livro eletrônico]: perspectivas de indivíduos, empresas e organizações públicas no Brasil = Privacy and personal data protection 2021 : perspectives of individuals, enterprises and public organizations in Brazil / [editor] Núcleo de Informação e Coordenação do Ponto BR. — São Paulo : Comitê Gestor da Internet no Brasil, 2022.

Em março de 2020, fato global, inicia-se a pandemia pelo Covid-19, com os conhecidos «toques de recolher» e adaptações de diversas naturezas, inclusive legislativas. Em uma destas medidas provisórias, a de número 959, de abril de 2020, cujo teor versava sobre regras para que os bancos federais pagassem os benefícios estabelecidos aos trabalhadores atingidos pela redução de salário e jornada ou pela suspensão temporária do contrato de trabalho, em razão da pandemia de Covid-19, o então presidente Jair Bolsonaro adiou a vigência da LGPD por um ano, ou seja, para maio de 2021.

De acordo com o processo legislativo, previsto constitucionalmente, o Congresso Nacional deveria votar tal medida em até 120 (cento e vinte dias) dias para manter, alterar ou cancelar sua vigência.

Durante a votação, os parlamentares da Câmara dos Deputados decidem que tal processo de adiamento deveria ser encurtado para dezembro de 2020, o que faria com que a LGPD entrasse em vigência em janeiro de 2021. O próximo passo, seguindo os trâmites constitucionais brasileiros, deveria ser a votação pelo Senado Federal que, em setembro de 2020, por sua vez, os senadores, ao apreciaram a Medida Provisória, entenderam que a matéria não deveria ser votada novamente pois estava fora do texto de lei em questão. Portanto, como já tinham sido ultrapassados os 120 (cento e vinte) dias de vigência da Medida Provisória, deveria a LGPD entrar imediatamente em vigor. [5] E, assim, em 18 de setembro de 2020, foi o que ocorreu.

No entanto, ainda não é exatamente o fim da *vacatio legis,* pois a Agência Nacional de Proteção de Dados (ANPD) somente teve seus artigos recolocados no texto, também por uma medida

---

5 AGÊNCIA SENADO. Lei Geral de Proteção de Dados entra em vigor. Disponível em: https://www12.senado.leg.br/noticias/materias/2020/09/18/lei-geral-de-protecao-de-dados-entra-em-vigor#:~:text=A%20entrada%20em%20vigor%20da,no%20artigo%204º%20do%20PLV. Acesso em 10 jan 2024.

provisória, e, para existir, necessitava ter sua composição diretiva nomeada pelo Presidente da República já que, até aquele momento, seria um órgão ligado a poder executivo.

Pois bem, se a Presidência da República editou uma medida provisória para postergar a entrada em vigor da lei e, ao final, teve esse movimento impedido pelo processo constitucional de conversão de medida provisória em lei, natural entender que não havia, até aquele momento, feito qualquer nomeação.

Desta forma, os artigos da LGPD que se referiam à sanção administrativa foram suspensos e tiveram sua entrada em vigor postergada para agosto de 2021.

Neste ponto, vale mencionar que apesar de haver esta suspensão prevista pelo período um ano, a LGPD, em setembro de 2021, estava em vigor, produzindo efeitos no nosso ordenamento jurídico, o que permitia que o judiciário a pudesse utilizar em suas decisões. Ainda em 2020, ressalte-se que tivemos as primeiras ações judiciais[6] envolvendo LGPD, com sanções judiciais, ainda que as sanções administrativas estivessem suspensas e sem uma Agência Nacional de Proteção de Dados nomeada e atuante.

III. PRINCIPAIS ASPECTOS DA LEGISLAÇÃO BRASILEIRA

A Lei Geral de Proteção de Dados no Brasil – LGPD–é um microssistema Jurídico, dividido em 10 (dez) capítulos, compostos por 65 (sessenta e cinco) artigos, tendo já sido objeto de alterações pela Medida Provisória 869/2018 e pela Lei n. 13.853/2019.

---

6 IDP; JUSBRASIL. Painel LGPD nos Tribunais: Jurisprudência do 2º ano de vigência a Lei Geral de Proteção de Dados. Disponível em:<https://painel.jusbrasil.com.br/#:~:text=Com%20a%20promulgação%20da%20Emenda,5º%20o%20inciso%20LXXIX>. Acesso em 10 jan 2024.

Lembrando que privacidade e proteção de dados não se misturam, são direitos diferentes que se relacionam. Inclusive, após a Emenda Constitucional nº 115/2022, que altera a Constituição Federal para incluir a proteção de dados pessoais entre os direitos e garantias fundamentais e fixa a competência privativa da União para legislar sobre proteção e tratamento de dados pessoais, confirma-se a proteção de dados como um direito humano fundamental autônomo, previsto na cláusula pétrea, ao lado de direito à privacidade, que existe desde a publicação da Carta Magna.

Danilo Doneda, considerado pai da proteção de dados no Brasil, em sua obra[7], trata do surgimento do direito à proteção de dados a partir do direito à privacidade, explicando que, neste último, estamos tratando do nosso foro mais íntimo, derivado do famoso *Right to be let alone*[8]. Já em dados pessoais, trata-se da proteção de informações referentes à pessoa, informações estas que precisarão ser utilizadas, especialmente na economia digital pautada em dados, mas que, mesmo assim, precisarão de procedimentos e bases legais especificas para fazê-lo de forma adequada.

Destina-se à proteção de dados de Pessoas Físicas, chamados de titulares de dados, incluindo-se dados de funcionários, clientes, acionistas, terceiros etc..., ou seja, dados de quaisquer pessoas que sejam tratados pelas empresas.

Em seu texto, dividido em nove capítulos, pode-se encontrar desde as definições mais básicas, como a definição de Dados Pessoais como sendo a «informação relacionada à pessoa natural identificada ou identificável» até a definição de Dados Pessoais Sensíveis, como o «dado pessoal sobre origem racial ou étnica, convicção religiosa, opinião política, filiação a sindicato ou a

---

7 Doneda, Danilo. **Da privacidade à proteção de dados**. Rio de Janeiro: Editora Renovar, 2006.

8 Warren, Samuel e Brandeis, Louis. The Right to Privacy. *Harvard Law Review.* (December 15, 1890) **IV** (5): 193–220. Retrieved 4 June2021 – via Internet Archive.

organização de caráter religioso, filosófico ou político, dado referente à saúde ou à vida sexual, dado genético ou biométrico quando vinculado a uma pessoa natural», ambas no artigo 5°, destinado aos principais conceitos da lei. A separação entre estas duas definições forma a base legal que justifica o tratamento, sendo composto por bases legais diferentes: artigo 7° para dados pessoais e artigo 11° para dados pessoais sensíveis.

Além dos artigos já mencionados, conceitua-se tratamento com a utilização da expressão «toda», o que exclui qualquer exceção e, para dificultar ainda mais a aplicação prática do tratamento, o legislador ainda utiliza mais 20 (vinte) substantivos que indicam ações a serem feitas com os dados pessoais. Portanto, torna-se quase impossível imaginar algo que não esteja previsto nesse rol.

Ainda cabe destacar as posições dos agentes de tratamento – controlador e operador, em inglês, chamados de *Controller* e *Processor* ou, em espanhol, *Responsable* e *Encargado.*

No projeto de lei, a proposta utilizava a palavra «responsável» para o que viria a ser, hoje, no diploma vigente, o «controlador». Nas palavras da lei, trata-se da «pessoa natural ou jurídica, de direito público ou privado, a quem competem as decisões referentes ao tratamento de dados pessoais», ou seja, seria a pessoa, física ou jurídica, que realizariam os principais tratamentos e as principais decisões no que se referem a dados pessoais, atraindo para si a responsabilidade civil.

Igualmente em agentes de tratamento, a posição de controlador difere do Operador, que seria a pessoa que ajuda, apoia o controlador em partes do tratamento de dados, fazendo apenas aquilo que lhe é solicitado, com instruções claras e específicas. Tais posições de agente de tratamento, como o nome sugere, não são conceitos estanques e imutáveis, ao contrário, se adaptam às situações e aos tratamentos realizados. Uma pessoa física ou jurídica pode ser, ao mesmo tempo, controlador e operador a depender da operação realizada com o dado pessoal e isso traz a ela responsabilidades diferentes, ainda que solidárias, sem esquecer que o ônus da prova é invertido, a semelhança do Código de Defesa do Consumidor, o que significa que são os agentes que devem provar o uso responsável dos dados.

Sobre este tema, Laura Schertel Mendes[9] correlaciona a privacidade, a proteção de dados e o direito do consumidor em uma linha do tempo e níveis de maturidade crescentes na construção de produtos da nova economia.

Como elemento de comunicação, negociação e gestão desse ecossistema, seja interno, pelo Programa de Privacidade e Proteção de Dados Pessoais exigido no artigo 50°, ou externo, entre as pessoas jurídicas e/ou órgão regulador, a lei previu a figura do encarregado de dados, à semelhança do *Data Protection Officer* (DPO), exposto pela GDPR.

Tal papel pode ser exercido por uma pessoa física, funcionária, ou jurídica, como escritórios ou consultorias especializadas, sem a obrigatoriedade de ser exercido por um advogado em virtude do caráter multidisciplinar de atuação.

A abrangência da lei permeia todo o texto ao não prever exceções em termos de pessoas físicas ou jurídicas ou em tipos de operação com dados pessoais, salvo pela anonimização, conceito também presente no artigo 5°, traduzido pela utilização de meios técnicos razoáveis e disponíveis no momento do tratamento, por meio dos quais um dado perde a possibilidade de associação, direta ou indireta, a um indivíduo. Isso significa dizer que estaríamos trabalhando a característica uma pessoa sem a mais vaga possibilidade de identificação. Se assim for, não é preciso aplicar todas as regras da LGPD. No entanto, se houver a possibilidade, ainda que indireta e remota, não se trata de anonimização, devendo ser observados os rigores da lei.

---

9 Mendes, Laura Schertel. Privacidade, proteção de dados e defesa do consumidor. São Paulo: Editora Saraiva, 2014.

A LGPD também possui um arcabouço de proteção principiológica[10] bastante detalhado, com 10 (dez) princípios de caráter pragmático, no Capítulo I – artigo 6º, os quais imprimem decisão no tratamento.

Destaquem-se os princípios da finalidade, necessidade e adequação que têm natureza de requisito objetivo, ou seja, em se ter um motivo para o uso de cada dado, de volume mínimo, utilizando-se apenas os estritamente indispensáveis e aplicados ao contexto. Caso não seja possível de identificar de forma clara e inequívoca qualquer destes princípios, o tratamento de dados não pode prosperar, sob pena de violação à proteção de dados pessoais.

Os Direitos do Titular dos dados, no Capítulo III, artigos 17º ao 22º, estabelecem 10 (dez) possibilidades de novos direitos, pois qualquer titular de dados (pessoas físicas) pode solicitar informações a qualquer agente de tratamento, em detalhes, inclusive, em casos específicos, podem se opor aos tratamentos realizados. Isso porque tais direitos evocam um dos fundamentos da lei, previsto no artigo 2º, qual seja, o de autodeterminação informativa. Este fundamento foi transplantado da legislação europeia após o *leading case* alemão[11], de tal sorte que permeia toda a lei a interpretação de que o dado pessoal pertence somente ao titular, ainda que possa ser tratado por outros entes.

Este fato impõe, no mínimo, a necessidade de transparência, além de todos os outros direitos já citados anteriormente.

---

10 Para entender melhor cada um dos dez princípios, recomendamos duas obras comentadas:
Tamer, Mauricio. LGPD Comentada Artigo por Artigo. São Paulo: Rideel, 2021, pg. 76.
Dantas, Eduardo et al. Comentários à Lei Geral de Proteção de Dados–sob a perspectiva do Direito Médico e da Saúde. São Paulo, Foco, 2023, pg. 5.

11 Mendes, Laura Schertel. Autodeterminação informativa: a história de um conceito. Pensar, Fortaleza, v. 25, n. 4, p. 1-18, out./dez. 2020

No Brasil, destaque-se o voto do Ministro Gilmar Mendes, do Supremo Tribunal Federal (STF), no julgamento da ADI 6.387/DF46, que classificou o direito à autodeterminação informacional como: «um verdadeiro direito fundamental à proteção de dados pessoais». Em seu entendimento, o direito à autodeterminação informacional é «um contraponto a qualquer contexto concreto de coleta, processamento ou transmissão de dados passível de configurar situação de perigo».[12]

Destaque-se, ainda, os institutos emblemáticos de Transferência Internacional de Dados Pessoais, no Capítulo V, «para países ou organismos internacionais que proporcionem grau de proteção de dados pessoais adequado ao previsto nesta Lei», já indicados no primeiro item deste artigo.

Para mais detalhamento, a própria ANPD publicou glossário de proteção de dados[13] que supera quarenta páginas, cujo intuito é planificar o conhecimento e elevar a maturidade do tratamento de dados pessoais e da cultura de proteção de dados no Brasil.

Outra publicação relevante que merece ser ressaltada é o Guia Orientativo Legítimo Interesse[14], popularmente e erroneamente chamada de «cheque branco» por ser, de todas as bases legais, a mais subjetiva e pouco detalhada. De nenhuma forma, foi essa

---

12 BRASIL. Supremo Tribunal Federal. Ação Direta de Inconstitucionalidade ADI no 6387/DF (número único 0090566-08.2020.1.00.0000). Relator: Ministra Rosa Weber. Disponível em:< https://portal.stf.jus.br/processos/detalhe.asp?incidente=5895165>. Acesso em: 10 jan. 2024.

13 BRASIL. Autoridade Nacional de Proteção de Dados. Glossário de Proteção de Dados. Disponível em:< https://www.gov.br/anpd/pt-br/assuntos/noticias/anpd-lanca-glossario-de-protecao-de-dados-pessoais>. Acesso em: 10 fev. 2024.

14 BRASIL. Autoridade Nacional de Proteção de Dados.Guia Orientativo Legítimo Interesse. Disponível em:< https://www.gov.br/anpd/pt-br/assuntos/noticias/anpd-lanca-guia-orientativo-sobre-legitimo-interesse>. Acesso em: 10 fev. 2024.

a intenção do legislador, defende Leonardi sobre o tema[15], ao contrário, pois deixá-la subjetiva permitiria abranger casos de inovação e outros ainda não previstos.

Informe-se, em acréscimo, que a LGPD nunca teve o intuito de travar a economia ou de impedir o uso de dados pessoais, ao contrário, busca equilibrar a segurança jurídica para a economia digital e a preservação dos direitos humanos já conquistados, com a inclusão de novos. Desta forma, o Guia Orientativo, embora não seja visto como uma regulação, tem condão iluminador e pacificador de conflitos.

IV. AVANÇOS E DESAFIOS DA PROTEÇÃO DE DADOS NO BRASIL

Como um dos avanços da regulamentação legal da proteção de dados no Brasil, destaca-se a criação do já comentado órgão competente com atribuições regulatórias, fiscalizatórias e sancionatórias para garantir o «enforcement» da lei – a Autoridade Nacional de Proteção de Dados – ANPD que, em outubro de 2022, foi transformada em autarquia com *status* de agência reguladora e, em janeiro de 2023, deixou de estar vinculada à Presidência da República e passou a se vincular ao Ministério da Justiça e Segurança Pública.

Como se pode depreender, a LGPD apresenta o detalhamento jurídico necessário para que a proteção de dados ocorra, ainda que alguns pontos estejam silentes, mas o que ainda falta para ser efetiva, seguramente, é delinear uma estrutura capaz de suportar a aplicação dos requisitos legais para manutenção e tratamento seguro de dados, a capacitação de pessoas e a construção de processos de governança com fluxos seguros e acreditados.

---

15 Leonardi, Marcel. Legítimo Interesse. Revista do Advogado AASP. Nº 144. 2019. p. 70.

Reconhece-se que a LGPD foi elaborada com boa técnica legislativa e acabou por gerar uma preocupação e um engajamento nacionais de empresas privadas e também do setor público em busca da efetividade desta proteção. Reconhece-se, ainda, que a LGPD vem baseando decisões dos Tribunais que visam à reparação civil do dano ao titular do direito violado, contudo, a reparação não basta, pois a proteção de dados efetiva se dará quando a reparação for exceção à regra, pois, desta forma, o sistema poderá ser reconhecido como eficaz.

Após sua criação, a ANPD tem trabalhado intensamente, com diversas publicações[16] com o intuito de normatizar institutos omissos ou silentes na lei, elucidar e clarear pontos existentes com pendência e interpretação bem como consultar a sociedade para futuras regulações, sem esquecer do seu poder sancionatório exercido contra pessoas jurídicas de direito público e privado.

Em termos de portarias, resoluções e enunciados, diplomas de natureza regulatória com força de direito administrativo, temos quinze documentos publicados em trinta meses[17], o que demonstra a média de uma regulamentação a cada dois meses.

---

16 BRASIL. Autoridade Nacional de Proteção de Dados. Publicações da ANPD. Disponível em: <https://www.gov.br/anpd/pt-br/documentos-e-publicacoes>. Acesso em 16 fev 2024.

17 BRASIL.PORTARIA Nº 1, DE 8 DE MARÇO DE 2021–Estabelece o Regimento Interno da ANPD. Disponível em: < https://www.in.gov.br/en/web/dou/-/portaria-n-1-de-8-de-marco-de-2021-307463618>. Acesso em 16 fev 2024.

BRASIL.PORTARIA Nº 15, DE 2 DE JULHO DE 2021–Institui o Comitê de Governança da Autoridade Nacional de Proteção de Dados. Disponível em: < https://www.in.gov.br/en/web/dou/-/portaria-n-15-de-2-de-julho-de-2021-329780585>. Acesso em 16 fev 2024.

BRASIL. PORTARIA Nº 16, DE 8 DE JULHO DE 2021–Aprova o processo de regulamentação no âmbito da ANPD. Disponível em: < https://www.in.gov.br/en/web/dou/-/portaria-n-16-de-8-de-julho-de-2021-330970241>. Acesso em 16 fev 2024.

BRASIL. RESOLUÇÃO CD/ANPD Nº 1, DE 28 DE OUTUBRO DE 2021–Aprova o Regulamento do Processo de Fiscalização e do Processo Administrativo Sancionador no âmbito da Autoridade Nacional de Proteção de Dados. Disponível em: <https://www.gov.br/anpd/pt-br/documentos-e-publicacoes/regulamentacoes-da-anpd/resolucao-cd-anpd-no1-2021>. Acesso em 16 fev 2024.

BRASIL. RESOLUÇÃO CD/ANPD Nº 2, DE 27 DE JANEIRO DE 2022–Aprova o Regulamento de aplicação da Lei nº 13.709, de 14 de agosto de 2018, Lei Geral de Proteção de Dados Pessoais (LGPD), para agentes de tratamento de pequeno porte. Disponível em: < https://www.in.gov.br/en/web/dou/-/resolucao-cd/anpd-n-2-de-27-de-janeiro-de-2022-376562019#wrapper>. Acesso em 16 fev 2024.

BRASIL. RESOLUÇÃO CD/ANPD Nº 3, DE 25 DE JANEIRO DE 2023–Institui o Comitê de Governança Digital da Autoridade Nacional de Proteção de Dados. Disponível em: < https://www.in.gov.br/en/web/dou/-/resolucao-cd/anpd-n-3-de-25-de-janeiro-de-2023-460124477>. Acesso em 16 fev 2024.

BRASIL. RESOLUÇÃO CD/ANPD Nº 4, DE 24 DE FEVEREIRO DE 2023–Aprova o Regulamento de Dosimetria e Aplicação de Sanções Administrativas. Disponível em: < https://www.in.gov.br/en/web/dou/-/resolucao-cd/anpd-n-4-de-24-de-fevereiro-de-2023-466146077>. Acesso em 16 fev 2024.

BRASIL. RESOLUÇÃO CD/ANPD Nº 5, DE 13 DE MARÇO DE 2023–Aprova a Agenda de Avaliação de Resultado Regulatório para o período 2023-2026. Disponível em: <https://www.in.gov.br/en/web/dou/-/resolucao-cd/anpd-n-5-de-13-de-marco-de-2023-469722336>. Acesso em 16 fev 2024.

BRASIL. RESOLUÇÃO CD/ANPD Nº 6, DE 3 DE ABRIL DE 2023–Institui o Programa de Gestão e Desempenho no âmbito da Autoridade Nacional de Proteção de Dados–ANPD; e revoga a Portaria ANPD/PR Nº 19, de 26 de novembro de 2021. Disponível em: < https://www.in.gov.br/en/web/dou/-/resolucao-cd/anpd-n-6-de-3-de-abril-de-2023-475189920>. Acesso em 16 fev 2024.

BRASIL. ENUNCIADO CD/ANPD Nº 1, DE 22 DE MAIO DE 2023–Edita o enunciado sobre o tratamento de dados pessoais de crianças e adolescentes. Disponível em: <https://www.in.gov.br/en/web/dou/-/enunciado-cd/anpd-n-1-de-22-de-maio-de-2023-485306934>. Acesso em 16 fev 2024.

Considere-se que para cada uma destas regulamentações o processo administrativo se configura em três etapas. A primeira delas, tomada de subsídios, abre para a sociedade perguntas e pontos relevantes sobre o tema que serviram de insumos para a primeira minuta da regulação. Após a tomada de subsídios, há a publicação e abertura da consulta pública e audiências públicas, realizadas integralmente em modo online, pelo YouTube. Por fim, a ANPD pode ou não considerar todos os elementos trazidos no texto final e, uma vez definido, é publicado com efeitos jurídicos.

BRASIL. RESOLUÇÃO CD/ANPD Nº 7, DE 17 DE AGOSTO DE 2023–Aprova a Política de Comunicação Social da Autoridade Nacional de Proteção de Dados. Disponível em: < https://www.in.gov.br/en/web/dou/-/resolucao-cd/anpd-n-7-de-17-de-agosto-de-2023-503878944>. Acesso em 16 fev 2024.
BRASIL. RESOLUÇÃO CD/ANPD Nº 8, DE 5 DE SETEMBRO DE 2023–Institui a Política de Governança de Processos da Autoridade Nacional de Proteção de Dados (ANPD). Disponível em: < https://www.in.gov.br/en/web/dou/-/resolucao-cd/anpd-n-8-de-5-de-setembro-de-2023-508638337>. Acesso em 16 fev 2024.
BRASIL. RESOLUÇÃO CD/ANPD Nº 9, DE 24 DE OUTUBRO DE 2023–Aprova o Aviso de Privacidade do sítio eletrônico da Autoridade Nacional de Proteção de Dados. Disponível em: <https://www.in.gov.br/en/web/dou/-/resolucao-cd/anpd-n-9-de-24-de-outubro-de-2023-519091582>. Acesso em 16 fev 2024.
BRASIL. RESOLUÇÃO CD/ANPD Nº 10, DE 5 DE DEZEMBRO DE 2023–Aprova o Mapa de Temas Prioritários para o biênio 2024-2025 e dispõe sobre a periodicidade do Ciclo de Monitoramento. O ANEXO II desta Resolução é a Nota Técnica nº 19/2023/FIS/CGF/ANPD. Disponível em: <https://www.in.gov.br/en/web/dou/-/resolucao-cd/anpd-n-10-de-5-de-dezembro-de-2023-530258528>. Acesso em 16 fev 2024.
BRASIL. RESOLUÇÃO CD/ANPD Nº 11, DE 27 DE DEZEMBRO DE 2023–Altera a Agenda Regulatória para o biênio 2023-2024. Disponível em: <https://www.in.gov.br/en/web/dou/-/resolucao-cd/anpd-n-11-de-27-de-dezembro-de-2023-534947737>. Acesso em 16 fev 2024.

Essa atividade intensa permeia o ano de 2024, ainda em início, com tomada de subsídios para discutir os direitos dos titulares[18] , com intuito de ouvir não somente os agentes de tratamento, mas também os próprios titulares, sobre como gostariam de ter seus direitos atendidos. Dividida em sete blocos, cada um dos blocos com seis perguntas, busca permitir que a sociedade reflita sobre as ações previstas entre os artigos 18 a 22, como indicado no primeiro item deste artigo.

O primeiro bloco coloca em debate questões sobre forma de atendimento. Observe-se que, a partir do princípio de transparência, o canal do encarregado de dados passa a ser, de uma maneira, também um canal de atendimento a titulares, ainda que seja restrito aos direitos previstos na LGPD, com tempo legal máximo de 15(quinze) ou 30(trinta) dias, dependendo da dificuldade do pedido.

Desta forma, torna-se um desafio criar, dentro da mesma empresa, dois canais abertos ao público que tratam de dados pessoais, o que demandaria também uma educação dos titulares em entender quando recorrer ao «encarregado de dados», ou quando deveria ter como caminho o «atendimento clássico/ tradicional». Por exemplo, a troca de senha de um aplicativo ou site, que é um dado pessoal, deveria ser feito pelo encarregado ou pelo atendimento tradicional?

Além do mais, ao se considerar que é uma forma de atendimento a diversos públicos – relembrando-se o conceito de titulares trazido no primeiro item deste artigo, ainda que com escopo limitado, é preciso buscar maneiras de trabalhar com escalabilidade. Alguns depoimentos informais de encarregados indicam que há

---

18 BRASIL. Autoridade Nacional de Proteção de Dados. Tomada de Subsídios para Norma sobre Direitos dos Titulares. Disponível em: <https://www.gov.br/anpd/pt-br/assuntos/noticias/anpd-abre-tomada-de-subsidios-para-norma-sobre-direitos-dos-titulares-de-dados-pessoais>. Acesso em 16 fev 2024.

pessoas jurídicas de ente privado que recebem centenas de solicitações todos os dias e, diferentemente do atendimento clássico, se o titular não for atendido em prazo legal, há a possibilidade de «denúncia» à ANPD, não exigindo-se trâmites formais, mas apenas um formulário disponível no próprio site da autoridade.

O segundo bloco também discute um desafio, como o direito de acesso. Pela letra estrita da lei, o titular de dado deveria ter acesso a todos os dados pessoais e em formato simplificado. Afinal, o que seria tal formato? Da mesma forma, quando o titular se daria por satisfeito? Caso ele não esteja satisfeito, ainda caberia reclamação ou denúncia para a autoridade?

Embora não se discuta que o acesso é um direito, ou seja, o mero conhecimento de forma transparente do que é feito e suas bases legais, este direito tem seu limite e não pode se sobrepor ao direito do agente de tratamento de manter o segredo do negócio. O equilibro entre os direitos dos titulares e a segurança jurídica dos agentes, explicitado nos fundamentos da lei, permanece como um desafio de implementação.

A tomada de subsídios acerca dos direitos dos titulares continua buscando insumos e informações para procedimentalizar o direito à portabilidade, novidade da LGPD. A portabilidade é muito conhecida no setor de telecomunicações, ocorrendo quando um consumidor muda a sua operadora de telefonia sem, contudo, precisar mudar seu número de telefone, portando-o de uma operadora a outra.

Em termos de dados pessoais, o direito previsto no artigo 18º, inciso V, prevê que o titular pode solicitar que um agente de tratamento transfira a outro agente, diretamente, sem a intervenção do titular. Isso significa dizer, por exemplo, que uma pessoa pode pedir a um hospital, a uma instituição financeira ou a qualquer outro agente de tratamento que transfira seus dados pessoais ao concorrente. Isto implica em desafios tecnológicos de interoperabilidade de sistemas, já que cada ente decide seu parque tecnológico e funcionamento. Ou, ainda, caberia entregar para o titular de modo interoperável e ele se responsabilizar para transferir para o outro agente de tratamento? Que padrões precisarão ser criados para que este direito se realize?

Além disso, qual o nível de aplicabilidade em nosso país se levarmos em conta os diferentes setores econômicos. Será que empresas maiores ou em setores regulados apresentam condições de atender a estes desafios?

Considerando que a lei deve ser cumprida por todos, independente de porte ou volume, como agentes menores atenderiam ao mesmo direito?

Sem uma procedimentalização clara, estas exigências poderiam transformar-se em algo exclusivo para determinados titulares de acordo com a sua relação com o agente ou setor econômico. Direito que é um avanço, mas que se torna um desafio de implementação.

Já a minuta de anonimização e pseudonimização[19] encontra-se no segundo estágio, pós tomada de subsídios, mas ainda sob escrutínio público.

Pseudonimizar significa apenas retirar a identificação direta dos dados pessoais, seja por segregar ou por não possibilitar a criação de identificadores.

Anonimizar, como trazido no começo deste artigo, por sua vez, exclui por completo qualquer possibilidade de reversão. No entanto, apresenta-se um desafio tecnológico: existe alguma tecnologia que é irreversível? Se sim, isso seria meramente temporário, considerando a velocidade com que as tecnologias se atualizam?

Podemos afirmar que há arquiteturas possíveis? Quanto custaria, seria viável? Certamente, não há uma única resposta que

---

19 BRASIL. Autoridade Nacional de Proteção de Dados. Guia de Anonimização e Pseudonimização. Disponível em: < https://www.gov.br/anpd/pt-br/assuntos/noticias/anpd-abre-consulta-a-sociedade-sobre-o-guia-de-anonimizacao-e-pseudonimizacao>. Acesso em 16 fev 2024.

atenda a todas as operações com dados pessoais nem a todos os agentes de tratamento. Por isso, a melhor estratégia, dentro de uma governança e programa de privacidade e proteção de dados, seria trabalhar com gestão de riscos.

Da mesma forma que os programas de qualidade em outra década também praticaram: mapearam os principais riscos, classificaram de acordo com a probabilidade e o impacto, priorizaram e definiram planos para mitigá-los.

A própria autoridade utiliza técnicas corporativas de gestão, como a prática de publicar sua agenda regulatória e relatórios de acompanhamento[20]. Tal medida permite que os agentes de tratamento possam se organizar em torno da mesma agenda, estruturando suas demandas e se preparando para o processo legislativo de três etapas.

Da mesma forma, orientar a gestão de risco, constitui um risco em si mesmo – obscuridade da lei, silêncio, interpretações possíveis... O que a ANPD ainda não regulou se torna matéria pendente e pode perder prioridade das empresas em seus programas de governança. Não porque não reputam a matéria importante ou relevante, pelo contrário, a tem em tamanha consideração que não desejam realizá-la de forma equivocada ou que gere retrabalho. Por isso, sob a ótica de gestão de tempo e recursos, pode fazer mais sentido focar em outros pontos já regulados e ainda não integralmente atendidos do que em pontos nebulosos, que podem ensejar mudança e, consequentemente, desperdício.

Adicione-se a tais preocupações o poder sancionatório da autoridade. No rol do artigo 52 e seguintes, encontram-se as possibilidades de sanções aplicadas pela autoridade que variam

---

20 BRASIL. Autoridade Nacional de Proteção de Dados. Relatório de Acompanhamento da Agenda Regulatória do 2º semestre de 2023. Disponível em: <https://www.gov.br/anpd/pt-br/assuntos/noticias/anpd-publica-relatorio-de-acompanhamento-da-agenda-regulatoria-do-segundo-semestre-de-2023>. Acesso em 16 fev 2024.

desde a simples advertência, passando por multas focadas no faturamento do grupo ou conglomerado e, com intuito ainda mais invasivo, no poder de suspender ou até mesmo proibir o uso do banco de dados, se utilizado em modo de violação.

Tal medida de coerção administrativa e aplicação da lei ainda está caminhando... sim... no gerúndio..., embora já tenhamos três sanções aplicadas, sendo uma a pessoa jurídica de direito privado[21] e duas a pessoas jurídicas de direito público, com atuação em educação[22] e previdência social[23].

A primeira delas, trata-se de *startup* focada em *marketing* eleitoral e foi sancionada por utilização indevida de base de dados, sem respaldo legal e ausência de encarregados de dados. Tal situação foi amplamente debatida por se tratar de uma empresa que não está mais em funcionamento, tendo sido a sanção aplicada por período prévio. Percebe-se, portanto, que, neste caso, não houve nenhum incidente, ação *hacker* ou de cunho tecnológico, somente uso ilegítimo e em não conformidade com a LGPD.

No que se refere às pessoas jurídicas de direito público, não foram aplicadas sanções pecuniárias até o momento, somente advertências.

O Instituto Nacional do Seguro Social (INSS) feriu o princípio da transparência ao não notificar os titulares de dados de

---

21 BRASIL. Autoridade Nacional de Proteção de Dados. Processo Administrativo Sancionador n. 00261.000489/2022-6. Disponível em: < https://www.gov.br/anpd/pt-br/assuntos/noticias/2022-62-dou-imprensa-nacional.pdf>. Acesso em 16 fev 2024.

22 BRASIL. Autoridade Nacional de Proteção de Dados. Processo Administrativo Sancionador nº 00261.001192/2022-14. Disponível em: <https://www.in.gov.br/en/web/dou/-/despacho-decisorio-n-3/2024/fis/cgf-540566212>. Acesso em 16 fev 2024.

23 BRASIL. Autoridade Nacional de Proteção de Dados. Processo Administrativo Sancionador nº 00261.001888/2023-21. Disponível em: <https://www.in.gov.br/en/web/dou/-/despacho-decisorio-n-1/2024/fis/cgf-540637061>. Acesso em 16 fev 2024.

que seus dados estiveram envolvidos em incidente de segurança e a Secretaria de Estado de Educação do Distrito Federal recebeu quatro advertências, especialmente por não ter registro de operação (artigo 37), pela ausência de relatório de impacto de tratamento de dados pessoais (artigo 38), ambos requisitos do Programa de Privacidade e Proteção de Dados; bem como por negligenciar a comunicação devida de incidente de segurança. O processo administrativo ainda está em curso.

V. CONSIDERAÇÕES FINAIS

A Lei Geral de Proteção de Dados (LGPD) é o principal diploma legislativo para instituir o novo microssistema da proteção de dados no Brasil. No entanto, não é o primeiro, não será o último e, tampouco, o único documento com tal fim.

Sua aplicação é complexa, pois requer não apenas técnica jurídica, mas mudança de mentalidade e cultura, seu principal desafio de efetivação.

Por anos foi possível tratar dados pessoais indistintamente ou com poucos requisitos, após A LGPD, contudo, é preciso seguir requisitos principiológicos, dogmáticos e legais. Para tanto, é preciso organizar a governança das instituições, rever processos, criar procedimentos e capacitar pessoas.

Além destes desafios intramuros das pessoas jurídicas, sejam de direito público ou de direito privado, insta lembrar da criação de um novo órgão da administração pública, a Autoridade Nacional de Proteção de Dados. Incluí-la em nosso sistema de freios e contrapesos, competência, regulamentos e procedimentos requer, mais uma vez. uma mudança cultural.

Todas essas ações administrativas, públicas ou não, são desafiadoras para uma lei publicada há menos de seis anos, com vigência de menos de quatro anos e com autoridade reguladora e sancionatória com apenas dois anos de existência.

Ainda que se caminhe com agendas regulatórias e em alta velocidade, tendo-se em vista a quantidade considerável de novas regulações e ações, temos um longo caminho até alcançar a maturidade europeia, cuja principal regulação – GDPR – tem dois anos a mais que a brasileira, ainda que em um território mais amplo e com mais autoridades nacionais para compor, discutir e «jurisprudenciar».

Avançamos, talvez a passos largos, pois criamos, ao menos, conscientização. É preciso maturar, solidificar e ampliar a abrangência, a atuação e os resultados. Estamos caminhando... sim... no gerúndio...

VI. REFERÊNCIAS BIBLIOGRÁFICAS

- ABRUSIO, J., Proteção de dados na cultura do algoritmo. São Paulo: Editora D'Plácido, 2020.
- AGÊNCIA SENADO. Lei Geral de Proteção de Dados entra em vigor. Disponível em: https://www12.senado.leg.br/noticias/materias/2020/09/18/lei-geral-de-protecao-de-dados-entra-em-vigor#:~:text=A%20entrada%20em%20vigor%20da,no%20artigo%204º%20do%20PLV. Acesso em 10 jan 2024.
- BRASIL. Autoridade Nacional de Proteção de Dados. Publicações da ANPD. Disponível em: <https://www.gov.br/anpd/pt-br/documentos-e-publicacoes>. Acesso em 16 fev 2024.
- Supremo Tribunal Federal. Ação Direta de Inconstitucionalidade ADI no 6387/DF (número único 0090566-08.2020.1.00.0000). Relator: Ministra Rosa Weber. Disponível em:< https://portal.stf.jus.br/processos/detalhe.asp?incidente=5895165>. Acesso em: 10 jan. 2024.
- Autoridade Nacional de Proteção de Dados. Guia de Anonimização e Pseudonimização. Disponível em: < https://www.gov.br/anpd/pt-br/assuntos/noticias/anpd-abre-consulta-a-sociedade-sobre-o-guia-de-anonimizacao-e-pseudonimizacao>. Acesso em 16 fev 2024.
- Autoridade Nacional de Proteção de Dados. Glossário de Proteção de Dados. Disponível em:< https://www.gov.br/anpd/pt-br/assuntos/noticias/anpd-lanca-glossario-de-protecao-de-dados-pessoais>. Acesso em: 10 fev. 2024.
- Autoridade Nacional de Proteção de Dados. Processo Administrativo Sancionador no 00261.000489/2022-6. Disponível em: < https://www.

gov.br/anpd/pt-br/assuntos/noticias/2022-62-dou-imprensa-nacional.pdf>. Acesso em 16 fev 2024.

- Autoridade Nacional de Proteção de Dados. Processo Administrativo Sancionador nº 00261.001192/2022-14. Disponível em: <https://www.in.gov.br/en/web/dou/-/despacho-decisorio-n-3/2024/fis/cgf-540566212>. Acesso em 16 fev 2024.
- Autoridade Nacional de Proteção de Dados. Processo Administrativo Sancionador nº 00261.001888/2023-21. Disponível em: <https://www.in.gov.br/en/web/dou/-/despacho-decisorio-n-1/2024/fis/cgf-540637061>. Acesso em 16 fev 2024.
- Autoridade Nacional de Proteção de Dados. Relatório de Acompanhamento da Agenda Regulatória do 2º semestre de 2023. Disponível em: <https://www.gov.br/anpd/pt-br/assuntos/noticias/anpd-publica-relatorio-de-acompanhamento-da-agenda-regulatoria-do-segundo-semestre-de-2023>. Acesso em 16 fev 2024.
- PORTARIA Nº 1, DE 8 DE MARÇO DE 2021 – Estabelece o Regimento Interno da ANPD. Disponível em: < https://www.in.gov.br/en/web/dou/-/portaria-n-1-de-8-de-marco-de-2021-307463618>. Acesso em 16 fev 2024.
- PORTARIA Nº 15, DE 2 DE JULHO DE 2021 – Institui o Comitê de Governança da Autoridade Nacional de Proteção de Dados. Disponível em: < https://www.in.gov.br/en/web/dou/-/portaria-n-15-de-2-de-julho-de-2021-329780585>. Acesso em 16 fev 2024.
- PORTARIA Nº 16, DE 8 DE JULHO DE 2021 – Aprova o processo de regulamentação no âmbito da ANPD. Disponível em: < https://www.in.gov.br/en/web/dou/-/portaria-n-16-de-8-de-julho-de-2021-330970241>. Acesso em 16 fev 2024.
- RESOLUÇÃO CD/ANPD Nº 1, DE 28 DE OUTUBRO DE 2021 – Aprova o Regulamento do Processo de Fiscalização e do Processo Administrativo Sancionador no âmbito da Autoridade Nacional de Proteção de Dados. Disponível em: <https://www.gov.br/anpd/pt-br/documentos-e-publicacoes/regulamentacoes-da-anpd/resolucao-cd-anpd-no1-2021>. Acesso em 16 fev 2024.
- RESOLUÇÃO CD/ANPD Nº 2, DE 27 DE JANEIRO DE 2022 – Aprova o Regulamento de aplicação da Lei nº 13.709, de 14 de agosto de 2018, Lei Geral de Proteção de Dados Pessoais (LGPD), para agentes de tratamento de pequeno porte. Disponível em: < https://www.in.gov.br/en/web/dou/-/resolucao-cd/anpd-n-2-de-27-de-janeiro-de-2022-376562019#wrapper>. Acesso em 16 fev 2024.

- RESOLUÇÃO CD/ANPD Nº 3, DE 25 DE JANEIRO DE 2023 – Institui o Comitê de Governança Digital da Autoridade Nacional de Proteção de Dados. Disponível em: < https://www.in.gov.br/en/web/dou/-/resolucao-cd/anpd-n-3-de-25-de-janeiro-de-2023-460124477>. Acesso em 16 fev 2024.
- RESOLUÇÃO CD/ANPD Nº 4, DE 24 DE FEVEREIRO DE 2023 – Aprova o Regulamento de Dosimetria e Aplicação de Sanções Administrativas. Disponível em: < https://www.in.gov.br/en/web/dou/-/resolucao-cd/anpd-n-4-de-24-de-fevereiro-de-2023-466146077>. Acesso em 16 fev 2024.
- RESOLUÇÃO CD/ANPD Nº 5, DE 13 DE MARÇO DE 2023 – Aprova a Agenda de Avaliação de Resultado Regulatório para o período 2023-2026. Disponível em: <https://www.in.gov.br/en/web/dou/-/resolucao-cd/anpd-n-5-de-13-de-marco-de-2023-469722336>. Acesso em 16 fev 2024.
- RESOLUÇÃO CD/ANPD Nº 6, DE 3 DE ABRIL DE 2023 – Institui o Programa de Gestão e Desempenho no âmbito da Autoridade Nacional de Proteção de Dados – ANPD; e revoga a Portaria ANPD/PR Nº 19, de 26 de novembro de 2021. Disponível em: < https://www.in.gov.br/en/web/dou/-/resolucao-cd/anpd-n-6-de-3-de-abril-de-2023-475189920>. Acesso em 16 fev 2024.
- ENUNCIADO CD/ANPD Nº 1, DE 22 DE MAIO DE 2023 – Edita o enunciado sobre o tratamento de dados pessoais de crianças e adolescentes. Disponível em: <https://www.in.gov.br/en/web/dou/-/enunciado-cd/anpd-n-1-de-22-de-maio-de-2023-485306934>. Acesso em 16 fev 2024.
- RESOLUÇÃO CD/ANPD Nº 7, DE 17 DE AGOSTO DE 2023 – Aprova a Política de Comunicação Social da Autoridade Nacional de Proteção de Dados. Disponível em: < https://www.in.gov.br/en/web/dou/-/resolucao-cd/anpd-n-7-de-17-de-agosto-de-2023-503878944>. Acesso em 16 fev 2024.
- RESOLUÇÃO CD/ANPD Nº 8, DE 5 DE SETEMBRO DE 2023–Institui a Política de Governança de Processos da Autoridade Nacional de Proteção de Dados (ANPD). Disponível em: < https://www.in.gov.br/en/web/dou/-/resolucao-cd/anpd-n-8-de-5-de-setembro-de-2023-508638337>. Acesso em 16 fev 2024.
- RESOLUÇÃO CD/ANPD Nº 9, DE 24 DE OUTUBRO DE 2023 – Aprova o Aviso de Privacidade do sítio eletrônico da Autoridade Nacional de Proteção de Dados. Disponível em: <https://www.in.gov.br/en/web/dou/-/resolucao-cd/anpd-n-9-de-24-de-outubro-de-2023-519091582>. Acesso em 16 fev 2024.
- RESOLUÇÃO CD/ANPD Nº 10, DE 5 DE DEZEMBRO DE 2023 – Aprova o Mapa de Temas Prioritários para o biênio 2024-2025 e dispõe sobre a periodicidade do Ciclo de Monitoramento. O ANEXO II desta

Resolução é a Nota Técnica nº 19/2023/FIS/CGF/ANPD. Disponível em: <https://www.in.gov.br/en/web/dou/-/resolucao-cd/anpd-n-10-de-5-de-dezembro-de-2023-530258528>. Acesso em 16 fev 2024.

- RESOLUÇÃO CD/ANPD Nº 11, DE 27 DE DEZEMBRO DE 2023 – Altera a Agenda Regulatória para o biênio 2023-2024. Disponível em: <https://www.in.gov.br/en/web/dou/-/resolucao-cd/anpd-n-11-de-27-de-dezembro-de-2023-534947737>. Acesso em 16 fev 2024.
- Brodin, M., A Framework for GDPR Compliance for Small- and Medium-Sized Enterprises.Eur J Secur Res 4, 243–264 (2019). https://doi.org/10.1007/s41125-019-00042-z.
- Comitê Gestor Da Internet No Brasil. Privacidade e proteção de dados pessoais 2021 [livro eletrônico]: perspectivas de indivíduos, empresas e organizações públicas no Brasil = Privacy and personal data protection 2021: perspectives of individuals, enterprises and public organizations in Brazil / [editor] Núcleo de Informação e Coordenação do Ponto BR. – São Paulo: Comitê Gestor da Internet no Brasil, 2022.
- Dantas, E. et al. Comentários à Lei Geral de Proteção de Dados sob a perspectiva do Direito Médico e da Saúde. São Paulo, Foco, 2023.
- Doneda, D., Da privacidade à proteção de dados. Rio de Janeiro: Editora Renovar, 2006.
- Garcia, Laura Rocha et al. Lei Geral de Proteção de Dados (LGPD): guia de implantação. São Paulo: Blucher, 2020.
- IDP; JUSBRASIL. Painel LGPD nos Tribunais: Jurisprudência do 2º ano de vigência a Lei Geral de Proteção de Dados. Disponível em: https://painel.jusbrasil.com.br/#:~:text=Com%20a%20promulgação%20da%20Emenda,5º%20o%20inciso%20LXXIX. Acesso em 10 jan 2024.
- Leonardi, M., Legítimo Interesse. Revista do Advogado AASP. Nº 144. 2019.
- Lima, Cíntia Rosa Pereira de, Comentários à Lei Geral de Proteção de Dados – Lei Nº 13.709/2018, Com alteração da Lei Nº 13.853/2019. São Paulo: Almedina, 2020.
- Mendes, Laura Schertel, Autodeterminação informativa: a história de um conceito. Pensar, Fortaleza, v. 25, n. 4, p. 1-18, out./dez. 2020.
- Privacidade, proteção de dados e defesa do consumidor. São Paulo: Editora Saraiva, 2014.
- Tamer, M., LGPD Comentada Artigo por Artigo. São Paulo: Rideel, 2021.
- Warren, S. e Brandeis, L., The Right to Privacy. *Harvard Law Review.* (December 15, 1890) **IV** (5): 193–220. Retrieved 4 June2021 – via Internet Archive.